# Hoch auf dem gelben Wagen

3. Postillon in der Schenke füttert die Rosse im Flug.
   Schäumendes Gerstengetränke reicht der Wirt uns im Krug.
   Hinter den Fensterscheiben lacht ein Gesicht so hold.
   :: Möchte so länger noch bleiben, aber der Wagen, der rollt. ::

bei dem Schwager vorn,
e, das Stundenglas ist das Horn,
ie ihr nicht mitfahren wollt!
aber der Wagen, der rollt. ::

# Ins Land der Franken fahren

BAND 2

# Ins Land der Franken fahren

### Einer alten Heimat auf der Spur

MAINPRESSE
RICHTERDRUCK
WÜRZBURG

© 1988 Mainpresse Richter Druck und Verlags-GmbH & Co. KG Würzburg
Alle Rechte bei Mainpresse Richterdruck Würzburg
Gestaltung: Paul M. Ritzau, Mainpresse Richterdruck Würzburg
Redaktionelle Bearbeitung: Günther Winbauer, Mainpresse Richterdruck Würzburg
Schrift: Hell Digiset 9/11 Punkt Melior und 16 Punkt Melior halbfett
Gesamtherstellung: Mainpresse Richterdruck Würzburg

Printed in Germany 1988

ISBN 3-925232-03-6

Jede gewerbliche Weiterverwertung der Texte oder der Bilder,
auch ein auszugsweiser Nachdruck oder die Übernahme auf Ton- und Bildträger,
bedürfen des ausdrücklichen Einverständnisses dieses Verlages.

# Ein Buch der Heimatliebe

Als vor einem Jahr der erste Band »Ins Land der Franken fahren« erschien, waren wir bei allem Wissen um die große Beliebtheit fränkischer Heimatliteratur doch etwas skeptisch, wie dieses Buch aufgenommen würde. In der Jahr für Jahr wachsenden Fülle an Schriften, Heften, Büchern und Bildbänden, Monographien und Biographien, an Anekdoten- und Sagensammlungen, Kunst- und Wanderführern, an Fachlektüre vielfältiger Art, die sich mit der Kultur, den Traditionen, den alten Handwerkskünsten, der Landschaft, der Architektur und dem wirtschaftlichen Leben dieser Region beschäftigen, mußte es ein neues Buch, das Altbekanntes wiederbringt, schwer haben. Aber wir wurden überrascht. Nicht nur erinnerten sich viele unserer Leser noch an die zwölfbändige Broschürenreihe, die der Verlag Mainpresse Richterdruck unter dem gleichen Titel in den Sechzigerjahren herausgegeben hatte und auf die sich auch dieses Buch stützt; groß war auch die Schar jüngerer Menschen, deren wiederentdecktes Interesse an der Geschichte ihrer Heimat, an Leben und Arbeit ihrer Vorfahren sie zu dieser Neuerscheinung greifen ließ.

Nun liegt also, wie angekündigt, der zweite Band vor. Auch er lädt ein zu vielen kurzweiligen literarischen Spaziergängen durch das Land am Main, zu Ausflügen in eine Vergangenheit, die ja viel aufregender und bunter, manchmal viel schrecklicher und oft viel menschlicher war als es uns erscheinen mag.

Da die Beiträge – mit Ausnahme der Aufsätze über Schloß Mespelbrunn, Wertheim und die Residenzen im Steigerwald – gewissermaßen »altes Literaturgut« sind, haben wir wiederum davon abgesehen, aktualisierende Eingriffe in die Texte vorzunehmen. Das heißt, wir haben Daten und Fakten, mögen sie sich auch inzwischen verändert haben, im wesentlichen unkorrigiert belassen. Nur dort, wo sie bestimmte wirtschaftliche Bedingungen aufweisen, wurden sie auf den neuesten Stand gebracht. Maßgebend für diese Zurückhaltung war der Respekt vor dem Original, das allein ungebrochen die damalige innere Beziehung des Autors zu seinem Thema, seine Stimmungen und seine stilistische Konzeption zum Zeitpunkt des Schreibens verdeutlicht. Auch das gibt den Beiträgen ihren individuellen Reiz.

Im vielfältigen Echo auf die Veröffentlichung des ersten Bandes hörten wir auch Bitten um einige Ergänzungen in der Anlage des Buches. So kam der Vorschlag, doch eine Karte zu veröffentlichen, auf denen alle jene Orte numeriert sind, auf die sich die einzelnen Beiträge beziehen. Auch eine Art Kunstwerk-Liste, ein Namensregister sowie die Aufnahme von Ortsnamen in die Titel, um sich geographisch leichter orientieren zu können, wurden angeregt. Wir wissen, daß diese Vorschläge gut gemeint sind, und wir danken dafür. Aber wir können ihnen nicht entsprechen. Die Bücher »Ins Land der Franken fahren« sind weder Wander- noch Kunstführer durch unser schönes Land. Wer solche sucht, findet Nützlicheres. Es sind aber auch keine Monographien oder Bildbände. Es sind ganz einfach »Bücher der Heimatliebe«, und sie beziehen ihren Lesegenuß eben aus der Varietät der Themen. Voll greifen sie hinein ins fränkische Leben – wie es einmal war, wie es hier und dort und gar nicht so vereinzelt immer noch ist. Diese jetzt vorliegenden zwei Bände wollen ein literarisches Panorama entrollen, eine Rundsicht geben über Land und Leute, ihre Geschichte, Kunst und Kultur. Sie wollen aus vergangenen Zeiten plaudern, in denen es im Mainland so unruhig, oft zerstörend und doch so lebensvoll zuging, und in denen ein für uns so reiches historisches Erbe gelegt wurde. Viele Aquarelle und Federzeichnungen des »Franken-Malers« Müller-Gera, auf die wir auch diesmal dankbar zurückgreifen können, illustrieren dies auf ihre unverwechselbare Weise.

Eine Bitte allerdings wollen wir gerne erfüllen. Entgegen unserer ursprünglichen Absicht, wird es auch noch einen dritten Band geben, im Frühjahr 1989. Damit liegt dann eine geschlossene, über 600seitige Sammlung von schriftstellerischen und künstlerischen Arbeiten über unsere Heimat vor – eine kleine Reverenz an Franken, das, seltsam genug, auch heute noch alle still zu bezaubern vermag.

*Günther Winbauer*

## Das Maintor

*Neben dem Rathaus von Marktbreit schwingt sich mit seinem zierlichen Dachreiter und Volutengiebel das Maintor über den Breitbach. Das Motiv ist als sogenannter »Malerwinkel« weithin bekannt und eine beliebte Vorlage für Bildkalender. In der Tat atmet dieser Winkel viel poetische Stimmung und heimeligen, altfränkischen Geist.*

*Hermann Gerstner*

# Die Stadt und ihr Dichter

*»Ach, im Hügelland am alten Main,*
*In dem Rebenland im frohen Franken*
*Möchte ich mit beiden Füßen sein,*
*Nicht nur mit den sehnenden Gedanken.«*

Max Dauthendey, der in Würzburg 1867 geboren wurde und 1918 auf Java starb, schrieb diese Verse, als er während des ersten Weltkrieges in der fernen Südsee von der Heimat abgeschnitten war. Der lyrische Weltenwanderer kehrte von allen seinen Ausfahrten immer wieder in das geliebte Hügelland am alten Main zurück. Hier im Umkreis der tausendjährigen Stadt Würzburg fühlte er sich wahrhaft daheim.

Wenn wir uns am Mainkai in die Herzmitte der Stadt stellen, erleben wir das gleiche Bild wie einst Dauthendey, als er schrieb: »Die Fenster meiner Wohnung sehen auf den alten Fluß hinaus, auf den sanften Main, der am Fuße des Marienberges unter steinernen Brücken leicht rauschend hingleitet.« Auch das Glacis, das sich um die Altstadt schmiegt, können wir bei einer Wanderung ähnlich erleben wie Dauthendey, der darüber sagte: »Die Ringparkanlagen sind jetzt dunkelschattig geworden, und hohe gewölbte Alleen führen dort an reichen Gebüschen und Blumenpflanzungen vorbei.« Und wenn wir uns zum ältesten Bezirk der Stadt wenden, zum Mainviertel, gehen wir wie einst Dauthendey an den Heiligenbildern vorbei, »die heute noch die Brückenpfeiler der alten Mainbrücke prächtig schmücken«. Zwar steht dort die alte Schmiede, die den jungen Max mit ihren Geheimnissen zum Eintreten lockte, nicht mehr. Aber die im 8. Jahrhundert begründete Burkarduskirche, wo durch ein wuchtiges Bogengewölbe eine Straße ins Freie führt, machte schon seinerzeit einen starken Eindruck auf den heranwachsenden Dauthendey. Und er rühmt beim Weitergehen den Wallfahrtsweg, der »unter alten Akazien in Stufen heute noch auf den Käppelesberg führt«. Das von Balthasar Neumann erbaute Käppele ist nach den Worten Dauthendeys »eine prächtige Rokokokapelle, die oben auf dem Nikolausberg mit vielen bauchigen Kuppeln die Beter empfängt«. Vom Feuer des Krieges verschont, schaut das Käppele so wie vordem von der Höhe des Nikolausberges auf die Stadt im Tal herab.

Geändert hat sich freilich nach dem Brand von Würzburg 1945 das Bild der Kaiserstraße, die vom Bahnhof in die Stadt hineinführt. Dort hatte sich seinerzeit der Vater Dauthendeys, ein bekannter Fotograf, nach dem Wegzug aus der engen Büttnersgasse ein Haus bauen lassen. Auch die Theaterstraße, durch die Dauthendey oft mit seinem Vater zum Hofgarten wanderte, hat bei der Zerstörung viel von ihrem Glanz eingebüßt. Wie pries doch Dauthendey diese Theaterstraße, in der die Rokokobauten bestimmend waren: »Wir wandelten an den reizvollen geschweiften Türen und Treppen des achtzehnten Jahrhunderts entlang und kamen an zwei großen Standbildern von Heiligen vorbei, die damals den Eingang in die Eichhornstraße schmückten. Man vergaß beim Anblick dieser Standbilder, daß sie aus Stein waren.« Am ähnlichsten der damaligen Zeit ist wohl das Bürgerspital hier in der Theaterstraße geblieben, das Dauthendey einen »ernsten, ehrwürdigen Bau« nennt. Schon früher wohnten darin – wie auch heute – Würzburger Bürger, siebzig- und achtzigjährige Leute. Der Dichter erzählt, daß die Insassen täglich einen Schoppen Wein aus der berühmten Heiliggeistkellerei der Stadt Würzburg erhielten. »In der frühen Morgenstunde«, schreibt er, »öffnet hie und da ein weißhaariger Alter sein Fenster und füttert die Tauben, die vom altbraunen Ziegeldach des Bürgerspitals herunterflattern und pickend und gurrend in dichter Schar auf dem menschenleeren Pflaster sich's wohl sein lassen.« Nun, menschenleer ist's heutzutag nicht mehr, auch schon zur frühen Stunde eilt hier emsige Geschäftigkeit vorbei.

*»Potsdamer Hafen« auf Kaiser-Wilhelms-Land (jetzt New Guinea) von Max Dauthendey (Reproduktion Städtische Galerie Würzburg)*

Die glanzvolle Stimmung der Stadt, die einst Dauthendey entzückte, finden wir noch am ehesten im Umkreis der fürstbischöflichen Residenz, die mit ihrer barocken Herrlichkeit und ihrem blumenseligen Hofgarten heute wie damals alt und jung entzückt. Für Dauthendey ist diese Residenz, deren Dach im Morgenlicht silbrigblau schimmert, »das größte und schönste Schloß Deutschlands«. Viele Male ging der Heranwachsende mit seinem Vater am Sonntagmorgen, an dem meisterlich geschmiedeten Tor von Oegg vorbei, in den Hofgarten hinein, schritt über die Terrassen hin, durch Rokokolauben und Ulmengänge, erstieg die Wälle auf den malerischen Freitreppen. Verzückt pries er noch in späteren Jahren die Ringparkanlagen hinter dem Schloßpark. Unvergleichlich fand er zeitlebens die Kastanienbäume, wenn sie weiß und rosa erblühten, und die feingefiederten süßduftenden Akazien. Die lilablühenden Fliederbüsche berauschten seine

*Im Krater des Papandajan auf Java von Max Dauthendey (Reproduktion Städtische Galerie Würzburg)*

hymnisch gestimmte Seele. Das steinerne Bild des Herkules, das dort in den Anlagen steht, brachte ihm das Staunen bei.

»Huldvoll«, nennt der Dichter diese Morgenspaziergänge in Würzburg im Mai und Juni – man kann sie noch heute trotz des gewachsenen Verkehrs und der vermehrten Unruhe nacherleben, wenn man an einem Sonntagmorgen im Frühling sich in den Umkreis des Hofgartens begibt, dort die großartige Fassade der Residenz im Sonnenglanz aufnimmt und dann in die grüne, blühende Pracht hineinwandert.

Natürlich steht auch die beherrschende Würzburger Festung Marienberg fest gefügt im Erinnerungsbild Dauthendeys. Auf all seinen Wanderwegen rings um die Stadt sieht er zur Festung empor und schaut ihre gewaltigen Mauern greifbar nahe. Wie ein fränkisches Wahrzeichen empfindet er diese ehrwürdige Burg der ehemaligen Fürstbischöfe, ihre Silhouette steht als un-

vergängliches Zeugnis vor seinem Auge. Die Ohren dieses feinnervigen Dichters aber, der mit all seinen Sinnen die Umwelt aufnimmt, ausdeutet und prägt, lauschen den vieltönigen Würzburger Glocken, die anno 1945 wohl für eine Weile verstummten, nun aber wieder wie einst vielstimmig läuten und melodisch brausen. Mit diesen Glocken sind die Kirchtürme für den Poeten etwas Lebendiges, er lauscht ihrem Klang bei seinen vielfältigen Ausfahrten und jedesmal bei der Heimkehr.

Die steinernen Wunder der Stadt und die Pracht der Frühlingsgärten gehörten ebenso Dauthendey wie auch all den anderen, die sich an dieser köstlichen Fülle erfreuten und heute noch erfreuen. Daneben gibt es aber noch einige Stätten, die dem Dichter besonders eigentümlich sind. Die Stuben im engeren Bereich der Stadt, in denen er wohnte, in der Kaiserstraße und später am Sanderring, wird man, so wie sie damals waren, vergeblich suchen. Aber nahezu unverändert erhalten ist oberhalb der Stadt links des Maines auf der Höhe, wo der Leutfresserweg hinabführt, der Gutshof »Neue Welt«. Er ist mit dem Dasein Dauthendeys aufs engste verbunden. Wer zu ihm hinaufsteigt und in seinem Bannkreis verweilt, ist dem heimgegangenen Dichter in vielen Stunden seines Daseins nahe.

In der Zeit, in der Dauthendey geboren wurde, entstand auch dieser Gutshof oben auf dem Nikolausberg. Dort nahe den Kalköfen hatte ein Steinbruchbesitzer das neue Haus hingebaut. Damals war dieses Gebäude, außer dem Kloster beim Käppele, die einzige menschliche Ansiedlung des Nikolausberges. Von Jugend an bis zu seiner letzten Ausfahrt ist Max Dauthendey hier oben oftmals gewesen, von hier aus hat er die Bastionen der Festung geschaut, hat die vieltürmige Stadt im Tal bewundert, hat die Farben der waldbedeckten Bergrücken und die Krümmung des Maines gegen Norden immer auf neue erspäht. Was für ein großartiger Ausblick auf das fränkische Land!

Dauthendeys Mutter suchte dort oben in der frischen Luft Heilung von ihrer schweren Krankheit. Der kleine Max stieg an der Hand seines Vaters oft zu ihr herauf, er nennt es seine »glücklichsten Kinderstunden«, wenn er hier im Garten mit der Mutter spielen durfte. Auf der Steinterrasse vor dem Gutsgebäude, wo Blumenbeete angelegt und Kastanienbäume gepflanzt waren, wo sich an der Brüstung Fliederbäume reihten, mußte auch der sechsjährige Max 1873 an einem heißen Junitag von seiner sterbenden Mutter Abschied nehmen, bevor er abends mit seinem älteren Bruder in die Stadtwohnung hinunterging. Am nächsten Tag starb die Mutter da droben, so daß die »Neue Welt« fortan dem Knaben ein Haus des Schicksals geworden war.

Auch nach dem Tod der Mutter kam der kleine Max mit seinem Vater oft auf diese Höhe. Hier trieb er seine phantasiereichen Spiele, hier lugte er nach versteckten Ostereiern aus, hier suchte er aber auch bei der befreundeten Familie Rostosky Hilfe, als er nach einem Nervenzusammenbruch im April 1891 nicht mehr ein noch aus wußte. Es war die Zeit, da Dauthendey heftige Zusammenstöße mit seinem Vater erlebte, bis er sich endgültig zu einer rein dichterischen Lebenslaufbahn entschlossen hatte. In einer Dachstube der »Neuen Welt« fand er Unterschlupf. Der Frühling mit seinem frischen Grün, mit der Stille, die nur vom Gesang der Vögel unterbrochen war, brachte dem Erkrankten langsam wieder Genesung. Bald durfte er sich im Liegestuhl auf der Terrasse aufhalten, die Lebensfreundin Gertrud Rostosky brachte ihm Freude durch kleine Feldblumensträuße – es dauerte nicht lange, da konnte Dauthendey von diesem so schön gelegenen Gutshof aus mit den Freunden wieder Spaziergänge in die Fluren hinaus unternehmen.

Genesen kehrte Max Dauthendey darauf in die Stadt zurück, um von hier aus seine weltweite Dichterfahrt zu beginnen. Aber wohin ihn der Weg auch führte, die »Neue Welt« blieb für ihn, besonders auch nach dem Tod des Vaters im Jahr 1896, die eigentliche Würzburger Heimat. Vergeblich bemühte er sich bald

*Die Festung Marienburg mit dem ihr am südlichen Bergfuß vorgelagerten Maschikuli-Turm. Das massige Rundbollwerk, das eine wichtige strategische Funktion hatte, entstand 1726 unter der Bauleitung von Balthasar Neumann nach den Plänen des Fortifikationsfachmanns Welsch. In den letzten Jahren wurden erhebliche Mittel bereitgestellt, um den drohenden Zusammenbruch dieses vielleicht interessantesten Einzelhaus der gesamten Festungsanlage zu verhindern*

in Mexiko, bald in Griechenland ein Dichterhaus zu gründen – schuldenüberladen und hungernd kehrte er wieder nach Würzburg zurück und suchte und fand stets eine gute Zuflucht in der »Neuen Welt«. Da droben schenkte ihm eine herzliche Gastfreundschaft immer aufs neue den Blick in den leuchtenden Frankenhimmel und auf die reifenden goldenen Fluren. An die Mutter von Gertrud Rostosky schrieb er im Dezember 1904 von Paris aus: »Ich komm' unverhofft und freu' mich, der lieben Neuen Welt um den Hals zu fallen, das kannst Du mir glauben. Vier Jahre hab' ich die Würzburger Glöckli nicht mehr gehört – aber daß die Würzburger Mädli von der ganzen Welt die kreuzbravsten Leut sind, das ist mir in der Welt recht bewußt geworden.« Wie atmet er auf, als er im Jahr 1905 wieder in der gastlichen »Neuen Welt« Tage und Wochen verbringt: »Wir leben still«, schrieb er von dort aus, »nur zwischen Höchberg, Frankenwarte und Annaschlucht.«

Als Dauthendey sich dann nach seiner ersten Weltreise in Würzburg für längere Zeit niederließ, genoß er in der »Neuen Welt« immer »Heimatrecht«, wenn er von seiner Stadtwohnung aus hinaufpilgerte. Besonders in den Jahren von 1907 bis 1910, als die große Reisedichtung »Die geflügelte Erde«, die asiatischen Novellen, das Drama »Die Spielereien einer Kaiserin« und mehrere Gedichtbände entstanden, da war die Terrassenecke auf der »Neuen Welt« mit dem großartigen Blick über die Stadt und auf die Festung Marienberg eine bevorzugte Werkstätte des Dichters. Hier feierte man mit den Freunden Fest- und Geburtstage, hier ersann der Dichter die Verse über seine weltweite Reise.

Als er dann während des ersten Weltkrieges in der

fernen Südsee heimwehkrank dahinsiechte, dachte er, wenn seine Gedanken die Heimat suchten, gewiß auch an diesen kostbaren Erdenfleck hoch über den Türmen von Würzburg. Da wanderten freilich seine Wünsche noch zu einem anderen Haus hin, das er sich kurz von dem Ausbruch des Krieges in der Würzburger Umgebung gebaut hatte. Es steht noch jetzt draußen, wenn man ins Steinbachtal hinausfährt, dort in einem Anwesen des Guggelesgrabens.

Wirklichkeitsfremd wie dieser Poet war, hatte er sich 1912 auf der Höhe des Guggelesgrabens, wo man zum Guttenbergerwald hinüberschaut, ein Grundstück gekauft, das keinen Anschluß für Wasser ermöglichte. Trotzdem ließ Dauthendey dort mit aufgenommenem Geld ein Haus errichten, weil ihn die völlige Stille und Abgeschiedenheit entzückten. Er ließ sich einen Plan machen, nach dem es eher einem japanischen als einem deutschen Haus glich.

Dauthendey selbst schwärmte von seinem Neubau: »Im April 1913 stand das Häuschen fertig im braunen Gartenboden. Die Zimmerlein sind lauschig und schauen mit viereckigen Bauernfenstern einfach und schlicht unter alten und jungen Bäumen hinein in einen Rosengarten, der sich an einem Hügel hinaufzieht. Vor dem Häuschen in einem langen Buchsbaumbeet leuchteten Fuchsien, Nelken, Hortensien und blühende Rosenbäume. Das Häuschen, in zartgelbem Ton gehalten, schaut über Blumen und über ein langes, grünes, hölzernes Gartengitter den Hügel hinunter zum tiefen, bewaldeten Guggelesgraben, darinnen Eichen und Espen stehen und in den Haselbüschen Amseln und Schwarzplättchen nisten. Gegen Süden aber liegt als Aussicht schwerer Wald auf sanften Hügeln, der große, tiefe Guttenbergerwald. Dahinter weiß ich stille, alte fränkische Dörfer.«

Mit den aneinandergefügten Bauteilen und den schwingenden Dächern war es wie ein duftiges japanisches Traumhaus, das der Poet in seine fränkische Heimat gesetzt hatte. Er hat freilich nicht viele Tage hier erlebt – bald ging es auf eine neue und diesmal

letzte Weltreise, von der Dauthendey nicht mehr als Lebender heimkehrte. Draußen in der tödlichen Ferne hat er sich noch einmal in die sanfte deutsche Waldheimat im Guggelesgraben zurückgeträumt und heimgesehnt. »Wenn ich doch nur in meinem Garten zur Nachtigallenstunde auf meinen Gartenbänken in meinem Hügelgarten unter meinen Obstbäumen und beim aufgehenden, stillen deutschen Mond ausruhen dürfte!«

Nun – nachdem der auf Java 1918 Verstorbene von der Stadt Würzburg im Jahr 1930 ins Lusamgärtlein heimgeholt und nach der Zerstörung der Stadt auf den Würzburger Friedhof umgebettet worden war, ist dieser kleine Erdenfleck des Friedhofs zur letzten Gedenkstätte Dauthendeys geworden. Nicht weit vom Eingang und von der Kapelle entfernt ruht der Dichter in heimatlicher Erde. Auf dem Gedenkstein stehen seine eigenen Worte: »Bin ein gestorben Herze, das tot noch liebt und schlägt.« Für ihn waren die Würzburger Häuser, die Residenz mit dem Hofgarten, die Festung, das Käppele – für ihn war das Hügelland am alten Main mit der »Neuen Welt« und dem einsamen Haus im Guggelesgraben nichts Totes, nichts Unbelebtes, für ihn waren all diese Mauern, diese Stuben und Gärten etwas Liebenswertes, etwas Schicksalhaftes. Auch dafür schlug sein Herz! Daran sollten die Freunde des Dichters denken, wenn sie etwa zur Nachtigallenstunde oder auch an einem hellen Frühlingstag einen Weg des heimgegangenen Dichters kreuzen.

In einem Gedicht Dauthendeys auf seine Vaterstadt »Würzburg« heißt es:

> »In der alten Stadt, wo ich geboren,
> Flüstert Totes stets vor meinen Ohren.
> Auf alten Wegen, bei jedem Schritt,
> Da wandern auch alte Tote mit.«

Max Dauthendey ist einer der großen Liebenden, der eine Wegstrecke an der Seite der Lebenden mitwandern möchte. Sein Buch »Der Geist meines Vaters«, in dem das alte Würzburg lebt, und viele seiner fränkischen Verse begleiten die Spätergeborenen. Mit seinen dichterischen Worten ist er auch den Landsleuten unserer Zeit nahe. An den Stätten, wo er weilte, im »Hügelland am alten Main«, glaubt man seine Lieder zu hören. Geht man mit ihm die vertrauten Wege, so spürt man noch das heimatselige Dasein des Weltenwanderers.

*Friedrich Wencker-Wildberg*

# Als der Thespiskarren kam

Alljährlich um die Zeit der Allerheiligenmesse, wenn die Landbevölkerung in hellen Scharen sich auf den Straßen und Gassen drängte, ratterten vollbepackte Planwagen dröhnend über das glitschige Katzenkopfpflaster der Mainbrücke. Das waren die Thespiskarren fahrender Komödianten, die ohne feste Bleibe die deutschen Lande durchzogen, um mit Gastspielen in Städten und Städtchen ihr kärgliches Brot zu verdienen. Sie hatten nichts gemein mit den Schaustellern, Schießbudenbesitzern, Moritatensängern, Bärentreibern und dergleichen Gauklern, die exotische Tiere, Mißgeburten, Riesen und Zwerge den gaffenden Zuschauern vorführten oder sich als Seiltänzer produzierten und als geschickte Zauberer, die durch ihre Kunststücke das Publikum zum Narren hielten.

Sie waren vielmehr Idealisten, die ihr Leben der Muse Thalia geweiht hatten, die sie für ihre treue Hingabe oft nur schlecht belohnte. Gleichwohl waren sie immer gutgelaunt, aufgeschlossen und genügsam, wenn sie wenig verdienten, und großzügig und verschwenderisch, wenn Fortuna ihr Füllhorn über sie ausschüttete. Die Interpreten der dramatischen Kunst waren Bohémiens, Verächter geruhsamer bürgerlicher Existenz, die einem streng geregelten Beruf das freie ungebundene Leben der Kunstzigeuner entschieden vorzogen. Viele von ihnen gingen zugrunde, obgleich Talente und sogar begnadete Genies darunter waren, die sich allen Gewalten zum Trotz durchsetzten und unsterblichen Ruhm ernteten.

Als Ensemble unter einem Direktor vereint, der zugleich ihr Manager und Kollege war, bildeten sie eine festgefügte Genossenschaft, die einen Saal mietete, in dem sie ihre Bühne aufschlugen, auf der sie Schauspiele, Komödien und sogar Opern aufführten.

Das Auftreten einer Schauspielergesellschaft bedeutete für Würzburg stets eine Sensation und einen willkommenen Kunstgenuß, zumal die Stadt noch kein ständiges Theater besaß.

Die Residenz verfügte zwar über einen Theatersaal, in dem jedoch vorwiegend Konzerte oder Oratorien und geistliche Mysterienspiele zur Aufführung gelangten, zu denen nur der Adel und die Hofgesellschaft Zutritt erhielten.

Der Fürstbischof Adam Friedrich von Seinsheim, einer der aufgeklärtesten und tolerantesten geistlichen Fürsten des ausgehenden achtzehnten Jahrhunderts, ein Freund des protestantischen Markgrafen Karl Alexander von Ansbach-Bayreuth, war nicht nur ein großer Jäger vor dem Herrn, sondern auch ein Schirmherr der Kunst und ein leidenschaftlicher Musikliebhaber. Als solcher richtete er in der Residenz ein eigenes Operntheater ein, mit dessen künstlerischer Ausstattung er seinen Galerieinspektor und Hofmaler Christoph Fesel betraute. Als Darsteller und Musiker wurden meist Mitglieder der großen Hofkapelle verwendet, deren Orchester der Bischof höchsteigenhändig mit dem Taktstock dirigierte.

Am 26. August 1774 ging die italienische »neue Operetta, unter dem Titel La Finta Giordiniera« (Die listige Gärtnerin) über die Bretter.

Der kunstsinnige Fürstbischof Adam Friedrich starb im einundsiebzigsten Lebensjahr am 18. Februar 1779. Sein Nachfolger Franz Ludwig von Erthal war ebenso fromm wie sparsam. Er hob als erste Regierungshandlung das kostspielige Hoftheater »als eine für geistliche Fürsten unziemliche Unterhaltungsanstalt« auf.

Die Würzburger Theatertradition wurde zunächst von Dilettantengesellschaften mit Erfolg und Beifall in Privathäusern fortgesetzt. Die erste bayerische Regierung nach der Säkularisation des Bistums verlieh dem Bamberger Schauspieldirektor Quandt die Konzession, in Randersacker im Kelterhaus des vormals preußischen Domänenhofs Vorstellungen zu geben. Das reichlich primitive Theater wurde von den Würzburgern auch bei schlechtem Wetter eifrig besucht. Die Vorstellungen begannen um vier Uhr und dauerten bis zum Abend. Die Besucher, die weder Wagen noch Reitpferd besaßen, konnten zur Hin- und Rückfahrt ein Schiff benutzen.

Quandt hatte von dem letzten Bamberger Fürstbischof Christoph Franz von Buseck das Privileg erhalten, sechs Jahre lange in Bamberg zu spielen. Quandt scheint trotz seiner beiden Bühnen in Randersacker und Bamberg nicht auf seine Kosten gekommen zu sein, denn er trat seine Konzession im Juni 1803 an den Grafen Julius von Soden (1754–1831) ab.

Soden war fürstlich brandenburgisch-ansbachischer Geheimrat und bis 1796 preußischer Gesandter beim fränkischen Kreistag in Nürnberg gewesen. Als wissenschaftlich gebildeter Mann entfaltete er eine äu-

ßerst fruchtbare literarische Produktion. Sein zweibändiges Werk »Geist der peinlichen Gesetzgebung Deutschlands« (1792) wurde von den bedeutendsten Juristen seiner Zeit als Reform des Strafrechts anerkannt. Die neun Bände seiner »Nationalökonomie« (1805–1824) – Soden behauptete, dieses Wort geprägt zu haben – gilt als Grundlage der gesamten Volkswirtschaft. Unwillkürlich fragt man sich, wo dieser erstaunlich vielseitige Mann die Zeit hernahm, um sich zugleich als Diplomat, Gelehrter, Schriftsteller und Landwirt zu betätigen. Dabei muß er auf allen Gebieten Beachtliches geleistet haben, denn der dem bis ins 14. Jahrhundert zurückreichenden hannoverschen Patriziat entstammende, in Ansbach geborene und durch Ankauf von großen Grundbesitz in Franken seßhaft gewordene Freiherr Friedrich Julius Heinrich wurde 1790 unter Würdigung seiner Verdienste in den erblichen Reichsgrafenstand erhoben. Seine literarische Laufbahn begann Soden als Dramatiker. Seine der Geschichte entlehnten tragischen Frauengestalten Ines de Castro, Anna Boleyn und Bianca Capello fanden den Beifall der Zeitgenossen und gehörten noch bis zur Mitte des 19. Jahrhunderts zum eisernen Bestand des deutschen Bühnenrepertoires.

Denn gleich seinem Mecklenburger Standesgenossen, dem Grafen Karl Friedrich von Hahn-Neuhaus, war auch Soden ein von der Theaterleidenschaft besessener Wilhelm Meister. Die Bretter, die die Welt bedeuten, bestimmten auch die seine. Mit seinem unbestreitbaren Talent als Bühnenschriftsteller verband Soden den nüchternen Sinn des kaufmännischen Unternehmers, der aus dem in seinem Hobby investierten Kapital einen beträchtlichen Überschuß herauswirtschaftete. Kurfürst Maximilian Josef, »unser allergnädigster Herr«, bewilligte am 13. Juni 1803 dem Reichsgrafen Julius von Soden »die gebetene landesherrliche Begünstigung zu ausschließlicher Errichtung einer Schaubühne in den fränkischen Fürstentümern Würzburg und Bamberg und den dazugeschlagenen Gebietsteilen«. Zugleich »wird ihm darüber gegenwärtiges auf fünfundzwanzig Jahre gültige Privilegium in Kraft dieses dergestalt und also erteilt, daß während dem angegebenen Zeitraum alle und jede andre Theaterunternehmungen in dem Umfang besagter kurfürstlicher Provinzen gänzlich verboten und er dabei allenthalben nachdrücklich geschützt werden solle.«

Diese in schwerfälligem und schauderhaftem Kanzleideutsch verfaßte Urkunde ist der Geburtsschein des Würzburger Theaters. Soden beeilte sich von seiner Konzession, die ihn von jeder Konkurrenz befreite, sofort Gebrauch zu machen. Bereits vier Wochen nach der Aufhebung des adligen Frauenstifts Sankt Anna blieb Soden bei der Versteigerung des 1750 nach den Plänen Balthasar Neumanns erbauten Hauses mit 23 000 Gulden Meistbietender, dem der Zuschlag erteilt wurde.

Die innere Umgestaltung übertrug Soden dem Hofbaudirektor und Ingenieurhauptmann Johann Andreas Gärtner, dem Vater des berühmten Architekten Ludwigs I., Friedrich von Gärtner. Die im klassizistischen Stil gehaltene Straßenfront blieb pietätvoll unangetastet, so daß das Gebäude von außen wie ein vornehmes Privathaus aussah, in dem niemand einen Musentempel vermutete.

Binnen Jahresfrist war der Umbau beendet, so daß das neue Theater am 3. August 1804 mit einer Festvorstellung eröffnet werden konnte. Vor Beginn der Aufführung des englischen Lustspiels »Stille Wasser sind tief« trat Madame Köhler, die Heroine des neuengagierten Ensembles vor die Rampe und trug in antikisierendem Empiregewand als Verkörperung der Muse Thalia den von Graf Soden verfaßten pathetischen Prolog vor, der mit einer Verbeugung vor dem neuen Landesherrn und mit einer Bitte an das Publikum ausklang:

*Es umschlang auch euch mit Vaterarm,*
*ein neuer, edler Herrscher.*
*Thalien nahm er gütig auf,*
*gewährte ihr eine Freistatt,*
*sichern mag sie eure Huld.*
*Sie nahet sich an eines Freundes Hand;*
*er geizt nach eurer Liebe.*
*Anspruchslos wie er,*
*geizt sie nach eurem Beifall, eurem Schutz.*
*Sie naht sich freundlich, ist ein Weib,*
*sie ist Mitbürgerin.*
*Nicht wahr, ihr nehmt sie freundlich auf?*

Das ausverkaufte Haus nahm diese geschraubten Verse beifällig auf. Da man aber gleichzeitig nicht zwei Musen dienen kann, der kurzweiligen Thalia und der ernsten Klio, übertrug Soden bereits im Frühjahr 1805 die Leitung des Würzburger Theaters seinem Schwiegersohn, Friedrich Freiherrn von Münchhausen. Er selbst zog sich nach Erlangen zurück, wo er sich in das Studium der Staats- und Volkswirtschaft vertiefte und an der Vollendung seiner bänderreichen

Enzyklopädie arbeitete. Trotz dieses hoffnungsvollen Auftaktes geriet das Theater bald in finanzielle Schwierigkeiten. Die um ihre dubiosen Außenstände bangenden Gläubiger setzten daher eine aus drei hohen Beamten bestehende Kommission zur Überwachung der Geschäftsführung ein. Schließlich mußte Graf Soden als Vermögensverwalter seines Schwiegersohns die Leitung selber übernehmen, die er bereits nach einem halben Jahr enttäuscht wieder niederlegte und nach Erlangen in seine stille Studierstube zurückkehrte.

Zu einem reibungslosen Theaterbetrieb gehört nun einmal Geld, das leider nicht vorhanden war. Um sein »Großherzogliches Hoftheater« vor dem drohenden Ruin zu retten, erhöhte Ferdinand von Toskana den staatlichen Zuschuß von 5000 auf 8000 Gulden. Münchhausen blieb auch weiterhin der für alle Verbindlichkeiten persönlich haftende Theaterbesitzer mit der Verpflichtung, »alle Fächer mit guten ‚Subjekten' (d. h. Künstlern) und zur Befriedigung des Publikums zu besetzen«, wie es in dem großherzoglichen Reskript vom 19. Februar 1812 heißt. Gleichzeitig mußte er die künstlerische Leitung dem Bühnendichter und Theaterfachmann Franz Holbein von Holbeinsberg, dem späteren Direktor des Wiener Burgtheaters überlassen, der sie allerdings schon nach Jahresfrist niederlegte. Immerhin hatte sich die Würzburger Bühne unter Holbeins kurzer, aber zielstrebiger

*Das alte Stadttheater in Würzburg war vorher das adelige Damenstift St. Anna. 1750 war der klassizistisch wirkende Bau nach den Plänen von Balthasar Neumann erstellt worden*

Wirksamkeit zu einem der ersten Theater Deutschlands aufgeschwungen, so daß Münchhausen sich volle fünf Jahre als Direktor halten konnte.
Das Repertoir beherrschten neben den kassenfüllenden Modeautoren Iffland und Kotzebue die Klassiker Lessing, Schiller und Kleist, während Goethe verhältnismäßig selten gespielt wurde. Großer Beliebtheit erfreuten sich auch die Bühnenwerke des Freiheitsdichters Theodor Körner, die der Reihe nach aufgeführt wurden. Natürlich gingen auch die Stücke des Theatergründers Soden unter Münchhausens Regie über die Bühne.
Selbst Shakespear und Calderon wurden in den Spielplan aufgenommen. Auch die Oper wurde nicht vernachlässigt, trotz der erheblichen Mehrkosten, die den bis auf den letzten Kreuzer ausbalancierten Etat neuerdings erheblich belasteten. Das Orchester stellte die großherzogliche Hofkapelle.
Neben Mozart, Beethoven und Dittersdorf wurden französische und italienische Komponisten wie Gretry, Boieldieu Mehul, Paer, Cherubini, Cimarosa, Paesiello u. a. aufgeführt. Die politischen Zeitereignisse wurden gleichfalls gebührend berücksichtigt. So gelangte »auf allerhöchste Anordnung« am 31. März 1811 »zur Feier der frohen Ereignisse der höchstbeglückten Entbindung I. M. der Kaiserin von Frankreich, Königin von Italien, von einem Prinzen, bei freiem Eintritte«» die heroische Oper »Achilles, König von Thesalien« von Paer, dem Kapellmeister der Kaiserin Marie Luise, zur Aufführung. Den Einnahmeausfall der Theaterkasse bestritt aus eigenen Mitteln der Großherzog, als Onkel des neugeborenen Königs von Rom.
Mit dem Übergang des Großherzogtums an den bayerischen Staat begann für das Würzburger Theater eine schwere Krisenzeit. Der jährliche Zuschuß, dessen Erhöhung von 8000 auf 12000 Gulden der kunstfreundliche Habsburger auf Holbeins Drängen bewilligt hatte, wurde von der sparsamen Regierung auf 4000 Gulden zusammengestrichen und diese nur in monatlichen Raten von je 333,20 Gulden abgestottert, unter dem ausdrücklichen Vorbehalt, »daß die Verwendung der von S. k. M. allergnädigst bewilligten Beiträge ... lediglich von kgl. Regierung abhänge, ohne daß irgendein Theaterunternehmer darauf das mindeste Recht habe«. Die Zahlung dieser erbärmlichen »Unterstützung« wurde von erstklassigen Leistungen des Theaters abhängig gemacht.
Da der Direktor Lebrecht Fischer dieses Verlangen einfach nicht erfüllen konnte, wurde ihm die Subvention entzogen, worauf er 1822 von seinem verantwortungsvollen Posten zurücktrat und sich für bankrott erklärte. Erst als Würzburg nach dem Tod Max I. 1825 Witwensitz der Königin Karoline wurde, gewährte diese dem notleidenden Theater einen jährlichen Zuschuß von 1500 Gulden. Die Stadt, die bis dahin nichts für ihren Musentempel getan hatte, übernahm auf Anregung Münchhausens jetzt die sich auf 200 Gulden belaufenden Kosten für Musik, Beleuchtung und Beheizung, gegen die Stimmen des renitenten Gemeindekollegiums.
Stabile Verhältnisse traten erst 1843 ein, als Münchhausens Witwe Theatergebäude und Privileg um 60000 Gulden an die Stadt verkaufte. Für diesen Zweck hatte die Regierung dem Magistrat eine Gesamtausgabe von 90000 Gulden genehmigt. Durch Instandsetzung des baufälligen Hauses, für Erneuerung der Maschinerie und der Dekorationen stieg diese Summe auf 115000 Gulden. Als Theatermaler wurde der geborene Frankfurter Bühnenbildner Andreas Geist beschäftigt, der seit seinem 14. Lebensjahr in Würzburg seßhaft geworden war. Seine geschickte Hand entwarf die Kulissen und Bilder zu den neueinstudierten Opern von Rossini, C. M. von Weber, Lortzing, Bellini, Donizetti, Flotow, Marschner und Meyerbeer sowie zu den Schauspielen von Grillparzer, Halm, Gutzkow, Laube, V. Hugo u. a. damals beliebten Dramatikern. Am Würzburger Theater wirkte als Sänger Albert Wagner, der ältere Bruder des nachmals berühmten Schöpfers des Musikdramas und Freundes des Märchenkönigs Ludwig II. Zum Besuch Alberts traf am 17. Februar sein erst zwanzigjähriger Bruder Richard ein und teilte dessen Wohnung in der Hubergasse im Hause der Kohlenhandlung Lindner. Albert verschaffte seinem Bruder am Theater eine Anstellung als Chordirektor, wofür dieser monatlich 100 Gulden erhielt. Als solcher mußte Richard bis zum Ende der Spielzeit die beiden großen Opern »Vampyr« von Marschner und »Robert der Teufel« von Meyerbeer einstudieren. »Meine Arbeit fiel dämonisch und effektvoll aus, trug Beifall des Publikums und ermunternde Anerkennung meines Bruders ein«, erzählt der Meister mit stolzer Genugtuung in seinen Memoiren. Am 15. Januar 1834 reiste Wagner nach Leipzig, um seine hier beendete Oper »Die Feen« zur Aufführung zu bringen.
Unter der fast achtzehnjährigen Leitung des geschäftstüchtigen und gewandten Direktors Oswald Brüchl

nahm das Stadttheater nach Überwindung aller Krisen und Kinderkrankheiten einen nie geahnten Aufschwung und rechtfertigte seinen alten Ruf, eine der besten und fortschrittlichsten deutschen Bühnen zu sein.

Das Revolutionsjahr 1848 brachte dann die Katastrophe. Brüchl konnte seinen Verpflichtungen nicht mehr nachkommen und mußte die Direktion niederlegen. In Anerkennung seiner Verdienste um das Würzburger Kunstleben gab ihm der Magistrat als Versorgung die Examinatorstelle am Burkardertor, die der ehemalige Theaterfachmann bis zu seinem 1861 erfolgten Tod gewissenhaft versah.

In dem nach Süden gehenden Erdgeschoß eröffnete der Hofkonditor Bevern im Jahre 1804 mit Genehmigung der kurfürstlich bayerischen Landesdirektion ein »Café noble für jeden Gesitteten aus allen Ständen«. Aus diesem exklusiven Kasino ist später das bekannte Theater-Restaurant hervorgegangen. Bewährte Gastronomen, wie insonderheit Herr Hans Ruß und seine Frau gaben dem Theater-Restaurant Glanz. Auch sie werden in dankbarer Erinnerung bei den alten Würzburgern fortleben.

# Geh aus, mein Herz

*Paul Gerhardt (†1676)*

Die Bäume stehen voller Laub,
das Erdreich decket seinen Staub
mit einem grünen Kleide;
Narzissen und die Tulipan,
die ziehen sich viel schöner an
als Salomonis Seide.

Die Lerche schwingt sich in die Luft,
das Täublein fliegt aus seiner Kluft
und macht sich in die Wälder;
die hochbegabte Nachtigall
ergötzt und füllt mit ihrem Schall
Berg, Hügel, Tal und Felder.

Ich selbst kann und mag nicht ruhn;
des großen Gottes großes Tun
erweckt mir alle Sinnen;
ich singe mit, wenn alles singt,
und lasse, was dem Höchsten klingt,
aus meinem Herzen rinnen.

*Im Herzen der Stadt Würzburg, wo der obere Markt in den Kürschnerhof übergeht, steht als dominierendes Bauwerk das nach Plänen von Balthasar Neumann erbaute Haus Markt 38. Viele Jahrhunderte befand sich auf diesem Grundstück das Dietrich-Hospital, bis es schließlich im Jahre 1803 in private Hände überging. Seit 1896 ist das Anwesen im Besitz der Firma J. B. Deppisch und dient seither diesem Unternehmen als Geschäftshaus. Am 16. März 1945 brannte der Bau aus, nur einige Außenmauern blieben erhalten. Die Familie Deppisch entschloß sich jedoch, das wertvolle alte Gebäude wieder im alten Stil herzustellen. So sind die im Jahre 1963 noch einmal umgebauten und erweiterten Geschäftsräume ein Beweis dafür, daß sich inneres Traditionsbewußtsein durchaus mit modernem Unternehmergeist verbinden kann*

*Hans Körner*

# Im Banne Japans

Ich will dem Namen Siebold Ehre machen und, wenn's der Himmel will, in Würzburg aufrechterhalten.« Dieses Versprechen gab 1818 stud. med. Philipp Franz von Siebold seinem Oheim Elias von Siebold, der vor zwei Jahren als Professor der Geburtshilfe an die neugegründete Universität Berlin berufen worden war. Erst vor 60 Jahren war die Familie Siebold in Würzburg ansässig geworden, hatte aber seitdem schon vier Professoren für die Medizinische Fakultät der Julius-Universität gestellt: Carl Caspar Siebold (1736–1807), Chirurg, Anatom, Oberwundarzt am Juliusspital und Stadt- und Landhebammenmeister, der die Anatomie ausgebaut, ein chirurgisches Klinikum eingerichtet und den Hebammenunterricht verbessert hatte und für seine tatkräftige Versorgung der Verwundeten aus der Schlacht bei Würzburg (1796) in den Reichsadelsstand erhoben worden war (1801), dessen Söhne Christoph (1767–1798), Professor der Medizin und 1. Arzt am Juliusspital, Barthel (1774–1814), bekannt als Chirurg, Augenarzt, Herausgeber von Literatur- und Fachzeitschriften, und Elias von Siebold (1775–1828), dem als Professor der Geburtshilfe die Errichtung eines Geburtshauses in Würzburg gelungen war.

Philipp Franz von Siebold, geboren am 17. Februar 1796, war das einzige überlebende Kind des Professors Christoph Siebold und dessen Ehefrau Apollonia, geb. Lotz, und wurde nach dem frühen Tod seines Vaters von seinem Oheim, dem Domkapitular Franz Joseph Lotz, und später im Haus von Professor Ignaz Döllinger erzogen. Hier kam er mit vielen Gelehrten in Berührung, und seine Vorliebe für die Naturwissenschaften wurde immer mehr geweckt und gefördert. Als Student der Medizin trat er dem Corps Moenania bei und wurde dessen Senior. 1820 schloß er das Studium ab und ließ sich als Arzt in Heidingsfeld bei Würzburg nieder. Als 1821 der Generalinspekteur des niederländischen Sanitätswesens in Würzburg nach »10 bis 12 wohlgesitteten Medico-Chirurgen« suchte, »welche Lust hätten, sich nach Java einschiffen zu lassen«, meldete sich auch Siebold.

Er wurde als Stabsarzt eingestellt und segelte schon Ende September 1822 mit der Fregatte »Jonge Adriana« von Rotterdam ab. Während der fast fünf Monate langen Seereise – an der Westküste Afrikas entlang, um das Kap der Guten Hoffnung herum und durch den Indischen Ozean – war Siebold als Schiffsarzt eingesetzt und brachte eine umfangreiche Sammlung von Seetieren zusammen. In Batavia (heute Djakarta) auf Java, dem Hauptort von Niederländisch-Indien, wurde der Generalgouverneur auf Siebolds überdurchschnittliche Fähigkeiten aufmerksam und bestimmte ihn zum Arzt der niederländischen Handelsniederlassung in Nagasaki.

Seit über 200 Jahren waren die Niederländer neben den Chinesen als einzige Fremde in Japan zugelassen. Handel durften sie allerdings nur in beschränktem Maße treiben, aber immerhin war für die westliche Welt ein Fenster zu dem sonst ganz streng gegen alle Ausländer abgeschlossenen japanischen Inselreich geöffnet. Während der Napoleonischen Kriege war die Verbindung zur Faktorei abgerissen, der Handel hatte schwer gelitten und mußte erst nach und nach wieder ausgebaut werden. »Das Augenmerk der niederländisch-indischen Regierung ging vorerst dahin, den Zustand des Handels mit Japan, die Nation selbst, ihre Staatsverfassung und die Maximen ihrer Politik, das Land und dessen Erzeugnisse näher kennenzulernen.« So umriß Siebold seinen Auftrag in einem Tagebucheintrag. »Durch ein gutes Einverständnis der Beamten der Faktorei mit den zunächststehenden Japanern sollten auch deutlichere Begriffe von europäischer Kultur, von Kunst und Wissenschaft verbreitet werden.« Da medizinische und naturhistorische Wissenschaften bei den Japanern sehr gut aufgenommen wurden und dadurch dem Arzt mehr Freiheit gegönnt wurde, glaubte man, »durch die Absendung eines Arztes als Naturforscher die politischen Absichten zu unterstützen und zugleich nützliche Ergebnisse für die naturhistorischen und ethnographischen Wissenschaften zu erzwekken«.

*Über 600 Jahre alt ist die lebensgroße Holzplastik. Im farbenprächtigen Lack stellt sie einen Samurai dar, der, mit dem Bogen quer über seinen Knien, den Eingang eines Tempels in Nikko bewacht. Nikko ist eine der vier berühmtesten Tempelstädte in Japan*

*Aquarell von H.-G. Ehrhardt*

*Während seiner Studienjahre in Würzburg wohnte Philipp Franz von Siebold bei dem Hofrat und Anatomieprofessor Ignaz Döllinger im Rückermain-Gebäude*

Diese Erwartungen wurden vollauf erfüllt. Am 11. August 1823 lief der Segler »Drie Gezusters« nach stürmischer Fahrt durch das Südchinesische Meer in den Hafen von Nagasaki ein und wurde genau durchsucht, ehe die Holländer die künstlich im Hafen angelegte kleine Insel Deshima betreten durften. Schon nach wenigen Wochen berichtete Siebold in die Heimat von »rastloser Tätigkeit im Felde der gesamten Natur- und Heilkunde. Alle Reiche der Natur bieten mir hier in Fülle ihre Schätze dar, und für Land- und Völkerkunde und Linguistik läßt sich in diesem so wenig noch untersuchten Land unendlich viel leisten.« Das Arzthaus war bald »der Sammelplatz aller wißbegierigen Japanesen«, die sich als Diener des Oberdolmetschers verdingt hatten, um überhaupt auf die auch für die Japaner streng abgesperrte Insel gelangen zu können. Siebold ließ von seinen Schülern schriftliche Arbeiten über alle nur denkbaren Themen anfertigen, die er dann mit einem »Doktordiplom« belohnte. Auf diese Weise konnte er Nachrichten über das land, seine Bevölkerung, seine Geschichte, Sprache, Sitten und Gebräuche sammeln.

Botanik und Zoologie standen bald im Mittelpunkt von Siebolds Forschungen. Die japanischen Behörden gestatteten ihm sogar, tagsüber Exkursionen in die Umgebung zu unternehmen – natürlich unter Bewachung. Auf Deshima legte er einen Botanischen Garten an (der vor einigen Jahren als Gedenkstätte rekonstruiert worden ist) und auch neben seinem Landhaus »Narutaki«, das er sich unter einem Decknamen in der

Nähe von Nagasaki gekauft hatte. Hier konnte Siebold Vorlesungen halten und Kranke behandeln. Geld durfte er dafür nicht annehmen. Er ließ sich statt dessen Kunst- und Gebrauchsgegenstände schenken. Er zeigte den Japanern erstmals die Pockenschutzimpfung und führte Staroperationen durch. Noch viele Jahrzehnte später hörte sein Sohn Alexander (40 Jahre Legationsrat in japanischen Diensten!) die fabelhaftesten Legenden über die Kuren, die sein Vater vollbracht und über die Zahl der Menschenleben, die er durch seine Kunst gerettet haben sollte. Ganz recht aber hatte Siebold mit der Feststellung, daß sich von seiner Schule in Narutaki »allmählich ein neuer Lichtstrahl wissenschaftlicher Bildung und mit ihm unsere Verbindung über das japanische Reich« ausbreitete. Seine Schüler, oft schon ältere Mediziner, kamen nämlich aus allen Teilen des Inselreiches, gaben das Gelernte zu Hause weiter und blieben mit Siebold in schriftlicher Verbindung.

Den Höhepunkt von Siebolds Aufenthalt in Japan bildete die Hofreise nach Edo (heute Tokyo) im Jahr 1826. Nur alle vier Jahre fand sie statt, und nur drei Europäer durften daran teilnehmen: der Faktoreidirektor als Gesandter, der Sekretär und der Arzt. Unter die zahlreichen Dolmetscher, Wächter, Köche, Diener und Träger schmuggelte Siebold einige seiner Schüler ein. Sie gingen ihm zur Hand, wenn er auf dem weiten Marsch (600 Kilometer über Land und 400 Kilometer über See) seine Beobachtungen und Messungen vornahm. Seine Sänfte hatte sich Siebold als »kleine fliegende Studierkammer« eingerichtet, in der er bei aller Unbequemlichkeit unaufhörlich Eintragungen in sein Tagebuch vornahm.

Fast zwei Monate dauerte die Reise, dann zog die Gesandtschaft in die Hauptstadt des Shogun ein (so hieß der tatsächliche Herrscher, während der Kaiser nur nominell Staatsoberhaupt war). Die ärztliche Kunst verhalf Siebold schnell zu wertvollen Verbindungen: Angehörige des Adels konsultierten ihn, Hofärzte ließen sich von ihm in die europäische Medizin einführen, Gelehrte zeigten ihm ihre Arbeiten und Sammlungen, der Hofnadelstecher unterwies ihn in Akupunktur und Moxa, der Hofbotaniker schenkte ihm Pflanzenabbildungen. Der Hofastronom führte Siebold »auf geheime Weise« in die kaiserliche Bibliothek und machte ihn mit den »merkwürdigsten neuesten Entdeckungen« der Landesvermessung bekannt. Wie folgenreich das werden sollte, konnte Siebold nicht ahnen! Er sah sich am Ziel seiner Wünsche und schrieb ins Tagebuch:

»Ich genieße alle Freiheit und kann ziemlich öffentlich, auch in wissenschaftlichen Gegenständen, die zu bearbeiten früher streng verboten, arbeiten.«

Die offiziellen Aufgaben der Gesandtschaft berührten Siebold nur am Rande. Er zog mit in feierlicher Prozession in den Palast des Shogun, wo er tiefgebeugt im Audienzsaal knien mußte, während der Gesandte dem Herrscher die Huldigung darbrachte. Er machte auch die vorgeschriebene Besuchsrunde bei den Würdenträgern mit:

»Nirgends fanden wir den Herrn zu Hause, machten überall den Sekretären tiefe Komplimente, hockten überall auf der Folterbank, neugierigen Blicken ausgesetzt, mußten immer wieder Tabak rauchen, Tee trinken, Zuckersachen essen, Denksprüche aufschreiben und alles, was von unseren Toilettengegenständen sich hergeben ließ, besichtigen lassen. Endlich kamen wir um 9 Uhr abends, nachdem wir 15 Stunden lang in einem ungewohnten Kostüm herumgezogen waren, unter beständigen Verbeugungen auf den Fersen mit untergeschlagenen Beinen auf dem Boden hatten sitzen müssen, mit heftigen Kopfschmerzen und vedorbenem Magen in unserer Herberge an.«

Im Einvernehmen mit der niederländisch-indischen Regierung hatte Siebold versucht, unter einem Vorwand (er sollte ein botanisches Werk übersetzen), länger in Edo bleiben zu dürfen. Vielleicht konnte er dann sogar noch weiter ins Land eindringen, das noch kein Europäer gesehen hatte. Ungeschicklichkeiten

*Philipp Franz von Siebold nach einer Kreidezeichnung von J. Schmeller, 1835*

des Gesandten bei den Handelsbesprechungen machten den Plan zunichte. Nach einem Aufenthalt von fünf Wochen mußte die Gesandtschaft aufbrechen und kam am 7. Juli 1826 wieder in Deshima an.

Von der Hofreise hatte Siebold viele Bücher, Handschriften, Zeichnungen und Gemälde mitgebracht. Dieses Material sollte neben den völkerkundlichen Gegenständen und der Sammlung von Pflanzen und Tieren die Grundlage zu der umfassenden Beschreibung von Japan bilden, die Siebold in Europa bearbeiten und durch die er Kenntnis von dem so wenig bekannten Land verbreiten wollte. Aufmunternde Briefe von deutschen und französischen Gelehrten erreichten ihn, und in einer botanischen Zeitschrift wies der Präsident der Akademie der Naturforscher darauf hin, »welchen wichtigen Gewinn die Wissenschaft von dem Fleiß und der umfassenden Tätigkeit dieses Gelehrten sich versprechen darf«. Pflanzensendungen waren schon in niederländischen und deutschen botanischen Gärten eingetroffen, anderes bis Java gelangt – darunter der Teesamen, aus dem die ersten Teepflanzungen erwuchsen. Die im Staatsauftrag angelegte naturhistorische Sammlung war verladen und Siebolds Abreise auf den Herbst 1828 festgelegt worden.

Da brach ein fürchterlicher Taifun über Südjapan herein, der das Schiff der Holländer auf den Strand warf und die Abfahrt verzögerte. Zu allem Unglück wurde Siebolds briefliche Verbindung mit dem Hofastronomen und der Besitz von geheimgehaltenen japanischen Landkarten entdeckt und als »Landesverrat« hingestellt! Siebold konnte gerade noch die wichtigsten Unterlagen für seine geplante Beschreibung von Japan verstecken (manches im Doppelboden seines Affenkäfigs), als sein Haus durchsucht und über ihn strenger Hausarrest verhängt wurde. Zermürbende Verhöre durch den Statthalter von Nagasaki folgten. Viele von Siebolds Freunden und Schülern kamen ins Gefängnis; der Hofastronom starb an den erlittenen Qualen. Siebold benahm sich beim Prozeß geschickt und vorsichtig, zumal er die Gesetze kannte und das Japanische verstand. Immer wieder betonte er, daß er »allein aus Liebe zu den Wissenschaften« gehandelt habe. Das Urteil lautete auf ewige Verbannung. Am 31. Dezember 1829 konnte er seiner Mutter nach Würzburg schreiben: »Nach einem noch sehr günstigen Ablauf der für mich so schrecklichen Ereignisse auf Japan habe ich gestern abend Deshima verlassen. Ich führe alle meine Sammlungen mit.«

In Batavia legte Siebold dem Generalgouverneur Rechenschaft ab. Die auf Staatskosten erworbenen Sammlungen umfaßten 200 Exemplare Säugetiere, 900 Vögel, 750 Fische, 170 Reptilien und mehr als 5000 Exemplare wirbelloser Tiere. Dazu kamen noch 2000 Arten von Pflanzen und 12 000 Herbariumspräparate (allerdings auch Doppelstücke). Siebold reiste weiter nach den Niederlanden. Viele Pflanzen gingen bei der zweimaligen Durchquerung des Tropengürtels ein. Die Seumpflanze rettete Siebold, indem er sie eigenhändig hoch oben am Mast befestigte und ihr dadurch frischen Luftzug verschaffte. Am 10. Juli 1830 schrieb er aus Den Haag an seine Mutter: »So habe ich wieder einmal nach einer Abwesenheit von beinahe acht Jahren europäischen Boden betreten, der mir um so schätzbarer geworden ist, je größere Aufopferungen es mir gekostet hat, zu demselben wiederum zurückzufinden.«

Der König der Niederlande erteilte Siebold unbegrenzten Urlaub zur Ausarbeitung und Herausgabe seiner Werke, beförderte ihn zum Oberstabsarzt und zeichnete ihn mit dem Ritterkreuz vom Orden des Niederländischen Löwen aus. In Leiden richtete sich Siebold ein Haus ein, in dem er mit zahlreichen Mitarbeitern (darunter der Philologe Joseph Hoffmann aus Würzburg) sein Material sichtete und zusammenstellte. Hier stellte er auch seine völkerkundliche Privatsammlung auf und machte sie allgemein zugänglich. Die naturhistorischen Sammlungen kamen in Reichsmuseen in Leiden. Um die vielen Pflanzen weiterzüchten zu können, kaufte er sich einen Garten mit Gewächshaus am Unteren Rheindeich. Von hier gelangten viele Arten

*So sahen die japanischen Zeitgenossen den europäischen Wissenschaftler*

der japanischen Ziersträucher in die Gärten, so die Spiräe, Magnolie, Weigelie, Klematis und Glyzinie, ferner Arten der Pfirsiche, Kirsche, des Citrus-Baumes und der Goldorange, Arten der Eiche, des Ahorns und Bambusarten, schließlich 25 Nadelhölzer.

Die Heimatstadt Würzburg empfing ihren großen Sohn Mitte Oktober 1832. Die Philosophische Fakultät der Julius-Maximilians-Universität überreichte ihm das Diplom eines Ehrendoktors der Philosophie. In München hatte Siebold eine Audienz bei König Ludwig I., der ihm persönlich das Ritterkreuz des Verdienstordens der Bayerischen Krone anheftete.

Ende des Jahres 1833 erschienen die ersten beiden Lieferungen von Siebolds Hauptwerk: »Nippon. Archiv zur Beschreibung von Japan und dessen Neben- und Schutzländern.« Es folgten die Werke über die japanische Tier und Pflanzenwelt, die erstmalig systematisch dargestellt wurde (»Fauna Japonica« und »Flora Japonica«). Sie waren als Tafelwerke im Folio-Format angelegt und enthielten viele, zum Teil farbige, Abbildungen, Tabellen und Karten. Sie fanden in der wissenschaftlichen Welt große Anerkennung, verschlangen aber auch hohe Summen. Die Staatszuschüsse reichten nicht aus, und Siebold entschloß sich zu einer Werbereise an europäische Höfe. Im Sommer 1834 reiste er zunächst nach St. Petersburg und Moskau, dann nach Berlin, Dresden, Wien, München und Weimar – überall ehrenvoll empfangen und ausgezeichnet. Tatsächlich warb er auf diese Weise viele Vorbesteller für seine Werke und knüpfte Verbindungen mit Fachgelehrten an, die ihn fortan bei seinen Arbeiten unterstützten. In München überreichte er König Ludwig I. einen Plan zur Errichtung eines Völkerkundemuseums.

Dieser Gedanke ließ Siebold nicht mehr los. Auch in den Niederlanden legte er eine Denkschrift »Über Zweckmäßigkeit und den Nutzen eines Ethnographischen Museums« vor, gerade in einem Land, »das seinen Bestand in Handel und Seefahrt findet«. Als Grundlage empfahl er seine eigene Sammlung, deren Ankauf dann auch beschlossen wurde. Sie blieb aber auf Jahre hinaus noch in Siebolds »Museums-Wohnung« untergebracht: »Alles Geschirr im Hause, ein Teil der verschiedensten Geräte, die Bilder an der Wand usw. war japanischen Ursprungs. Im Garten sah man aus dem Inselreiche übergesiedelte Pflanzen, an einem Baume angekettet saß da ein garstiger bissiger Affe von der einzigen in Japan vorkommenden Art. Ein häßlicher kleiner Chinese konnte als Gegen-

*Hängebild eines unbekannten japanischen Künstlers von Philipp Franz von Siebold als Arzt der niederländischen Handelsniederlassung Deshima bei Nagasaki*

stück zu jenem gelten, wurde mir aber als ein gelehrter Herr bezeichnet, der mit Mühe gewonnen sei, um bei der Herausgabe des großen Werkes ‚Nippon' Beistand zu leisten.« So erzählte ein Besucher, und ein anderer sah sich »versetzt in alle Erfindungen, Sitten, Gewohnheiten, in Kunst, Wissenschaft und Industrie eines Volkes, das uns bis jetzt so fremd wie der Mann im Mond war«.

Gleich nach seiner Rückkehr aus Japan war Siebold auch zum Berater des Kolonialministeriums in japanischen Angelegenheiten ernannt worden. Schon in Japan hatte Siebold niedergeschrieben, daß die Niederlande es sich zur Aufgabe setzen müßten, »im Namen der anderen handeltreibenden Seemächte am Hofe von Edo, Vorstellungen zur Eröffnung eines freien Handels zu machen«. Endlich hatte er Erfolg: Im Sommer 1844 wurde eine niederländische Gesandtschaft nach Edo ausgerüstet, die dem Shogun einen Brief des Königs der Niederlande überbringen sollte – und diesen Brief hatte Siebold entworfen. Das Schreiben machte großen Eindruck in Japan, führte aber – zunächst wenigstens – zu keinem Erfolg. Siebold ließ

*Der frühere Palast des Shogun in Osaka*

sich dadurch nicht beirren und beriet die niederländische, britische und russische Regierung weiter in diesem Sinne.

Bei einem Besuch seiner fränkischen Heimat lernte Siebold im Sommer 1845 in Bad Kissingen Ida von Gagern kennen und heiratete sie kurz darauf. Das Ehepaar zog in das Landhaus »Nippon«, inmitten des Botanischen Gartens bei Leiden gelegen. Da beide das Klima schlecht vertrugen, siedelten sie schon 1847 in das ehemalige Kloster St. Martin bei Boppard am Rhein über. König Wilhelm II. der Niederlande, der Siebolds Arbeiten stets verständnisvoll unterstützt und ihn 1842 aufgrund des Reichsadelsdiploms von 1801 in den niederländischen Adel aufgenommen hatte, gewährte dabei große Freiheiten. Er beförderte Siebold zum Oberst im Generalstab des Niederländisch-Indischen Heeres und erteilte ihm unbegrenzten Urlaub ins Ausland.

Siebold vollendete jetzt seine Forschungen zur Entdeckungsgeschichte von Japan. Einen »Schatz von merkwürdigen Entdeckungen und Beobachtungen im Gebiete der Länder- und Völkerkunde«, seit vielen Jahrzehnten unbenutzt und vergessen, hatte er bei intensivem Suchen in den Archiven der ehemaligen Niederländisch-Ostindischen Kompanie aufgestöbert. Er nahm die neuesten Ergebnisse dazu und verarbeitete alles zu einem einheitlichen Ganzen. Die »Geschichte der Entdeckungen im Seegebiet von Japan« sollte »künftigen Reisenden und Seefahrern ein brauchbarer Wegweiser« sein und war zugleich die »Erklärung« für den im Vorjahr (1851) erschienenen »Atlas von Land- und Seekarten vom Japanischen Reiche«. Dieses Text- und Kartenwerk bedeutete einen großen Fortschritt gegenüber den bisherigen Karten. Alexander von Humboldt rühmte sie als »trefflich«, und die britische Admiralität fertigte danach ihre Seekarten an.

Die Vereinigten Staaten von Amerika und Rußland rüsteten Expeditionen nach Japan aus. Siebold konnte nur indirekt mitwirken, da er ja immer noch aus Japan verbannt war. Als Sachverständiger wurde er nach St. Petersburg eingeladen, um die Pläne wegen der Besitznahme der Amurmündung und Sachalins zu begutachten. In seinem Atlas hatte er wertvolle Angaben gerade auch zum nordöstlichen Asien gemacht und erstmalig zuverlässig dargestellt, daß Sachalin, der Amurmündung vorgelagert, eine Insel und keine Halbinsel war.

1853/54 erzwang das nordamerikanische Geschwader unter Admiral Perry die Öffnung Japans für den Welthandel. England, Rußland, die Niederlande, Portugal, Preußen und die Schweiz schlossen nach und nach Handelsverträge mit Japan ab. Jetzt wurde Siebolds Verbannungsurteil aufgehoben. Sofort war Siebold, der seit 1853 mit seiner Familie in Bonn wohnte, bereit für eine zweite Reise nach Japan: »Wenn ich an Japan denke, dann durchströmt die Adern des Sechzigers eine gleiche Glut, welche 1822 den Jüngling anfeuerte, eines der von der Heimat entferntesten Länder der Welt aufzusuchen; und wenn ich damals dahinzog, dort für die europäische Wissenschaft tief verborgene Schätze an den Tag zu fördern – jetzt treibt es mich dahin zu eilen, dem guten, braven, glücklichen Volke, das ich leider aus der Vergessenheit mit in das Weltgetümmel hineingerissen, Hülfe und Rettung zu bringen.« Er wurde zum Beauftragten der Niederländischen Handelsgesellschaft in Nagasaki ernannt. Am 13. April 1859 ging er in Marseille an Bord, begleitet von seinem erst zwölf Jahre alten Sohn Alexander.

Fast auf den Tag genau nach 36 Jahren, am 4. August 1859, kam Siebold zum zweiten Male im Hafen im Hafen von Nagasaki an. Was hatte sich alles inzwischen geändert! Es gab keine japanischen Kontrolleure und keine Absperrung der Insel Deshima mehr, alle Ausländer konnten sich frei bewegen. Von den Geschäften der Niederländischen Handelsgesellschaft zog sich Siebold bald zurück. Um so mehr widmete er sich seinen wissenschaftlichen Werken, der ärztlichen Praxis und dem Unterricht in vielen Fächern. Im Tal von Narutaki kaufte er sich wiederum ein Haus, in dem er die Unterlagen für die Schlußkapitel des »Nippon«-Werkes aus den 40 mitgebrachten Kisten um sich stapelte und in dem es bald »gelehrt unordentlich« aussah. Amerikanische und europäische Besucher bewunderten die Reichhaltigkeit von Siebolds Botanischem Garten und erzählten auch, daß er die japanische Sprache wie ein Einheimischer gebrauche und mit den Japanern in einem sehr harmonischen Verhältnis lebe. Er brauchte auch keine Schußwaffe bei sich zu führen wie die ausländischen Kaufleute bei der immer mehr um sich greifenden Fremdenfeindlichkeit. Selbst wenn er nachts zu einem Kranken gerufen wurde, ge-

*Bild und Szene aus dem alten Japan*

nügte es, wenn der Diener mit einer Laterne voranging, auf die der Anfangsbuchstabe von Siebolds Namen gemalt war. Vor diesem Zeichen hatten sogar die Straßenräuber Achtung!

Frühere Schüler Siebolds, die jetzt Leibärzte in Edo waren, holten ihn zu Vorträgen in die Hauptstadt. Er merkte bald, daß man vor allem seinen Rat in den verwickelten Beziehungen zu den Vertragsmächten suchte. Reichsfürsten hatten sich zusammengeschlossen, welche die Zulassung der Fremden für verfassungswidrig erklärten und den Shogun stürzen wollten. In verschiedenen Provinzen waren bereits Unruhen ausgebrochen, und es wurden Attentate auf hohe Staatsbeamte und auf ausländische Diplomaten verübt. Zwei Monate blieb Siebold in Yokohama, das als Fremdenstadt angelegt worden war. »Diese Stadt hat in ihrem Äußeren die größte Ähnlichkeit mit einem Gefängnis«, schrieb Alexander von Siebold an Mutter und Geschwister. »Alle Häuser sind palisadiert und schwarz angestrichen. Abends ist es tot auf den Straßen. Die wenigen Europäer, die es wagen, um die Ecken zu schlüfen, sind bis an die Zähne bewaffnet, und wenn sie dann ins Zimmer treten, so legen sie ihre Pistolen oder Säbel ab, wie man bei uns den Hut oder einen Mantel ablegt.«

Am 18. Juli 1861 siedelten Vater und Sohn in den Palast von Akabane in Edo über, der stark befestigt und mit einer Schutzwache versehen war. Drei Wochen später wurde die britische Gesandtschaft überfallen. Vier Tote und 19 Verwundete blieben auf dem Platz. Siebold eilte hin, kümmerte sich um die Verwundeten und beriet die zur Untersuchung des Vorfalls eintreffenden hohen japanischen Beamten. Stündlich sah man jetzt weiteren Angriffen entgegen. »In unserem Hause ist alles jetzt auf dem Kriegsfuße eingerichtet«, schilderte Alexander von Siebold die Lage. »Wir haben wohl 300 Mann als Besatzung. Alle geharnischt, mit Lanzen, Gewehren, Piken, Säbeln gut bewaffnet. Demnach befinden wir uns in Sicherheit, doch schläft man nicht sehr fest, wenn man an die zerhackten Betten in der britischen Gesandtschaft denkt.«

Ohne Rücksicht auf diese Ereignisse versammelte Siebold jeden Vormittag in seiner Wohnung ausgewählte Gelehrte und unterrichtete sie nach einem festen Stundenplan in den Naturwissenschaften, in Bergbau- und Hüttenkunde, Volkswirtschaft, Schul- und Armenwesen und in den medizinischen Fächern. Seinen Vorträgen über Staatswissenschaften wohnten auch Regierungsmitglieder bei. Er setzte auf diese Weise die »Holländische Schule« fort, die, von der Faktorei Deshima ausgehend, seit über 200 Jahren westliche Bildung in Japan verbreitet hatte. Die jungen Gelehrten, die aus dieser Schule hervorgingen, bereiteten den Umschwung im japanischen Staatswesen vor, der sich in diesen Jahren anbahnte und den Siebold wohl als erster Europäer erkannt hat: Sturz des Shogunats, Wiederherstellung des Kaisertums und Modernisierung des Landes. Es gelang ihnen schließlich, ihre Landsleute von Notwendigkeit und Nutzen einer Eingliederung Japans in den Weltverkehr zu überzeugen. Siebolds großer Einfluß bei der japanischen Regierung stand nicht immer in Einklang mit dem Vorgehen des offiziellen niederländischen Vertreters. Dieser fürchtete vor allem, daß die Niederlande sich durch Siebolds Tätigkeit zu sehr exponierten und setzte durch, daß die Japaner ihn ersuchten, die Hauptstadt so bald wie möglich zu verlassen. Am 11. November 1861 trug Siebold in sein Tagebuch ein: »Audienz bei dem Minister der auswärtigen Angelegenheiten. Alle Gouverneure anwesend. Sehr freundlich empfangen. Bekomme wegen meiner dem Staate geleisteten Dienste einen Ehrensäbel und für meinen Unterricht fünf kostbare Seidenstoffe.«

Einige Wochen hielt sich Siebold in Yokohama auf. Als er im Frühjahr 1862 nach Nagasaki weiterreiste, ließ er seinen 15jährigen Sohn Alexander zurück, den der britische Gesandte als Dolmetscher eingestellt hatte. (Alexander von Siebold hat dann acht Jahre im britischen und 40 Jahre im japanischen diplomatischen Dienst eine segensreiche Tätigkeit entfaltet. Sein Bruder Heinrich gehörte 25 Jahre zur Gesandtschaft Österreich-Ungarns in Tokio). Nach Batavia gerufen, sollte Siebold als Berater des Generalgouverneurs wirken. Er drängte aber wieder nach Japan und wollte in den Niederlanden seine Ernennung zum Gesandten durchsetzen. Am 10. Januar 1863 kam er nach fast vierjähriger Abwesenheit bei seiner Familie in Bonn an. Bei der niederländischen Regierung konnte Siebold nichts ausrichten. Offenbar hatte man ihn in Mißkredit gebracht, auch unbequem war er geworden. Er war ja von Haus aus Militärarzt und Naturwissenschaftler und ließ sich deshalb schwer in die Beamtenschaft der Diplomatie und Verwaltung einordnen. Unter Ernennung zum Generalmajor erhielt er den gewünschten Abschied.

Enttäuscht und gekränkt verließ Siebold seine Wahlheimat, der er über 40 Jahre gedient hatte. Im Frühjahr 1864 zog er in seine Geburtsstadt Würzburg, von seinem Corps Moenania mit einem Fackelzug begrüßt. In der Aula der Maxschule stellte er die von der zweiten Reise mitgebrachte ethnographische Sammlung auf. Es war ihm nicht möglich, das »Nippon«-Werk abzuschließen, weil er viel Material in Nagasaki zurückgelassen hatte. Er verfolgte aufmerksam die Entwicklung in Japan, über die ihn auch sein Sohn Alexander informierte, und begründete sie historisch in der Artikelreihe »Rundschau am politischen Horizont des Sonnenaufgang-Landes Nippon (Japan)« in der Augsburger »Allgemeinen Zeitung«. Im Oktober 1865 reiste er nach Paris, um die dort weilende japanische Gesandtschaft zu beraten und um Kaiser Napoleon III. über die Verhältnisse in Ostasien zu orientieren und die Gründung einer französisch-japanischen Handelsgesellschaft vorzubereiten.

König Max II. von Bayern wollte Siebolds Sammlung für den Staat und das in München geplante Museum für Völkerkunde erwerben. Deshalb brachte sie Siebold im Sommer 1866 nach München und stellte sie im Galeriegebäude am Hofgarten auf. Als die preußischen Divisionen im siegreichen Mainfeldzug bis Würzburg vorrückten und mit einer Bedrohung Münchens gerechnet werden mußte, legte man Siebold nahe, seine Sammlung in Sicherheit zu bringen. Aber da brachte er seinen »bunten Schnickschnack im Knopfloch«, wie er seine 15 Orden gelegentlich nannte, zur Geltung: »Ich stehe im Rang eines Generals und besitze den preußischen Roten Adler-Orden. Wenn ich Uniform und Orden anlege, möchte ich den Preußen sehen, der nicht vor mir stammsteht!« Tatsächlich blieb von allen Münchener Museen nur Siebolds Sammlung geöffnet.

Bei der Arbeit in den kalten Ausstellungsräumen zog sich Siebold wiederholt Erkältungen zu, die an seiner sonst so robusten Gesundheit zehrten. Als er eine Blutvergiftung bekam, ging es schnell zu Ende. Am 18. Oktober 1866 starb Philipp Franz von Siebold in München. Drei Tage darauf wurde er unter militärischen Ehren auf dem Alten Südlichen Friedhof an der Thalkirchner Straße zu Grabe getragen.

Denkmäler in Nagasaki, Wien, Leiden und Würzburg erinnern an die universale Forscherpersönlichkeit. Noch heute – 122 Jahre nach seinem Tod – gilt sein Name als ein Symbol für die friedlichen Beziehungen der westlichen Welt zu Japan. Was Philipp Franz von Siebold sich einst vorgenommen hatte, war gelungen – »dem Namen Siebold Ehre zu machen«.

*So sah früher der Eingang zum kaiserlichen Palast in Tokio aus*

*Eugen Weiß*

# Der unsterbliche Thorjörg

Noch während Baumeister Johannes Schoner – auch Schonard genannt – um das Jahr 1528 der Stadt Hammelburg ein Rathaus baut, beschäftigt er sich bereits mit dem Entwurf für einen Marktbrunnen:
»Aus einem Schacht von 40 Fuß Tiefe soll das Wasser durch zwei Pumpwerke zutage befördert werden. Den Brunnen selbst soll ein ganz aus Stein gehauener Pavillon umgeben, auf vier Säulen ruhend, die durch Rundbögen miteinander verbunden und von einer horizontal herumführenden Brüstung bekrönt werden sollen. Sehr reiche Verzierungen und viele Reliefs gleich jenen an der Brüstung der Rathausfreitreppe (jetzt nicht mehr vorhanden) sollen das Ganze eine Zierde des Marktplatzes werden lassen.«
So etwa sind auch die Skizzen, die sich Schoner gemacht hat. Und so etwa sind die Ansichten der hohen Herren der Stadt, die Wert legen auf die Anbringung von Reliefs – eine Tatsache, die dem Baumeister zuerst rätselhaft erscheint, deren Hintergründe er jedoch bald erkennt. Sie selber möchten sich in solcher Weise verewigt sehen und als markante Persönlichkeiten der Nachwelt überliefert werden.
Als dann Meister Johannes wieder einmal am Marktplatz steht, wo er im Geist bereits den Brunnen vor sich sieht, wird er plötzlich aus seinen Träumen gerissen: »Aber Herr Johannes, Ihr bemerkt einen ja gar nicht. Schaut drein, als seied Ihr im Himmel.« »Ja, die Jungfer Ev ist es« – »Ihr laßt Euch ja wirklich sehr selten sehen.« »Ich mein' halt immer, ich stör' den verehrten Meister, in dessen Kopf es nur noch Rathäuser und Brunnen zu geben scheint. Für eine einfache Bürgerstocher ist da wohl kein Plätzchen mehr frei.«
Schoner tut, als hätte er die letzten Worte nicht gehört: »Übrigens Ev, in den nächsten Tagen wird es eine feine Raterei werden darum, wer auf den neuen Brunnen gemeißelt werden soll. Na ja, mir kann es gleich sein – wichtiger ist mir, wann wir beide zum Kirchweihtanz nach Obereschenbach gehen.« Hochrot wird sie, während er sie so anschaut. »Redet Euch leicht, derweil ich nie weiß, wann mein gestrenger Herr Vater Wach zu stehn hat am Weihertorhaus und er Euch nicht kann ausstehn, seitdem Ihr ihm gesagt, er solle den Lehm im Thulbagrund und das Topfkneten lassen, da doch nur krumme Weinhumpen daraus würden, die ohnehin im Feuer auseinanderfliegen beim Brennen.«
Als Eva später ihrem Vater berichtet, welche Sorge die Obrigkeit hat und »vil Bildnuß« am Brunnen hauen lassen will, bricht er in schallendes Gelächter aus – dann wird er ganz plötzlich still und nachdenklich. »Auf den Brunnen wollen sie«, geht es ihm durch den Sinn, »warum nur die Oberen, warum nicht einer der einfachen Bürger, warum nicht er selber.« Dieser Gedanke hat blitzschnell derart feste Formen angenommen, daß es für ihn nur noch darum geht, wie er dieses Ziel erreichen wird. Majestätisch baut er sich vor dem Spiegel auf, sieht seine stolz gewölbte Brust, seinen prächtigen Schnurrbart. »Würde mich fürwahr gut ausmachen auf dem Brunnen.«
Er greift zum Weinkrug, der ihn schon manchmal auf einen guten Gedanken brachte. Nach jedem Schluck prüft er seine Erscheinung vor dem Spiegel. Immer verklärter wird sein Blick, bis ein jäh auftauchender Gedanke alle Freude verweht. »Nie und nimmer wird mich Meister Schoner auf den Brunnen tun.« Er sinkt auf den Stuhl; sein Haupt, schwer vom Wein, ruht auf dem Krug, wobei die Hälfte seines Schnurrbartes hin-

## Auch die Giebel stürzten

1854 brannte das Rathaus in Hammelburg bis auf die Umfassungsmauern ab. Mit dem Dachstuhl stürzten auch die Giebel mit den schönen Skulpturen und Wasserspeiern, herrliche Beispiele aus der Zeit der fränkischen Frührenaissance, herab. Diese Skulpturen stehen heute im Garten des ehemaligen Schlosses. Kurz nach dem Brand wurde das Rathaus in einfacher Weise, so wie wir es heute kennen, wiedererbaut.
Von dem Architekten Johannes Schonard, der 1526 Rathaus und Marktbrunnen errichtet hat, wird hier eine nette Geschichte erzählt. Ob sie wahr ist, weiß man heute so genau nicht mehr, denn der Baumeister und seine Ev sind schon vor über 400 Jahren gestorben.

eintaucht in das kühle Naß. Mit einem Schmunzeln entfernen sich Ev und ihre Mutter. Wenn er wieder aufwacht, wird ihm der nasse Schnurrbart – wie immer – den gewohnten Spott einbringen.

Am folgenden Sonntag, so um Mitternacht, muß er die Pforte am Weihertor öffnen. Der Schein seiner Lampe fällt auf Baumeister Schoner, doch als er hinter diesem versteckt seine Tochter Ev erkennt, verschlägt es ihm den Atem, der wieder den Duft herben »Gommersbergers« hat. Auf der Wachstube dokumentiert er mit Schimpfen und Schnauben seine Wächterswürde – da schiebt ihm Meister Schoner seelenruhig ein säuberlich vorbereitetes Schreiben hin:

»Ich Untherzeychneter, genannt Thorjörg, bestätige mit meyn Untherschrifft, daß ich den wohledlen Herren Johann Schonard nicht mehro will beschimpfen, ihn in meynem Haus als Gast haben will und ihn durch das Thor eynlassen zun jeglichen Zeyt und in Begleytung von meyn Tochter, wofür mich erwähnter Meyster wegen meyn Weintrinken auff Wach nicht melden, sondern mich in steyn gehauen will und anbringen am Brunnen.«

Es ist dem Thorjörg sehr trocken im Hals, als er unterschreibt. Johannes Schoner hat Wort gehalten. Als Jahre später der Brunnen enthüllt wird, erkennt man in Stein gemeißelt die Köpfe der Obrigkeit, den des Thorjörg und dessen gutmütiger Gattin und etwas kleiner im Bogenscheitel den des Baumeisters. Daß bei dem Relief des Thorjörg die rechte Schnurrbartseite nach unten hängt, ist Schoner Anlaß genug, für ein paar Monate zu verschwinden, ehe jener es erfährt.

*Else Heiß-Heerdegen*

# »Wieviel Lieblichesam«

Der volkstümliche deutsche Malerpoet Ludwig Adrian Richter (1803–1884), der zu den liebenswertesten Zeichnern der Biedermeierzeit gehört, schenkte uns viele zeitlose Kostbarkeiten, die er aus kindlichreinem Gemüt heraus mit unendlicher Herzenswärme geschaffen hat. Mit Franken, das er auf seiner Reise nach Italien erstmals kennenlernte, war er innig verbunden. Der Dresdner Buchhändler und Verleger Arnold ermöglichte dem mittellosen Kupferstechersohn ein dreijähriges Studium in Rom. So kam der Zwanzigjährige von Dresden aus mit der Postkutsche zunächst nach Ober- und Mittelfranken. Auf der Rückreise gelangte der Romantiker von Stuttgart aus zu Fuß nach Rothenburg, das ihn sehr beglückte. Im südlichen Malerparadies hatte er gelernt, die Seele der deutschen Landschaft mit Zeichenstift und Pinsel zu verkünden. Mit den Worten aus seinem Tagebuch: »Die Liebe macht alles bedeutend und wirft einen Himmelsschimmer auf alles, was sie betrachtet; was sie anrührt, wird Gold«, ist Ludwig Richters Liebe zu Franken am besten zu beschreiben.

Im Sommer 1837 wanderte der 34jährige Dresdner Akademieprofessor Ludwig Richter durch Franken, um im Auftrag des Leipziger Verlegers G. Wigand für dessen mehrbändiges Werk »Das malerische und romantische Deutschland« die graphischen Blätter für den Band über Franken zu schaffen. Auf der Suche nach Motiven streifte er als fröhlicher Fußgänger wiederum durch das weite fränkische Land, das er »kreuz und quer, von Nürnberg bis zur Rhön, durchzog, gegen 100 Postmeilen in zwei Wochen«.

An anderer Stelle schrieb er über sein Wandern durch

*Die Bettenburg im Haßgau. Reproduktion nach einem Stich von Ludwig Richter aus dem Jahr 1837*

dieses Gebiet: »... wo ich ganz selig kreuz und quer herumdussele, Zwiegespräche mit Fels und Wolke, Wald und Wasser halte, aber nichts tauge für den liebenswürdigsten Gefährten.« »Wieviel Liebliches und Schönes ich hier finde, kann ich gar nicht sagen. Die Wirtsstube, ihre Gerätschaften, Volk, Sprache und Tracht, die ganze Gegend, Schritt vor Schritt, gibt mir Interessantes, ja Bilder, und zwar in einem Charakter, wie ich ihn immer zu finden wünsche.« Nach vielfältigem Lob berichtete er, daß seine »Seele sich glücklich und gehoben fühlt im Anschauen einer so wunderschönen Natur«.

Mit offenen Augen und frohem Sinn, in heller Entdeckerfreude und unermüdlicher Arbeit wanderte der Schätzesammler durch das sommerliche Franken; er kam nach Bamberg, Pommersfelden und Kloster Ebrach, nach Vierzehnheiligen und Coburg, auf den Kreuzberg, nach Kissingen, Würzburg, Wertheim, Kitzingen und Dettelbach, nach Münsterschwarzach, Mainsondheim und Schloß Mainberg, in den Haßgau, nach Nürnberg und Fürth und in die Fränkische Schweiz. Verträumt schlenderte er durch unzählige idyllische Dörfer und erstieg zaubervolle Burghöhen, pilgerte durch prächtige Täler und kehrte in märchenhaften Gärten ein. Mit den schwelgerischen Augen des Romantikers wie auch mit der Genauigkeit des Chronisten hielt er die Landschaften und Ortsansichten fest.

Gerne zeichnete Ludwig Richter die stillen Begebenheiten in glücklichen, frommen Familienkreisen, friedlich-verklärte Sonntagsstunden und Feierabende in trauten Stuben und versonnenen Winkeln; mit besonderer Liebe stellte er die heitere Welt der Kinder dar. Es ist verständlich, daß er sich im Frankenland wohlfühlte; hier fand er die anmutige Schlichtheit, das gemütvolle, besinnliche Leben, die treuherzige Eindringlichkeit, die seinem Wesen entsprachen und die uns aus allen seinen Bildern so wohltuend ansprechen. Ludwig Richters Wanderung durch Franken beeinflußte noch sein späteres reiches Schaffen.

Seine Zeichnungen für den Holzschnitt, die Buchillustrationen und die eigenen Bilderreihen wurden bald begehrtes Volksgut. Etwa 3000 Holzschnittillustrationen schuf der fleißige Meister. In rascher Folge erschienen die Bilder zu deutschen Geschichten, zu Kalendern, Volks- und Kinderliedern, zu Hebels alemannischen Gedichten und für die Märchenbücher von Musäus und Bechstein. Durch den Märchendichter Ludwig Bechstein, der zu den Auserwählten gehört hat, die der letzte fränkische Ritter Christian von Truchseß zur Bettenburgrunde geladen hatte, ist Ludwig Richter wahrscheinlich auf diese malerisch gelegene Haßgauburg aufmerksam gemacht worden. Das im Jahr 1837 entstandene Bild von der Bettenburg zeigt uns die bedeutungsvolle Burganlage noch in ihrer ganzen Schönheit und offenbart den Stimmungsgehalt der fränkischen Hügellandschaft. Wie alle Landschaftsbilder Ludwig Richters atmet auch dieses Bild beseligendes Leben und läßt die Harmonie von Natur, Mensch und Tier froh empfinden.

Die erschauten Herrlichkeiten und köstlichen Erlebnisse auf dieser Wanderung durch Franken sind durch die vielen Zeichnungen und Stahlstiche Ludwig Richters als ein reiches Erbe auf uns gekommen, das uns mit dem damaligen Wesen Frankens aufs innigste verbindet.

*Robert Wagner*

# Werbung für Franken

Selbst in einer so unscheinbaren und geringfügigen Sache wie der Briefverschlußmarke zeigt sich ein Stückchen Kulturgeschichte. Es ist interessant, die allmähliche Entwicklung des Briefverschlusses zur Reklamemarke zu verfolgen. Früher verschloß man den gefalzten und ineinandergeschobenen Briefbogen mit Siegellack oder mit einer Oblate. Dies änderte sich um 1840 mit der Erfindung des Briefumschlages und seiner maschinellen Herstellung in England. In Deutschland setzte sich der Briefumschlag nur langsam durch, da er zur Sicherung des Briefgeheimnisses noch mit Siegellack verschlossen werden mußte. Als zu Anfang der 70er Jahre des vorigen Jahrhunderts diese postalische Bestimmung wegfiel, war der Weg frei für die gedruckte Siegelmarke.

Mit Initialen oder Wappen, gedruckt oder geprägt, wurde die runde Form des Siegels zunächst beibehalten. Schon bald begann man, für besondere festliche Veranstaltungen, Ausstellungen und Kongresse derartige runde, geprägte Siegelmarken als Briefverschluß zu benutzen. Um 1894 ging man dazu über, diesem Reklamemittel die Form kleiner Bilder zu geben. Kunst und graphische Technik eiferten miteinander, diese »Plakate en miniature« würdig und zeitgemäß wirkungsvoll zu gestalten. Die Idee, Ausstellungen, Jubiläen und Großveranstaltungen mittels dieser Briefsiegelmarken in weiten Kreisen populär zu machen, ist eine Wirkung der damals modernen Werbung. Es ist daher kein Wunder, daß diese Reklamemarken häufig ganz reizende Darstellungen und prächtige Farbwirkung vereinten. Damit war die endgültige Reklamemarke geboren.

Die Geschäfte und Firmen akzeptierten bereitwillig diesen neuen Werbeträger. Auch der damals junge »General Anzeiger« (gegr. 1883) bediente sich dieses neuen Mediums und brachte die hier abgebildeten Marken für seine unterfränkischen Leser heraus. Neben den Serien »Fränkische Burgen« und »Aus Frankens Gauen« gab es noch eine Fülle von Marken mit Würzburger Stadtansichten. Um die Stadtansicht (Postkarte in Kleinformat) war die Werbeschrift zu lesen, wie z. B.: »Würzburger General Anzeiger Abonm. monatl. 50 Pfg. ist in den Familien so beliebt wie kein anderes Blatt«. Auch die Kinder wurden nicht vergessen; für die »Illustrierte Jugend-Zeitung des Würzburger General Anzeigers« gab es die Reklamemarken »Gruß von Onkel Franz« mit Abbildungen aus dem Kinderreich.

Die neue Art der Werbung hatte sich um die Jahrhundertwende überall durchgesetzt. Neben den Firmen, die für sich und/oder ihre Produkte warben, nutzen auch Ausstellungsveranstalter die nun meist rechteckigen Marken, wie vorher die Siegelmarke, zur Werbung. Marken, die die Schönheit der Städte oder Landschaften im Bild vorstellten, wurden vor allem von Fremdenverkehrsvereinen herausgegeben.

Um diese Zeit war das Sammeln der Reklamemarken ein regelrechter Volkssport, der leider mit dem Kriegsbeginn 1914 ein Ende fand. Man begegnet heute hoch ab und zu von Kinderhand in Schulheften angelegten Sammlungen, aber auch anspruchsvollen Reklamemarken-Alben.

Heute ist diese Art der Werbung nur noch vereinzelt üblich. Die Reklamemarken sind ein Stück aus der »guten alten Zeit« geworden.

*Josef August Eichelsbacher*

## Der brave Schäfer

Im Waldsassengau trieb ein Schäfer seine Herde. Ein einfacher Stadel aus Balken und Brettern gab ihm und seinen Tieren Unterschlupf bei Nacht und Wetter und wenn die Wölfe fraßgierig auf Beute gingen. Demutis, sein Töchterlein, und Hans, der Schafknecht, waren seine einzigen Genossen auf der siedelungsarmen Hochplatte, die der Main zwischen der Karlburg ob Karlstadt und der Rienecker Feste auf dem »Roten-Fels« im Dreieckslauf umrahmt. Unberührt von der Unrast der Heeresstraße den Main entlang lagen des Schäfers »Rauhen« zwischen den Wäldern an den Berghängen.

Eines Tages hielt ein schwerverwundeter Kriegsmann auf abgehetztem Pferde vor dem einsamen Stadel. Rasch nahm der Schäfer dem Wunden die Rüstung ab, verband ihn und barg ihn auf dem Heuboden. Die nahenden Verfolger wurden irregeführt. Der Schafknecht erfuhr dann tags darauf, daß bei Laudenbach ein Treffen zwischen Rittern stattgefunden habe. Unter den Toten befanden sich zwei Edelinge von Sickingen, der dritte Bruder sei entkommen. Er war der einzige Überlebende seines Geschlechtes.

Sickingen genas in sorgsamer Pflege im Schäferhause. Als der Tag der Abreise näher kam, gestand er, daß fünf rote Heller seine ganze Habe seien. Demutis und der Schäfer gaben aus ihrem Spargeld dazu, damit er die Heimreise auf seine Burg antreten konnte.

Nach wenigen Wochen kam er wieder. Der Friede mit seinen Feinden war geschlossen und ihm das Gebiet am Main und auf der Hochfläche zugesprochen worden. In der stillen Einsamkeit ließ er neben dem Schäferstadel ein Gehöft errichten. Der Freiherr übergab es seinen wackeren Rettern für die treue Hilfe in der Not. Der Schäfer sollte das Land ringsumher roden und des Freiherrn Statthalter in der neuen Siedlung sein, die nach ihrer Entstehung Stadelhofen genannt wurde.

Demutis wurde die Gemahlin des Freiherrn. Bei der Vermählung im Schloß zu Mühlbach änderte der Freiherr sein Wappen. Fünf kreuzweis gelegte silberne Schillinge auf schwarzem Grund sollten ihn fortan erinnern an die Stunden der Not, da ein edles Mädchen ihm seine Sparpfennige zur Verfügung stellte. Ein roter Rand sollte zum Zeichen der treuen Liebe, die ihn im Schäferhause gepflegt hatte, das Wappen umziehen.

(Nach A. Fries, Lohrer Anzeiger 1785)

## Am Sagenborn

»Es wird dem Menschen von Heimat wegen ein guter Engel beigegeben, der ihn, wenn er ins Leben auszieht, unter der vertraulichen Gestalt eines Mitwandernden begleitet. Wer nicht ahnt, was ihm dadurch Gutes widerfährt, der mag es fühlen, wenn er die Grenzen des Vaterlandes überschreitet, wo ihn jener verläßt. Diese wohltätige Begleitung ist das unerschöpfliche Gut der Märchen, Sagen und Geschichten, welche nebeneinanderstehen und uns nacheinander die Vorzeit als einen frischen und belebenden Geist nahezubringen suchen. Jedes hat seinen eigenen Kreis ... Die Sage haftet an etwas Bekanntem und Bewußtem ...«

*(Gebrüder Grimm)*

*Blick von der Steinburg auf das »Alte Würzburg«*

*Josef August Eichelsbacher*

# Zeit des großen Leids

Fürstbischof Julius Echter war Mitglied der Liga, denn er sah den Krieg zwischen den Religionsparteien kommen. Zweimal, 1610 und 1611, tagten die Abgesandten der Liga in Würzburg. Als nach Echters Tod Fürstbischof Johann Gottfried von Aschhausen seine bambergischen und würzburgischen Truppen, zusammen 2100 Mann Fußvolk und 500 Reiter zum ligistischen Heer stoßen ließ, war Mainfranken am ausgebrochenen Krieg beteiligt. Die Würzburger nahmen die böhmischen Städte Tauß und Klattau ein. Über die Teilnahme seiner Truppen an der Schlacht am Weißen Berge bei Prag am 8. November 1620 berichtet Oberst Bauer von Eiseneck an seinen Landesherrn. Danach hatten die Würzburger den ersten Angriff. Sie drangen siegreich vor und nahmen viele Soldaten gefangen. Sie erbeuteten viele Stücke und Pferde und fast alle Bagagewagen. Am Martinstag rückten sie in Prag ein.

Erst zehn Jahre später bekam Franken den Krieg selbst in aller Härte zu verspüren. Das schwedische Heer unter König Gustav Adolf erschien am 10. Oktober 1631 vor der würzburgischen Grenzfeste Königshofen im Grabfeld und nahm sie nach heftiger Beschießung ein. Der Schrecken lief durch das Land. Verzweiflungsvoll suchte arm und reich die besten Habseligkeiten zu sichern. Man vergrub oder vermauerte sie, warf sie in Brunnen. Viele Bewohner flohen oder begaben sich in die Wälder. Sie litten an allem Mangel.

Auf seinem Vormarsch übernachtete der König in Geldersheim und Unterpleichfeld. Am 14. Oktober erschienen seine Heerhaufen vor Würzburg. Die rechtsmainische Stadt leistete keinen Widerstand. Am 15. Oktober früh rückten schwedische Regimenter zu Fuß und Roß in Würzburg ein. Der König hielt auf einem grauen Pferd in der Nähe des Spitaltores in Gesellschaft des Herzogs Bernhard von Weimar und hoher Offiziere und besah seine Truppen.

Rittmeister Keller, dem der Fürstbischof vor seiner Abreise die Verteidigung der Burg anvertraut hatte, lehnte die Aufforderung zur Übergabe entschieden und wiederholt ab. Vom 16. bis 18. Oktober wurde das Bollwerk heftig beschossen und angegriffen. Am 18. Oktober gelang der Sturm von der Deutschhauskirche und von Himmelspforten her. Er forderte viele Opfer. Stadt und Fürstbistum Würzburg kamen nunmehr unter schwedische Herrschaft.

Im Februar 1632 griff Tilly, der General der Liga, den schwedischen Feldmarschall Gustav Horn bei Bamberg überraschend an. Es kam zu wechselvollen Kämpfen mit den zurückweichenden Schweden am Obermain bei Bamberg bis Schweinfurt, wobei die Ortschaften schwer litten.

Unruhevolle Zeit begann auch um die Feste Königshofen im Grabfeld. Die Schweden hatten die Werke ausgebaut und deshalb 40 Häuser der Vorstadt abgebrochen, deren Holz zu Staketen und Palisaden Verwendung fand. An die 60 Familien wurden dadurch obdachlos. Nach der Schlacht bei Nördlingen wurde die Stadt von kaiserlichen Truppen eingeschlossen, wobei es zu lebhaften Zusammenstößen kam, die sich neun Monate hinzogen und die Orte in weitem Umkreis schädigten. Sofort nach dem Krieg wurde die Grenzfeste nach dem Bastionärsystem ausgebaut.

Auch nach der Verdrängung der Schweden aus Franken wurde das Land von Truppen beider Parteien durchzogen und besonders in Winterquartieren ausgesaugt. Die fruchtbarsten Ländereien lagen wüst; eine große Hungersnot 1635 war die Folge. Die Menschen aßen Pflanzenwurzeln und Getier aller Art. Nur dann und wann gelang es ihnen, von ihren verdorbenen Feldern etwas zu ernten. Getreide und Vieh gehörte dem Soldknecht. Die Dörfer waren niedergebrannt und litten immer wieder aufs neue, wenn neue Streifabteilungen oder gar Freibeuter und Marodeure einbrachen. Geld und Wertsachen wurden gebrandschatzt. Die Bevölkerung wurde bitterarm.

Hunger und körperliche Verelendung gebaren die »grassierende Infektion«, allgemein die Pest genannt. Menschenmordend schritt sie durch die Dörfer und raffte die Einwohner hinweg. In Massengräbern senkte man im Dunkel der Nacht die Opfer der Krankheit ohne Sarg in die Erde. Man schloß die Mauertore, um keine Menschen einzulassen und schlug Häuser zu, in denen alles Leben erloschen war. Gar mancher Mensch starb in Busch und Graben. Noch allerwärts in Franken erinnern Votivfeste an jene Jammertage, da die Seuche unheimlich mordend durch die Gassen schritt und die durch den Krieg zerrissenen Familien doppelt schlug. Erschreckend sind die Sterbeziffern, die die Ortsgeschichtsschreiber aus den Akten heben und die Pfarrmatrikel verzeichnen. Die Zahl der Geburten nahm erschrecklich ab. Das war der »schwarze Tod«, das »große Sterben«.

So waren nach dem Krieg der dreißig Jahre viele Ortschaften von Menschen leer und wurden von fremden Zuziehenden besiedelt. Zahlreiche Hofrieten wurden nicht mehr aufgebaut. Orte wurden Wüstungen. In Feld und Flur gab es herrenlose Grundstücke in Mengen, die niemand wollte, da er die Abgaben scheute. Zur Feldbestellung gebrach das Zugvieh. Menschen zogen den Pflug durchs Erdreich. Langsam wuchsen aus den rauchgeschwärzten Ruinen neue Behausungen. Wiesen und Äcker waren verwildert und von Buschwerk bestockt.

Auch der sittliche Zustand der Bevölkerung hatte begreiflicherweise stark gelitten. Zahlreiche Güter waren herrenlos. Die Markungen mußten zu großem Teil neu vermessen werden. Die Vergleiche der Bevölkerungsziffern vor und nach dem Krieg geben ein deutliches Bild der gewaltigen Entvölkerung.

So spricht die Statistik grausames Menschengeschick in dürren Feststellungen aus. Für den Kundigen aber malt sich zwischen den Zeilen der alten Folianten ein erschütterndes Bild unsagbarer Not und bittersten Herzeleides, das Hexenwahn, Pest, Hunger und Krieg der Familie und dem ganzen deutschen Volke im Jahrhundert des großen Religionskrieges bereitet hatten.

*Heribert Schenk*

# Des Herrgotts Kräutergärtlein

Franken ist ein gesegnetes Land«, so heißt es in Goethes »Götz von Berlichingen« in jener Szene, in der der Ritter mit der Eisenfaust seine Schwester dem fränkischen Edelmann Weislingen verlobt. Und Viktor von Scheffel singt in seinem Frankenlied »Wohlauf, die Luft geht frisch und rein« vom »weiten Gottesgarten«. Dieser Gottesgarten ist wahrhaft reich gesegnet. Seine Erde schenkt die Fülle der Feldfrucht, den köstlichen Wein. Ihr entspringen heilende Quellen.

Und daß man Mainfranken den »Garten Bayerns« nennt, hat auch seine Bewandtnis. Denn hier gedeiht Edelobst auf waldähnlichen Anbauflächen im Maindreieck und am Untermain, wächst auf weithin sich dehnenden Feldern herzhaftes Gemüse aller Art. Nicht zuletzt aber bringt die mainfränkische Erde auch noch Heilpflanzen in einer Vielfalt hervor, wie sie kaum anderwärts zu finden ist. Neben Thüringen war in Deutschland Bayern von jeher das Land mit dem größten Heilpflanzenanbau, und des »Herrgotts Heilkräutergärtlein« wiederum liegt im Schweinfurter Land. 23 Heil- und Gewürzpflanzen führt die amtliche Statistik auf. Von diesen werden allein im Landkreis Schweinfurt 70 Prozent angebaut. Während der Ertrag an Pfefferminze, die auch in Albertshofen und Sikkershausen vor den Toren Kitzingens geerntet wird, mit etwa acht Prozent gering ist, sind die Erträge in anderen Heilpflanzenarten sehr groß. Im Gesamtertrag im Bundesgebiet liefert des »Herrgotts Kräutergärtlein« unter anderem 87 Prozent des Baldrians, 77 Prozent des Eibisch, 63 Prozent des Knoblauchs und 70 Prozent der Angelika (Engelwurz).

*Hermann Gerstner*

# Als das Hexenfeuer loderte...

Es war in den Jahren jenes Krieges, den die späteren Geschlechter den Dreißigjährigen nannten. Ein später Oktobertag leuchtete über der Mainschleife bei Volkach. Dort lag ein großer Lastkahn vor Anker, der dem Schiffsmann Engelbert gehörte. Der Besitzer hatte es heute gar nicht eilig. Im Sommer hatte er trotz der Zeitläufte flußaufwärts und flußabwärts mit seinen Transporten ein erträgliches Geschäft gemacht. Jetzt war es Zeit daran zu denken, wo man überwintern sollte, bis im Frühjahr Handel und Wandel neu aufblühten. Während Engelbert Fugen zwischen den Bohlen abdichtete, meinte er, hier sei gar kein schlechter Ankerplatz. Zur gleichen Zeit war seine Frau Rosa mit ihren beiden Töchtern zwischen den Weinbergen den Kirchberg hinaufgegangen, um dort oben in der Wallfahrtskirche St. Maria zu beten, daß die schlimmen Zeiten der kleinen Familie nichts anhaben sollten. Von den Töchtern war die ältere, Loni, achtzehn Jahre alt, während die jüngere, Lilly, erst zwölf war. In den Weinbergen zu beiden Seiten des steilen Weges waren Bauern mit der Lese der letzten Trauben beschäftigt. Lange verweilte Frau Rosa mit den Töchtern in der Gnadenkapelle und betete dort vor der Rosenkranzmadonna.

Draußen vor dem Kirchplatz begegnete ihnen ein Priester. Er hatte ein jugendliches Gesicht, aber seine Haare waren schlohweiß. Frau Rosa kam mit dem freundlichen Mann ins Gespräch und erzählte von ihren Sorgen in diesem endlosen Krieg. Und der Priester berichtete, er käme dort vom Steigerwald her, von Gerolzhofen, wo man jetzt einen Scheiterhaufen nach dem anderen anzünde, für die Frauen und Mädchen, die man der Hexerei bezichtige. Dabei betrachtete der Geistliche die beiden Mädchen, er sah sie mit einer gewissen Zärtlichkeit und Trauer an.

Schließlich sagte er schnell und eindringlich: »Gute Frau, hütet Eure Kinder. Ich habe viele der Frauen, die man zum Feuer schleppte, in der Beichte auf ihre letzte Stunde vorbereitet. Arme, unglückliche, schuldlose Wesen. Ach, oft genügte ein einziges Wort, sie zu verdächtigen und der Folter auszuliefern. Bleibt nicht

## Schon 1636 verfallen

*Estenfeld, an der Bundesstraße 19 nördlich von Würzburg gelegen, wird im Jahre 844 erstmals urkundlich erwähnt. Die alte Pfarrkirche ist wahrscheinlich aus einer kleinen Grabkapelle der ehemaligen Dorfherrschaft entstanden. Die kleine Kirche liegt in der Nähe der ehemaligen »Burg«, von der freilich nur ein Wirtschaftsgebäude noch erhalten ist. Sie wurde bereits 1636 als ziemlich verfallen bezeichnet. Im Gotteshaus befinden sich zahlreiche wertvolle Kunstschätze. Sie stammen zum Teil aus der ehemaligen Kapelle des Gutes, das die Würzburger Kartause Engelgarten in Estenfeld besaß und dessen Eingangstor noch steht. Eigentümlich ist, daß der Turm quer zur jetzigen Kirche gewölbt ist, so daß die erste Kapelle in romanischer Zeit nicht in der damals üblichen Ost-West-Richtung gebaut gewesen wäre. Eine zweite Besonderheit ist, daß der Chor auf einem Unterbau steht, der ähnlich wie bei der Burkarduskirche in Würzburg, eine Durchfahrt besitzt. Die Obergeschosse des Turmes sind vom angebauten alten Schulhaus aus zugänglich.*

hier! Wer weiß, wann die geheimen Räte hierherkommen. Fahrt weiter, den Main hinunter!«

Der Geistliche wandte sich ab, als hätte er schon zuviel gesagt. Mit eiligen Schritten ging er zwischen den Weinbergen davon.

Grübelnd schritt Frau Rosa mit ihren Töchtern den Hang hinunter. Sie wußte, wie neben Pest und Kriegsgreueln der Wahn von Hexen und Zauberern unter den Menschen wütete. Besorgt legte sie die Arme um die Schultern der Töchter und kehrte mit ihnen an das Ufer des Flusses zurück. Dort hatte unterdessen Engelbert seine Arbeit vollendet. Die beiden Töchter gingen, um das Abendessen zu bereiten. Währenddessen sprach Frau Rosa mit ihrem Mann und erzählte ihm von der Begegnung mit dem Geistlichen...

Ein paar Tage später – es war ein grauer, nebliger Novembertag – zerrte Engelbert den Anker aus dem Kieselgrund. Er hatte nun das Logis im Bug winterfest gemacht, sogar ein kleiner Ofen stand darinnen, so daß man gegen Winterschnee und Stürme geschützt war.

Mit langen Fahrbäumen drückten Engelbert und Frau Rosa das Schiff vom Ufer weg, und als dann die Strömung das Fahrzeug ergriff, stand schon die ältere Tochter am Steuerruder und lenkte in die Mitte des Flusses.

Die Türme von Kitzingen und Marktbreit, die Stadtmauern von Frickenhausen und Ochsenfurt glitten vorüber. Gegen Abend machte man das Schiff im Uferschatten der Stadt Würzburg fest, wo bereits andere Kähne und Schelche vor Anker lagen. Hier, wo man unter vielen unauffällig leben konnte, war wohl die Gefahr, die einem aus dem Dunkel der Zeit drohte, am geringsten. Hier konnte man auch in den Monaten, in denen das Schiff still liegen mußte, am ehesten etwas verdienen. Engelbert war gelernter Schreiner und wurde in einer Werkstätte gern aufgenommen. Frau Rosa und Loni aber konnten in einer nahe gelegenen Wirtschaft, in der die Wirtin vor kurzem gestorben war, beim Kochen und Bedienen aushelfen.

In dieser Wirtschaft ging es hoch her, wenn der junge Wein die Köpfe erhitzte. Dann mußte sich die hübsche Loni manches Scherzwort gefallen lassen. Sie lachte, hörte aber gar nicht hin, was da die Männer sagten. Natürlich merkte sie, wie der oder jener sie mit den Augen verfolgte. Am schlimmsten trieb es der Hausknecht Heiner, ein Bärenkerl, der hinter dem Mädchen her war, ob sie nun Wein aus dem Keller holte, die Humpen füllte oder die Zinnbecher abwusch.

Einmal lauerte er Loni auf, wie sie gerade einen neuen Krug mit Wein aus dem Keller holte. Da stand er drunten an einer dämmrigen Ecke und wollte nach einem frechen Wort das Mädchen in seine Arme reißen. Loni wehrte sich, sie verschüttete dabei den Wein. Aber Heiner gab sein Spiel nicht verloren. Er gab das Mädchen nicht frei.

»Dummes Ding«, sagte er, »ich mag dich. Du kannst es hier gut haben. Das ganze Haus wird mir gehören, wenn der Wirt, mein Onkel, mal nicht mehr da ist.«

Loni wollte sich aus den Armen des Burschen herauswinden.

Aber Heiner hielt sie fest und wollte sie küssen. »Verdammte Katze«, zischte er, »mit dir werde ich schon noch fertig.«

Vergeblich versuchte Loni aus den Armen des Bären herauszuschlüpfen. In diesem Augenblick erschien Frau Rosa auf der Kellertreppe. Sie hatte sich gewundert, daß ihre Tochter so lange brauchte, um den Wein zu holen. Mit einem Blick sah sie, was hier vor sich ging. Sie schlug ihre beiden Fäuste Heiner ins Gesicht und rief: »Willst du sie loslassen, willst du sie loslassen!«

Tatsächlich gab nun der Bursche das Mädchen frei, Loni entwischte nach oben in den Gastraum. Frau Rosa füllte im Keller den Krug wieder voll. Als sie mit dem Wein ins Wirtszimmer trat, hörte sie, wie die anderen Gäste den Burschen Heiner verspotteten. Sie hatten offenbar doch etwas von dem Zwischenfall gemerkt.

Später, als die Trinkenden wieder ein anderes Gespräch gefunden hatten, funkelte Heiner Frau Rosa, die gerade aus der Küche Bratwürste hereintrug, haßerfüllt an und zischte: »Das werdet ihr mir büßen!«

In den folgenden Wochen schien man die Sache zu vergessen. Die Leute hatten Wichtigeres zu besprechen. Vom Kaiser in Wien, von den Feldherren Tilly und Wallenstein – und sie fragten ängstlich, wie lange wohl dieser Krieg, der sich nun schon seit Jahre hinziehe, noch dauern werde. Da waren die kleinen Liebeshändel nicht mehr wichtig.

Solange der Feind nicht vor den Toren stand, waren die Würzburger Bürger immer noch oft in ihren Weinstuben anzutreffen. Es hatte in den letzten Tagen heftig geschneit, die Berge ringsum waren weiß. Und dann wurde es in diesem Dezember so kalt, daß die Eisschollen auf dem Main zusammenfroren. Bald sah man von dem dunklen, trüb dahinziehenden Wasser gar nichts mehr, von einem Ufer zum andern spannte sich eine geschlossene Eisdecke. Auch das Schiff Engelberts war festgefroren. In dem fortdauernden Frost war die Eisschicht schon so dick geworden, daß man ohne Gefahr darübergehen konnte. Und als sich ein sonnenheller, eiskalter Wintersonntag über die Würzburger Türme wölbte, da lief alt und jung zum Fluß hinunter. Viele genossen es, über den zugefrorenen Strom hinüber ins Mainviertel zu laufen.

*Ein Stück der historischen Wehrmauer von Marktbreit*

49

Auch den beiden Töchtern Engelberts, Loni und Lilly, machte es Freude, direkt vom Schiff aus auf das Eis zu steigen und über die festgefügte Decke zum anderen Ufer hinüberzugehen. Zwischen den anderen Leuten trieben sie sich fröhlich umher. Und an einer Strecke, die besonders glatt war, setzte Loni zu einem mächtigen Schwung an, um über das Eis in einem Zug hinwegzurutschen.

Aber da verlor sie das Gleichgewicht – da stürzte sie auf das Eis. Während sie noch dalag und im Lachen Kopf und Haare schüttelte, eilte ein jüngerer Mann herbei und half ihr wieder auf die Beine.

»Nichts passiert?« fragte der junge Herr.

»Ach wo – nein, nichts«, antwortete Loni, »und schönen Dank auch!«

Aber da schien sie sich doch ein wenig den Fuß verstaucht zu haben, und der junge Mann brachte sie ans Ufer zurück. Er stützte sie dabei. Schlank und hochgewachsen war er, einen Kopf größer als Loni. Mit Wams und Pluderhose bekleidet sah er vornehm aus. Am Schiff wollte sich Loni von ihrem Begleiter verabschieden, aber die beiden waren nun schon so ins Gespräch gekommen, daß der junge Mann auch dann noch dablieb, als sich Loni auf eine Schiffsbank setzte und von hier aus dem Treiben auf dem Eis zuschaute.

Es dauerte nicht lange, da wußte Loni, daß der junge Mann mit dem blonden Schopf Ferdinand hieß und daß er im Geschäft seines Vaters, des bekannten Würzburger Kaufmannes Birkenstein, arbeitete.

An einem der nächsten Sonntage, da schon das neue Jahr angebrochen war, machten die beiden einen Spaziergang auf den Steinberg hinauf. Kaum einem Menschen begegneten sie hier. Sie erzählten einander von ihrem Werktag. Loni vom Schiff des Vaters, von den Lasten, die der gute Kahn den Sommer über talauf, talab in Städte und Dörfer trug. Und Ferdinand schilderte, wie sein Vater Stoffe und Pelzwerk heranschaffte, wie er mit den Nürnberger und Augsburger Kaufleuten handelte. Vater Birkenstein schien ein reicher Mann zu sein, so vermögend war er offenbar, daß Loni vor dem Unbekannten eine gewisse Befangenheit empfand. Sie verhehlte es nicht, daß Ferdinand ihr gefiel. Aber wie sollte so ein armes Mädchen einem reichen Kaufmannssohn angehören!

Droben auf dem Steinberg standen nun die beiden und blickten auf die türmereiche Stadt hinunter. Die Dächer waren noch weiß vom Schnee. Immer wieder teilte die Sonne die Wolken und blitzte mit ihrem Schein auf den weißen Hauben.

## Zum Dank ein Kloster

*Zu den schönsten klassizistischen Gotteshäusern Frankens zählt die Klosterkirche in Triefenstein. In ihrer jetzigen Gestalt geht sie auf den Neubau von 1687 bis 1715 zurück. An der Innenausstattung waren bedeutende Künstler beteiligt. Die Stukkaturen schufen die Brüder Augustin und Materno Bossi. Die Gesamtwirkung der Inneneinrichtung basiert auf den Farben Weiß, Meergrün und Mattgold. Weiß ist der Grund, meergrün sind die umrahmenden Farben der Gesimse, der Kassetten, des Gebälks, Chor und Beichtstühle. Mattgold sind die Blattgehänge, Rosetten und Embleme. Die Deckengemälde der den Aposteln Petrus und Paulus geweihten Kirche schuf Januarius Zick, einer der berühmten Künstler des späten 18. Jahrhunderts. Das Chorgestühl wird Peter Wagner zugeschrieben. Bis in den Anfang des 12. Jahrhunderts läßt sich die Geschichte der Probstei für Augustinerchorherren zurückverfolgen. 1102 erfolgte ihre Gründung bei der Kapelle St. Peter auf der Höhe von Triefenstein durch Bischof Einhard von Würzburg. Indirekte Veranlassung dazu war der Investiturstreit, der zwischen Kaiser Heinrich IV. und den Anhängern des Papstes ausgebrochen war. Würzburg, auf der Seite des Kaisers, wurde vom Papst mit dem Bann belegt. Bischof Adalbert und Dechant Gerung mußten fliehen. Letzterer hielt sich mit Genehmigung des Abtes von Neustadt auf der Höhe bei Triefenstein verborgen. Als unter Bischof Einhard der Bann über Würzburg aufgehoben wurde, stiftete er aus Dankbarkeit das Kloster Triefenstein und ernannte zum ersten Probst des Augustiner Chorherrenstiftes den Dechanten Gerung.*

Loni ließ es geschehen, als Ferdinand sie leicht an sich heranzog, sie wehrte ihm auch nicht, als er sie küßte.
»Ich möchte dich für immer behalten«, sagte Ferdinand.
»Ich möchte für immer bei dir bleiben«, antwortete Loni. Aber in ihren Augen standen ein paar Tränen.
»Was hast du?« fragte Ferdinand.
Loni verschloß den Mund des Fragenden mit ihren Lippen. Schmal hing sie in den Armen des schlanken Burschen. Die beiden schienen zu wissen, daß die Menschen ihren Bund nicht gutheißen würden. In den Wochen, die diesem Sonntag folgten, trafen sie sich immer erst, wenn die Nacht in die Gassen eingefallen war. Scheu schlich Loni zu dem Winkel, wo sie sich mit dem Freund zu treffen pflegte.
»Wir hätten uns nie begegnen sollen«, sagte sie einmal, »dein Vater wird es nie erlauben, daß ich deine Frau werde. Die Tochter eines armen Schiffsmannes und der Sohn eines reichen Kaufherrn!«
Ferdinand schwieg bedrückt.
»Nun, mit dem Frühjahr ist alles aus und zu Ende – zwei, höchstens drei Monate . . . dann fahren wir wieder den Main hinunter.«
»Ich lass' dich nicht fortfahren«, preßte Ferdinand hervor.
In diesem Augenblick kam Heiner, der Bärenkerl aus der Wirtschaft, an dem liebenden Paar vorbei. Er starrte den beiden ins Gesicht, er sah, wie Ferdinand das Mädchen umarmt hielt. Heiner erkannte die beiden, Ferdinand und Loni. Er lachte schallend. »So ist das«, sagte er, »aha, so ist das!«
Dann aber verzerrte sich sein Gesicht, Haß war hineingeschrieben, er wandte sich ab und trollte die Gasse hinunter.
»Ich fürchte mich vor ihm«, sagte Loni.
»Was soll er dir tun, ich werde auf dich achtgeben«, antwortete Ferdinand.
Als Loni an diesem Abend in die Wirtschaft kam, um dort ihrer Mutter zu helfen, war auch Heiner zugegen. Während Frau Rosa in der Küche arbeitete, stellte sich Heiner an die Seite des Mädchens.
»Bleib stehn!« gebot er, »bleib stehn, sonst gibt es ein Unglück. Ich hab' dir was zu sagen.«
Loni wagte nicht wegzugehen.
Heiner fuhr fort: »Hör zu! Aus dieser Geschichte mit dem Ferdinand wird nichts. Ich kenne seinen Vater, er ist einer der reichsten Männer hier. Glaubst du, er nimmt so eine wie dich als Frau für seinen einzigen Sohn? Du, da kommt nichts Gutes heraus. Werd

meine Frau, vergiß die Geschichte im Keller. Ich war verrückt nach dir. Du sollst es gut bei mir haben, werd meine Frau, Loni.«
»Nein«, entgegnete Loni, »nein!«
Nur diese beiden Worte. Sie ergriff ein Tablett mit Bechern und trug Wein zu den Gästen.
Ein paar Tage später traf sie Ferdinand wieder in dem Gassenwinkel. Sie hing sich an seinen Hals.
»Du bist heute so komisch«, sagte sie, »was hast du?«
Ferdinand wollte zuerst nicht mit der Sprache heraus, aber dann fand er kaum mehr ein Ende: »Du, dieser Heiner war bei meinem Vater. Er hat ihm alles erzählt. Und er hat ihm gesagt, du hast mich verhext. Genau das hat er gesagt, dieser Kerl! Verhext!«
Loni erschrak. Sie erschrak so sehr, daß sie zitterte. Verhext! Das war das Wort, das grausame Wort, das so viele auf den Scheiterhaufen brachte! Kein gewöhnliches Wort! Den Hexen traute man allerlei zu. Waren sie schön, dann hieß es, seht, der Teufel hat ihnen ein so hübsches Gesicht gemacht, daß die Männer auf sie reinfallen. Waren sie häßlich, so hieß es, der Satan hat siegezeichnet, damit man sie gleich erkennt.
»Und dein Vater?« fragte Loni
Ferdinand senkte den Kopf: »Ich will dir nichts vormachen, so habe ich ihn noch nie gesehen.«
Loni schrie auf: »Hat er nicht gesagt, daß er es dieser Hexe, die seinem Sohn den Kopf verdreht hat, schon zeigen will! Hat er das nicht gesagt? Ferdinand, du, sag die Wahrheit!«
Ferdinand zögerte nicht, er sagte: »Genauso hat er gesprochen. Ich will dir nichts vormachen, genauso!«
»Warum bist du dann noch einmal zu mir gekommen?«
»Weil ich dich liebe . . ., weil ich dich immer lieben werde . . ., weil ich ohne dich nicht leben kann.«
Lonis Gedanken wirbelten durcheinander. Hat der Vater Ferdinands wirklich gesagt, daß er mit einem Mädchen gehe, das sich dem Teufel ergeben hat? Hat er vielleicht auch gefragt, wie oft sie auf der Gabel ausgefahren sei? Hat er vielleicht auch gefragt, wen sie mit ihrer Zauberei schon verdorben hat? Hat er gefragt, ob sie sich auch in eine Katze oder einen Hund verwandeln kann?
Loni lachte wie von Sinnen.
Ferdinand fiel ein: »Er hat mir das Schlimmste angedroht, wenn wir nicht voneinander lassen. Ich muß es dir sagen, Loni. Geh fort von mir, komm nicht mehr hierher! Der Heiner wird meinem Vater alles verraten, er schleicht uns nach, ganz gleich wo wir uns treffen.

*Zwar hat Gerolzhofen kein Pulver mehr, aber doch noch einen Pulverturm. Er steht an der Südost-Ecke der alten Stadtmauer*

Geh, Loni, geh, komm nicht mehr, nie mehr!«
Ein wenig hilflos sagte Loni: »Aber ich liebe dich doch.«
Ebenso hilflos sagte Ferdinand: »Was sollen wir tun?«
Sie trafen sich in der nächsten Zeit an noch entlegeneren Ecken. Warteten auf Dunkelheit und Nacht, auf sternenlose Nächte, die schwarz durch die Gassen strichen. Sie froren, sie nahmen Wind und Kälte hin, sie wärmten sich an ihrer Liebe.
Aber auch in solchen Nächten spürte sie Heiner auf. Oft ging er nur vorüber, wie ein Schatten, wie ein Schemen, oft lachte er diabolisch, wenn er die beiden wieder irgendwo im Gewirr der geduckten Häuser entdeckt hatte.
»Und dein Vater?« fragte eines Abends Loni.
»Wenn er spräche, wäre mir leichter. Er sagt kein Wort. Ich weiß aber, daß Heiner wieder bei ihm war.«
»Wenn er uns wenigstens bis zum Frühjahr in Ruhe ließe!«
Aber der Kaufherr Birkenstein wartete nicht bis zum Frühjahr. Seine Hand schlug eher zu. Trüb graute der Tag über dem Maintal. Es regnete, es schneite, die Wolken schleiften ihre Schleppen über die Alte Mainbrücke. Da kamen aus einer Gasse, in der noch niemand unterwegs war, ein paar Männer. Sie hatten soeben ein Fahrzeug verlassen und dem Kutscher geboten, hier an der Ecke mit seinem Pferdefuhrwerk zu halten. Die Männer schritten zum Main hin, wo das Schiff Engelberts ankerte. Dort war das Eis auf dem Main getaut, nur noch ein paar Schollen trieben hier und da talwärts.
Die Männer sprangen auf die Planken und klopften, ohne sich aufzuhalten, mit geballter Faust an die Türe der Kabine.

Es dauerte nicht lange, da öffnete Engelbert die Türe.
»Wo ist deine Tochter Loni?« sagte einer von den Männern.
»Wir müssen sie festnehmen und auf die Marienburg bringen.«
»Wie, was?« sagte voller Entsetzen Engelbert.
»Sie soll sich anziehen, aber keine Zauberei dabei machen«, sagte wieder einer aus der Schar der Männer.
»Keine Zauberei machen«, stammelte Engelbert verständnislos.
Von drinnen hörte man, wie Mutter Rosa aufschrie. Vom Grauen gepackt wollte sie sich vor Loni stellen. Dann aber, als sie sah, wie Loni in ihre Kleider schlüpfte, verbarg sie die kleine Lilly hinter einem Verschlag, als hätte sie Angst, daß man ihr auch dieses Kind wegholte. Die Schiffsleute weinten nicht, das grause Entsetzen verschloß ihren Mund. Sie begriffen nur, daß man Loni verdächtigte, mit den Dämonen im Bund zu stehen, und daß man sie abholte und als Hexe vor Gericht stellen wollte. Loni selber war fahl geworden, am liebsten hätte sie sich in den Main ge-

53

stürzt, aber dort standen die schrecklichen Männer und packten das Mädchen mit roher Faust. Loni stöhnte auf. Man zerrte sie vom Schiff aus über eine Bohle ans Ufer hinüber. Jetzt erst schuchzte die Mutter wild und fassungslos, und der Vater wollte sich den Männern entgegenwerfen. Die aber stießen ihn hart zurück, da stammelte Engelbert nur, »das kann doch nicht wahr sein, das kann doch nicht wahr sein, lieber Gott, lieber Gott«.
»Ihr habt noch eine zweite Tochter«, sagte da einer von den Männern, »macht keine Schwierigkeiten, sonst . . .«
Die Drohung schreckte die Eltern zurück.
»Loni, Loni«, jammerte die Mutter. Hilflos ließ der Vater die Arme sinken.
Und da kam auch schon das Pferdefuhrwerk, Loni wurde hineingestoßen, die beiden Rappen zogen schnell an. Hier im Wagen schlug Loni die Hände vor ihr Gesicht. Tat sich die Erde nicht auf? Nein, niemand erschien, um zu helfen. Der oder jener, der in der frühen Stunde auf die Gasse kam, drückte sich scheu in einen Torbogen, die Menschen waren von der Angst erfüllt. Keiner traute mehr dem andern. Ob die Pest einen packte, ob die Hexerei einen verfolgte oder man den Greueln der Kriegsknechte ausgeliefert war – Angst und Verfolgung regierten die Stunde.
Es wurde schwarz vor den Augen des Mädchens, während der Wagen über die Alte Mainbrücke fuhr, um dort langsam zur Festung hinaufzurollen. »Ferdinand, Ferdinand«, schrie das Mädchen auf, dann verlor sie das Bewußtsein.
Erst in einem dunklen Kerker wachte Loni wieder auf. Kaum ein Lichtstrahl wagte sich in dieses stinkende Verlies. Menschliche Stimmen dort aus der Ecke! Es mußten noch ein paar andere unglückliche Menschen hier sein. War das eine Ratte, die da aus einer Mauerlücke hervorsprang? Noch halb ohnmächtig hörte Loni all die furchtbaren Dinge, die man den Hexen vorwarf. Wie sie vom Teufel getauft worden seien, wie sie mit dem Hagelschlag die Ernten vernichtet hätten, wie sie Kinder gemordet und Erwachsene gelähmt hätten. Es gab keine Übeltat, die man den Hexen nicht zutraute!
Man führte Loni in einen großen Saal der Festung, wo die richterliche Kommission zusammengetreten war. Man warf ihr vor, daß sie mit Zauberei einen braven Jüngling umgarnt hätte, und wollte wissen, was sie sonst noch alles verbrochen hatte. Als Loni den Kopf schüttelte, drohte man ihr die Folter an. Man wollte ihr aus besonderer Gnade eine Stunde Bedenkzeit einräumen. Loni bat, man möge ihr in dieser Stunde einen Priester geben. Man schaffte sie in ein helleres Zimmer, dessen Fenster aber vergittert waren. Hier ließ man sie für einige Minuten allein.
Dann aber erschien der Geistliche in der Türe: es war jener junge Priester, der vor der Wallfahrtskirche oberhalb von Volkach im Herbst Frau Rosa gewarnt hatte. Keine dunklere Strähne war mehr in seinem weißen Haar zu erkennen.
»Ihr seht noch so jung aus«, versuchte Loni zu lächeln, »und habt doch schon schneeweißes Haar.«
»Ach, Kind«, sagte der Geistliche, »solche wie dich habe ich nun schon viele gesehen. Wundert es dich da, daß man weiße Haare bekommt, wenn man dabei so wenig vermag wie ich?«
Der Priester hörte die Beichte des Mädchens, in dem kein Wort von Hexerei vorkam. Am Ende fragte der Geistliche, ob sie alles bekannt habe und ob sie gar nichts über die Zauberei und Hexerei zu sagen habe. Sie solle alles bekennen, denn er müsse es sagen, daß kaum einer, gegen den man diese Anklage erhoben hatte, mit dem Leben davongekommen sei. Sie solle alles bekennen, als stünde sie bereits vor dem Richterstuhle Gottes.
Loni mühte sich um ein Lächeln: »Ich weiß nichts von der Zauberei, nichts von der Hexerei. Oder haltet Ihr es für Hexerei, daß ich Ferdinand liebe und daß Ferdinand mich wieder liebt?«
Auch der Geistliche versuchte zu lächeln: »Das ist freilich keine Hexerei! Was wäre natürlicher als dies.«
Er absolvierte das Mädchen und sagte: »Möchten die Menschen dir gnädig sein! Wenn sie dich aber verurteilen, so denke, daß du bald im Paradies sein wirst. Sollte es geschehen, daß man dich schuldig spricht, so verlange nach deinem Beichtvater und bitte, daß man den Pater Friedrich Spee holen läßt. Dies ist mein Name.«
Loni wiederholte: »Friedrich Spee – Ihr glaubt also, daß ich unschuldig bin?«
»Unschuldig wie die vielen andern«, sagte der Geistliche, segnete das Mädchen und entfernte sich, da jetzt bereits wieder die Knechte eintraten, die das Mädchen in den Richtersaal zurücktrieben. Dort standen zwei Zeugen: der Bärenkerl Heiner und ein vornehm gekleideter Mann mit grauem Spitzbart und Pelzbesätzen an seinem Wams: der Vater Ferdinands, Herr Birkenstein.
Auch bei diesem Verhör wies Loni alle Schuld von

sich, obwohl Heiner von allerlei geheimnisvollen Dingen zu berichten wußte und obwohl Herr Birkenstein mit überzeugter Stimme vortrug, sein Sohn müßte verhext sein. Während er früher immer dem Vater aufs Wort gehorcht habe, erkläre er nun, lieber sterben zu wollen als dieses Mädchen aufzugeben.

Ein heller Schein lief über das Gesicht des Mädchens, als dieses Wort gesprochen war. So hatte sie also Ferdinand nicht vergessen. Er wollte eher sterben als seine Liebe verleugnen.

»Ich habe nichts Unrechtes getan«, sagte Loni noch einmal und nahm dabei alle ihre Kraft zusammen.

Da verfügte man, daß sie als verstockte Sünderin der Tortur unterworfen werden müsse. Loni schrie auf. Jedermann wußte, was für entsetzliche Qualen hier auf die Unglücklichen warteten: Daumenschrauben, spanische Stiefel, mit denen man die Beinknochen zersplitterte, Ausrenken und dann die Güsse mit brennendem Schwefel.

Während man Loni in die Folterkammer schleppte, sah sie den Vater vor sich, wie er am Steurruder seines Schiffes stand – die Mutter, die auf einem Brett die Wäsche säuberte – das Schwesterchen Lilly, das die Laken an einem Strick aufhing. Sie sah Ferdinand, wie er dort auf dem Eis sie bei ihrem Sturz emporgehoben hatte. Wieder hörte sie seine Stimme, »ich liebe dich, Loni, ich liebe dich jetzt und immer, in alle Ewigkeit...«

Niemand außer den rohen Knechten sah die Grausamkeiten, niemand außer den Quälern hörte die Aufschreie des Mädchens. Als man sie mehr tot als lebending in den Saal vor die Richter zurückschleppte, wollte Loni nur eines: sterben, sterben, nichts mehr fühlen, nichts mehr fühlen – nur sterben!

Die Richter lasen ein ganzes Register vor, was Loni alles getan haben sollte. »Ja, ja«, schrie Loni, »es ist alles wahr, verurteilt mich«, und von einem irren Entsetzen geschüttelt fügte sie hinzu, daß sie schon seit Jahren mit dem Teufel im Bunde sei.

Der Tod auf dem Scheiterhaufen sollte ihre »Verbrechen« sühnen.

Zwei, drei Nächte lag Loni noch mit ihren Schmerzen im Kerkerverlies. Dann schleifte man sie dem Waldstück gegen Waldbüttelbrunn entgegen, wo man auf der abgelegenen Höhe besonders gern die Scheiterhaufen aufrichtete.

Friedrich Spee durfte sie auf diesem letzten Weg begleiten. »Armes Kind«, sagte der Geistliche, »ich bin wehrlos gegen all das. Du verstehst nun, warum der Kummer mein Herz abdrücken will. Ich werde für dich beten. Der Heiland erwartet dich.«

Loni sagte: »Vielleicht kommt Ihr einmal hinunter ins Tal, dorthin, wo das Schiff meines Vaters vor Anker liegt. Grüßt meine Eltern, grüßt meine Schwester. Ach, ich bin noch so jung und hätte so gern gelebt. Es war so schön dort auf dem Schiff, wenn wir im Sommer auf dem Main dahinfuhren!«

Noch einmal schien sie die Bilder zu sehen, wie das Schiff an den Dörfern vorbeistrich, wie der Himmel hoch und blau war, wie der Frühling voller Duft und Blüten stand, wie die Getreidefelder dort wogten, wenn der Sommer kam.

»Absolvo te«, sagte der Geistliche Friedrich Spee, und er stimmte eines von den Liedern an, die er selbst gedichtet hatte. Dann führte man die »Hexe« zum Scheiterhaufen und band sie dort an einem Pflock an.

In dem Augenblick aber, in dem einer der Knechte das Feuer ans Reisig legte und die erste Flamme emporschoß, brach aus dem nahen Unterholz ein Mensch.

»Loni, Loni«, hallte eine Stimme über den Platz.

»Ferdinand, Ferdinand«, schrie es aus dem brennenden Scheiterhaufen.

Der junge schöne Ferdinand stürzte in seinen vornehmen Kleidern auf das Feuer zu, da erst wurde er von den Knechten zurückgerissen.

»Laßt mich«, schrie er, »laßt mich, wenn's Loni mit dem Teufel hat, so bin ich auch mit ihm im Bunde! Bin ein Zaubermeister, da verbrennt mich gleich mit!«

Er war von Sinnen, er bezichtigte sich der tollsten Verbrechen. War nach seinen Worten ein Hexenmeister, wie es noch keinen gegeben hatte. Von den Knechten festgehalten, konnte er nicht mehr zum Scheiterhaufen hindringen. Dort erloschen die Schreie des Mädchens, eine Feuer- und Rauchwolke qualmte in den düsteren Himmel hinein. Ferdinand wand sich unter den Griffen der Knechte.

»Unglücklicher, was hast du getan?« fragte der Geistliche Friedrich Spee. »Alle hier haben gehört, daß du die Zauberei gestanden hast. Es wird für dich kein Erbarmen geben, in wenigen Tagen wird dein Leben hier enden.«

Ferdinand hob sein Gesicht zu dem Geistlichen hin: »Man soll mich abführen und richten. Schnell, schnell, damit ich Loni noch einhole.«

»Weiß Gott«, flüsterte der Priester vor sich hin, »seine Worte, daß er sie in Zeit und Ewigkeit liebe, waren nicht nur Gerede... Junger Freund, Gott sei dir gnädig!«

Dort brach das Feuer des Scheiterhaufens in sich zusammen. Ferdinand wurde zur Festung Marienberg gebracht. Ein paar Tage später, nachdem auch ihm Friedrich Spee in seiner letzten Not beigestanden hatte, war auch Ferdinand auf dem Weg hin gegen den Forst von Waldbüttelbrunn. Man gewährte ihm eine Gnade und hatte den Scheiterhaufen am gleichen Platz errichtet, an dem Loni gestorben war.

Umsonst hatte der Vater Birkenstein um das Leben des Sohnes gefleht. Auch ohne Folter hatte Ferdinand vor der Kommission sein Geständnis wiederholt, daß er ebenfalls dem schrecklichen Zauberwesen gehuldigt habe. Gegen dieses wiederholte Geständnis war und blieb der Vater machtlos. Er durfte nicht dabeisein, als das Leben seines Sohnes endete...

Einsam und gemieden von den Menschen saß der Kaufherr drunten in seinem Kontor. Warum hatte er sich gegen Loni gestellt? Weil er seinem Sohn eine reichere Partie wünschte! Für diese Sünde, mit der der einflußreiche Kaufmann Loni preisgegeben hatte, gab es keine Verzeihung. Ruhelos und die Verzweiflung im Nacken spürend irrte Birkenstein durch sein Haus. Verloren hatte er den Sohn in alle Ewigkeit. Einmal noch traf er mit dem Bärenkerl Heiner zusammen, aber da war Heiner gar kein Bärenkerl mehr. Die beiden Männer schleuderten sich ihre Schuldsprüche ins Gesicht, nun wurden sie selbst vom Teufel und von jenen Dämonen gehetzt, die sie dem liebenden Paar Loni und Ferdinand angedichtet hatten...

Nur ein paar Tage später wurde ein Ertrunkener an eine Uferböschung des Maines angetrieben: es war Heiner! Er hatte seine Verzweiflung nicht mehr ertragen.

Das war damals, als wieder der Frühling über das fränkische Land kam, als Veilchen am Hang erblühten, Schlüsselblumen die Wiesen schmückten, als die Lerchen wieder im Morgenblau aufstiegen. Da rauschte auch der Main sein altes Lied, und es klang so freundlich und vertraut, als hätte er nie im Winter seine Eislast getragen, als hätte er nie die Leiche Heiners ans Land getrieben.

Dort am Ufer sagte der Schiffsmann Engelbert zu seiner Frau: »Es ist hohe Zeit, daß wir weiterfahren.«

Frau Rosa blickte zu ihrem Töchterchen Lilly hin, das sich im Kabinenschatten verbarg: »Höchste Zeit, ja. Fort von hier, aber wohin, wohin? Der Krieg ist nicht zu Ende...«

Von den Türmen hallten die Glocken zum Fluß herab. Am Ufer erschien der Geistliche Friedrich Spee: ›Ich wünsche Euch eine gute Fahrt, Engelbert«, sagte er, und zu Frau Rosa gewandt, fügte er hinzu: »Weint nicht mehr um Loni, sie ist in einer besseren Welt. Wir aber, die hier auf Erden leben müssen, wollen beten, daß nach dieser Finsternis der neue Tag mit einer freundlicheren Sonne beginnen möge.«

Engelbert machte das Halteseil des Schiffes frei. Er legte seine Hand in die Rechte des Priesters. Friedrich Spee streichelte das Haar des Mädchens Lilly. Und

dann neigte er seinen schlohweißen Kopf vor Mutter Rosa.

Der Anker war hochgezogen. Wieder stießen der Schiffsmann und seine Frau mit ihren Fahrbäumen das Fahrzeug in die Strömung hinein. Während der Fluß Heck und Bug schneller vorantrieb, blickten Engelbert und seine Frau zu jener drohenden Festung hinauf, wo man ihrer Tochter Loni so Schlimmes angetan hatte.

»Sie müssen sich unendlich lieb gehabt haben«, hörte man von der Kabinentür her die Stimme Lillys.

»Unendlich lieb ... wer?« fragte Engelbert wie aus gänzlich anderen Gedanken.

»Wer ...«, versuchte Mutter Rosa zu lächeln, »Loni und Ferdinand.«

Vom Ufer her winkte noch einmal der weißhaarige Friedrich Spee. Nun wagte sich auch Lilly aus der Kabine heraus, sie winkte mit einem hellen Schleier zurück.

Schnell trieb das Schiff davon, schneller noch als die Frühlingswolken, die von Westen her über die Festung wegwehten. Der Geistliche konnte nun die Gesichter des Schifferpaares nicht mehr erkennen, auch von dem Mädchen Lilly sah er nichts mehr.

Aber auf einmal sah er wieder das Gesicht von Loni vor sich, dieses liebende Gesicht, das so hell und offen vor einem lag. Diese schöne Stimme, hinter der die Richter so schlimme Gedanken vermutet hatten. Ist es denn eine Hexerei, wenn man einen Menschen liebt? Nein, das war gewiß keine Hexerei! In der Not seines Herzens kehrte Friedrich Spee in seine Studierstube zurück. Aus dem frühlingsleichten Tag in diesen ernsten Raum, wo die Bücher zuhauf in den Regalen standen.

An seinem Pult schlug Friedrich Spee ein Manuskript auf. Er las den Titel, den er dieser Schrift selbst gegeben hatte. »Cautio criminalis, Vorsicht in den Kriminalprozessen oder ein Buch über die Hexenprozesse, das für die deutschen Obrigkeiten zu dieser Zeit notwendig und sehr nützlich zu lesen ist.«

Und er blätterte in diesem noch unvollendeten Werk, in dem er all seine Sorgen, Ängste, Bedenken und Mahnungen niedergeschrieben hatte. Schließlich schlug er eine neue Seite auf, tauchte die Kielfeder in die Tinte und schrieb mit langsamen, bedächtigen Zügen:

»Du mußt merken, daß bei uns Aberglaube, Mißgunst, Schmähen und hinterlistiges Ohrenblasen unglaublich tief eingewurzelt sind ...«

Friedrich Spee legte die Feder aus der Hand. Er beugte seinen weißen Kopf über das Manuskript, er fing an zu weinen, er konnte seinen Augen nicht mehr wehren zu weinen. Hier sah ihn niemand, er brauchte nicht einmal die Hände vor das Gesicht zu schlagen. Dann, als er endlich die Tränen getrocknet hatte, schrieb er in seinem Buch weiter. Diesmal mit fliegender Feder gegen den Hexenwahn, gegen die Prozesse. Er wußte, was die unglücklichen Opfer in ihrer letzten Stunde bekannt hatten. Schuldlos waren sie alle ...

Seite um Seite füllte sich ...

Freilich dauerte es noch ein paar Jahre, bis diese »Cautio criminalis« erschien. Es war die entscheidende Schrift, die den furchtbaren Prozessen Einhalt gebot. Eines jener mutigen Bücher, die Verirrungen beseitigen und Wunden heilen.

*Vermutlich im 15. Jahrhundert wurde das Schloß in Aub erbaut. 1401 hatte der Truchseß Hans I. von Baldersheim der Gollachstadt, in der auch die Hohenlohe Besitzungen hatte, das Stadtrecht verliehen. Das Schloß mit seinem mächtigen, im Zentrum der Anlage sich erhebenden Turm diente lange Zeit den Fürstbischöfen von Würzburg als Jagdschloß. Zur Zeit sind hier Asylbewerber untergebracht*

*Ernst Weber*

# Die Schweden im Grabfeld

Die ganz alten Leute von Königshofen und vom Grabfeld ringsum erzählen zuweilen noch ein »Schwedeng'schichtle«, das wegen seines lustigen Schlusses stets schmunzelnd aufgenommen wird. Hören wir einmal zu.:
»Die Schweden kommen!«, so schrie man sich mit erschreckten Gesichtern in allen fränkischen Dörfern und Städten zu, als Gustav Adolf am 27. September 1631 bei Breitenfeld über den seither unbesiegten Feldherrn Tilly den Sieg davongetragen hatte und in eiligen Märschen südwärts zog, über Erfurt gen Franken.
»Die Schweden kommen!« Auch in Königshofen im Grabfeld zitterte und bebte man vor dem nordischen König und seinen siegreichen Soldaten, und nicht ohne Grund, denn schon im Monat darauf, am 7. Oktober, stand das feindliche Heer vor den Toren der Festung und forderte sie zur Übergabe auf.
Königshofen hatte damals einen gar wackeren Kommandanten – Tobias Eberlin hieß er –, doch als er die schrecklichen Kriegsknechte, von denen er schon manche Schauergeschichte gehört haben mochte, in so unheildrohender Nähe sah, da fuhr auch dem in friedlichen Tagen so beherzten Kriegsmann die Angst in die Glieder. »Wir wollen menschlich sein!«, sagte er sich und seinen Getreuen, »und unnütz Blutvergießen meiden!« und hieß die Tore öffnen. Die Schweden, die wohl einen kräftigeren Widerstand erwartet haben mochten, zogen lachend ein im Vollbewußtsein ihrer Unwiderstehlichkeit und hatten ihre Freude daran, die ohnedies gewaltige Furcht der armen Königshöfer durch drohend gezückte Waffen und wild rollende Augen noch zu vergrößern.
Doch nicht alle Bürger ließen sich so leicht ins Bockshorn jagen wie ihr oberster Befehlshaber. Ein Bäuerlein – am oberen Tor wohnte es in einem kleinen, einstöckigen Häuslein – das schaute ganz vergnüglich zum Fenster hinaus auf die johlenden Krieger, die so großmäulig und breitspurig durch die Gassen der eroberten Festung schlenderten. »Kee schwedisch Hoor wär m'r ins Städtle 'rei'kumma, wenn ich der Eberlin g'west war!« So brummte unser Bäuerlein für sich – da tat sich plötzlich mit gewaltigem Ruck die niedere Tür auf und zwei geharnischte schwedische Reiter polterten unter einigen Kraftflüchen in einem fremdländischen Kauderwelsch über die Schwelle. Der vorderste der beiden Eisenfresser – es war ein baumlanger Kerl, und sein Federhut streifte leicht an die Decke des Zimmers – pflanzte sich mit gegrätschten Beinen in seiner ganzen Größe vor dem Bäuerlein auf und machte ihm unter allerlei bedrohlichen Grimassen verständlich, er möge augenblicklich etwas Eßbares und besonders viel Trinkbares herbeischaffen, sonst würden ihm alle Knochen im Leibe zerschlagen und die Seele stückweis herausgehackt werden. Zur Bekräftigung dieser Aufforderung rissen die beiden Schweden die langen Schwerter aus der Scheide und legten sie mit bedeutsamem Augenrollen quer über den Eichentisch.
Das Bäuerlein hatte zu all dem mit keiner Miene gezuckt. Zum Schlusse nickte es nur leicht mit dem Kopf zum Zeichen des Verständnisses; dann brachte es, ohne ein Wort zu sagen, eine geräucherte »Griefenwurst«, einen echt fränkischen »Schwartamg'n«, dazu einen schwarzen Brotlaib und einen gewaltigen Krug Hausbier. Danach verschwand es wieder in geschäftiger Eile. Die beiden Schweden machten sich ohne weiteres über die fränkische Nationalkost her und ta-

ten sich dabei, wie ihre gegenseitige Unterhaltung bewies, nicht wenig gut auf die schneidige Art, durch welche sie einen dummen Bauern »Mores« beigebracht hatten. Da kam der unfreiwillige Gastgeber neuerdings zurück, in jeder Hand eine Gabel – doch keine aus dem Küchenkasten, sondern die in der Linken war in der Tenne gestanden und schien eine Heugabel zu sein, die andere Gabel, die er in der Rechten trug, mußte, wie untrügliche Merkmale bekundeten, die längste Zeit ihres Daseins in einem Kuhstall zugebracht haben.

Die beiden Schweden schauten hoch auf, als sie den Landmann also gerüstet wieder sahen und glaubten schon, einen Angriff auf Leib und Leben abwehren zu müssen; doch sie wurden rasch eines anderen belehrt; denn unser Bäuerlein legte mit dem unschuldigsten Gesicht von der Welt die beiden Instrumente zu den blitzenden Mordwaffen auf dem Tisch und sagte:

»So, do ho't 'hr zu euer' fetzamäßig große Messer a gleich zwee racht gätliche Gobel!« –

Die verblüfften Landsknechte, denen etwas Derartiges wohl noch nie vorgekommen sein mochte, wollten, wohl nachdem sie sich vom ersten Staunen erholt hatten, ergrimmt über den argen Spötter herfallen; doch als sie dem schlichten Bauersmann in die kühn blitzenden Augen sahen, und wie ihm inmitten seiner gefährlichen Lage der Schalk so lustig um die Mundwinkel zuckte, da besannen sie sich eines Besseren. Sie lachten ob des unschuldigen Scherzes aus fröhlichem Herzen, steckten gnädig die blitzenden Klingen ein und luden ihren unerschrockenen Wirt gar freundlich, so weit dies ihrer derben Soldatennatur möglich war, ein, bei ihnen Platz zu nehmen und brüderlich mit ihnen Speis und Trank zu teilen. Das Bäuderlein tat's, und als nach einigen Tagen seine schrecklichen Kostgänger Königshofen verlassen mußten, um über Schweinfurt nach Würzburg zu ziehen, wo ihr vorauseilender König schon am 14. Oktober angelangt war, da gab's einen recht herzlichen Abschied, und der eine der beiden Schweden, der fürchterlich lange Kerl, klopfte unserm Bäuerlein auf die Schulter und sagte: »Leb' wohl, Bruderherz! Ich bin nur froh, daß du nicht Tobias Eberlin heißt, sonst hätten wir kaum so vergnügte Stunden zusammen verlebt.«

*Blick auf den Marktplatz von Bad Königshofen*

*Friedrich Wencker-Wildberg*

# Wassernot, Schwarzer Tod

Naturkatastrophen, Seuchen, Mißwachs und Teuerung galten im Mittelalter als mahnende Vorzeichen, die das bevorstehende Erscheinen des Antichrist und den darauffolgenden Weltuntergang verkündeten. Zog gleichzeitig am nächtlichen Himmel ein Komet seine leuchtende Bahn, dann hielten die Zeitgenossen dieses kosmische Phänomen für ein flammendes Schwert oder eine Zuchtrute, mit der Gott die sündhafte Menschheit strafen werde. Eine apokalyptische Psychose bemächtigte sich aller und ließ sie in dumpfer Apathie und händeringender Verzweiflung das Jüngste Gericht erwarten.

In der ersten Hälfte des vierzehnten Jahrhunderts schien der erzürnte Himmel die sieben Schalen des göttlichen Zornes über das Frankenland auszugießen. Die schreckenerregenden Visionen des Sehers von Patmos vermischten sich mit der im Unterbewußtsein lebendigen Vorstellungswelt der Götterdämmerung, dem Ragnarök der germanischen Mythologie, von dem die Edda kündet: Windzeit und Wolfszeit, ehe die Welt zerstürzet.

*Da man zalte nach der Geburt Christi 1312, erauget sich ser viel ungewitters und regens und warden die wasser und beche allenthalben fast gros, liefen auch aus und verderbten die Fruchte uf dem velde,* weiß der Würzburger Chronist Magister Lorenz Fries (1491–1550) nach den Aufzeichnungen der Augenzeugen zu berichten.

Der Himmel öffnete seine Schleusen, und wie in den Tagen der Sintflut gingen wolkenbruchartige Regengüsse wochenlang auf die Fluren nieder. Der Main, dessen mit Sand und Geröll angefülltes Bett die ihm von allen Seiten her zueilenden Wassermengen nicht mehr fassen konnte, trat über seine flachen Ufer. Die lockere Humusschicht der Felder wurde weggeschwemmt, in den Straßen der Dörfer und Städte stand meterhoch das Wasser, das in Häuser und Ställe drang und Menschen und Vieh umkommen ließ. In Würzburg riß die Strömung die Pfeiler der Brücke weg, so daß die einzige Verbindung der Altstadt mit dem Mainviertel unterbrochen war. Das fruchtbare Maintal glich einem Meer, aus dem nur noch Dächer, Turmspitzen und Baumkronen hervorschauten.

Die gesamte Ernte war vernichtet, ein großer Teil des Viehs ertrunken. Eine allgemeine Verknappung und Verteuerung der notwendigsten Lebensmittel war die nächste Folgeerscheinung der monatelang anhaltenden Überschwemmungen.

Dazu gesellte sich als dritte, noch schlimmere Plage die *grost, geverlichst und erschrecklichst pestilenz so lange zeit davor und nach in unsern Deutschen Landen gewest,* lesen wir bei Fries. In ganz Europa hielt der Schwarze Tod damals reichste Ernte: man schätzt die Gesamtzahl seiner Opfer auf nahezu fünfundzwanzig Millionen Menschen. Allein in Würzburg starb die Hälfte der Einwohner an dieser Seuche, deren Bekämpfung die unwissenden Ärzte gänzlich hilflos gegenüberstanden. Das einzige Allheilmittel, das sie kannten und deshalb auch häufig anwandten, waren Aderlässe, die den Kräfteverfall des Patienten nur noch beschleunigten. »Welchen die sucht ankame, der lebt über vier und zwainzig stunde nit«, stellt der Chronist fest. Die Sterblichkeit war so groß, so daß Totengräber hochbezahlte Mangelware wurden. Man warf nachts die Toten aus Fenstern und Türen auf die Straße, wo sie dann am andern Morgen von vermummten Männern, die in Ihrem Aufzug Dämonen aus der Hölle gleichsahen, wie Holzklötze auf Karren geworfen und in Massengräbern eingescharrt wurden. Angesichts dieses Massensterbens verloren die Überlebenden Mut und Zuversicht. Wozu sich noch mit Feldarbeit plagen, da das Ende der Welt doch unmittelbar bevorstand und man außerdem jederzeit von der unheimlichen Krankheit befallen werden konnte. Also blieben die Äcker unbestellt, die Ernte fiel aus und damit wurde die Hungersnot noch ärger. Wen die Pest verschont hatte, der verhungerte. Aus Italien und Frankreich mußte Brotgetreide eingeführt werden. Aber viele Monate vergingen, bis bei den primitiven Verkehrsmitteln und dem Zustand der Straßen und Wege die Transporte die Heimat erreichten, vorausgesetzt, daß sie nicht unterwegs von Straßenräubern überfallen und ausgeplündert wurden.

Wind zerriß und zerteilte die graue Wolkenwand, die monatelang über dem Frankenland gehangen hatte, der blaue Himmel wurde wieder sichtbar und die Sonne strahlte wie vordem warm und belebend auf die dampfende Erde herab. Die schwergeprüften Überlebenden atmeten auf und hofften auf eine bessere Zukunft.

Es war aber nur die trügerische Ruhe vor dem Sturm, denn es sollte bald noch viel schlimmer kommen.
Bald folgten neue Wolkenbrüche und Überschwemmungen. Was das Wasser verschont hatte, das vernichteten jetzt taifunartige Orkane, die im Herbst 1335 Franken heimsuchten und ungeheuren Schaden verursachten. Am 28. Oktober dieses Jahres raste ein von Westen kommender Sturm über Würzburg hinweg. Darüber berichtet uns ein Augenzeuge, der Historiker, Theologe und Dichter Michael Jud, der wenige Jahre zuvor den großen Hof zum Löwen in der Dominikanergasse erworben hatte, ein stattliches Patrizierhaus, das vordem eine Niederlassung des Templerordens gewesen sein soll. Magister Michael Jud war der Sohn eines von Mainz nach Würzburg übergesiedelten Rechtsgelehrten. Er war Scholaster am Neumünster, und da er seine Chronik in der lateinischen Gelehrtensprache schrieb, paßte er ihr auch seinen Namen an und nannte sich Michael de Leone. Hinter den festen Mauern seines Löwenhofes hat er mit Zittern und Beben das Brausen der Wilden Jagd miterlebt. Wehe dem, der von diesem Unwetter im Freien überrascht wurde! Aus der Richtung Zell-Veitshöchheim stieß der Sturm durch das Maintal gerade aus auf das rechte Ufer. Die meisten Häuser waren damals noch aus Holz gebaut. Sie vermochten dem Anprall der Luftmassen nicht zu widerstehen, sie wurden einfach weggeblasen. Gebäude aus Steinmauerwerk trotzten zwar dem Wüten der Elemente, aber klirrend und krachend zerschellten Ziegel und Dachstuhl auf der Straße. Der Schaden wurde ausgebessert und der Winter verlief ohne besondere Naturereignisse.
Im August 1336 suchte eine neue Plage Franken heim. Der Himmel verfinsterte sich, die Sonne verschwand hinter graugrünen Wolken, die ständig tiefer sanken, bis sie sich auflösten und auf die Erde niederfielen. Diese Wolken entluden keine Wassermassen, sondern sie bestanden aus Millionen von Heuschrecken. Ein Glück, daß wenigstens der Hauptteil der Getreideernte bereits eingebracht und in Scheunen und Tennen vor diesem gefräßigen Ungeziefer gesichert war, das Wälder, Gärten und alles Gras kahl fraß, so daß die Landschaft aussah wie im tiefsten Winter.
Wie war diese Geißel des Orients plötzlich nach Mitteleuropa gekommen? Südoststürme, die über dem Mittelmeer tobten, hatten ungeheure Heuschrecken-

schwärme aus Nordafrika über Italien nach Kärnten und Steiermark abgetrieben, und einen Teil davon auch nach Franken gebracht. Kaum war diese Plage vorüber, da vernichteten Anfang Oktober vorzeitiger Schnee und Frost die Obst- und Weinernte, soweit die Heuschrecken sie nicht schon aufgefressen hatten.

Im Frühjahr kam die Pest abermals nach Würzburg, diesmal zu längerem Aufenthalt, indem sie fünfzehn Jahre lang zu schaurigem Totentanz aufspielte. Die bange Ungewißheit, den nächsten Tag noch zu erleben, der Anblick der zahllosen Toten und des herrschenden Elends rief in den verängstigten Menschen eine Schockwirkung hervor, die sich in der Selbstpeinigung der Flagellanten oder Geißler austobte, die durch übertriebene Bußübungen den Zorn Gottes besänftigen und den drohenden Weltuntergang abwenden wollten.

Auch Würzburg blieb von diesem Wahnsinn nicht verschont. Die Geißler, die durch ganz Deutschland zogen, unternahmen geradezu eine Sternfahrt nach der Kiliansstadt, auf die gleichzeitig drei Haufen aus Thüringen, Sachsen und Polen zustrebten. Am 2. Mai 1349 zogen sie mit Kreuzen und Fahnen, Kerzen und qualmenden Fackeln, fromme Lieder singend, durch die Straßen nach den verschiedenen Kirchen. Dort legten sie ihre Kleider ab, hüllten sich in weiße Tücher, die den Oberkörper bis zum Gürtel freiließen und lagerten sich im Kreis. Der Meister schritt über sie hinweg, gab jedem einen Schlag mit der Geißel und sprach:

> *Stant auf durch der reinen martel ere*
> *und hüt dich vor der Sünden mere.*

Der erste stand nun auf, folgte dem Meister und schlug ebenfalls die vor ihm Liegenden.
Danach verlas der Meister die Geißlerpredigt, die mit Gebeten und dem Ruf endete:

> *Nun hebt empor die üren hende*
> *daz Gott dies grozze sterben wende.*

Unter Glockengeläute und Gesang verließen sie die Stadt, um mainabwärts nach Mainz zu ziehen. Vergebens wandte sich der Würzburger Augustinerpater Hermann von Scheiblitz in Wort und Schrift gegen diese Massenhysterie. In ihrer Angst und Ratlosigkeit folgten viele um ihr Seelenheil Bangenden den Flagellanten, im festen Glauben, sie könnten durch Buße

*Ein Pestarzt mit seinem Gehilfen aus der Zeit um 1720. Das Kleid war aus Leder. Die Maske hatte Augengläser. In der langen Nase waren wohlriechende Stoffe gegen das Pestgift. Mit dem Stab deutete der Arzt auf die Kranken und gab damit seine Entscheidung über Tod oder Leben*

und Marterung das drohende göttliche Strafgericht aufhalten.

Es schien aber dennoch über die Menschheit hereinzubrechen wie in Urväterzeiten die alles Leben vertilgende Sintflut. An einem heiteren Sommertag des Jahres 1356, die Menschen in Stadt und Land gingen frohgemut ihrer Arbeit nach, sie lachten und freuten sich ihres Lebens, aßen und tranken, und wollten den Feierabend mit Tanz und Kartenspiel bei Becherklang im Wirtshaus genießen.

Ach, sie sollten nicht mehr dazu kommen. Denn plötzlich vernahmen sie ein unterirdisches Grollen und Rollen, das aus südöstlicher Richtung kam und nach Nordosten verlief. Während sie noch überlegten, ob sie auch richtig gehört hatten oder ob es nur eine Sinnestäuschung war, begann die Erde sich unter ihren Füßen zu bewegen und wie eine Schaukel auf und ab zu schwanken. Erschrocken hielten sie sich aneinander fest, oder umklammerten Baumstämme. Aber die Aufrechtstehenden strauchelten und fielen zu Boden wie Betrunkene, die sich nicht mehr auf ihren Beinen halten können, und die stärksten Baumstämme begannen zu ächzen und bewegten sich, als würden sie von einer ungeheuren Kraft, die aus dem Schoß der Erde kam, hochgehoben, entwurzelt und umgeworfen. Schreiend und angstverstört rannten die Menschen heim. Sie waren jetzt fest überzeugt vom Anbruch des großen Weltgerichts, dem nach der Prophezeiung der Schrift furchbare Erdbeben vorausgehen sollen. Und ein Erdbeben war es, das an jenem Sommertag des Jahres 1356 den vulkanischen Boden Süddeutschlands erschütterte. Der Herd des Bebens lag im Tal des Oberrheins. Die blühende Stadt Basel war in wenigen Augenblicken in ein einziges Trümmerfeld verwandelt. Noch heute sieht man am Turm und den Mauern der Kathedrale die letzten Spuren dieses stärksten Erdbebens, das in historischer Zeit Mitteleuropa heimgesucht hat.

Von Basel aus pflanzte sich die Erschütterung, dem Verlauf des Jura folgend, nach Franken fort.

Am widerstandsfähigsten erwiesen sich Holz- oder Fachwerkhäuser. Diese fingen die unterirdischen Stöße auf, während die Massivbauten am stärksten in Mitleidenschaft gezogen wurden. Die Mauern und Türme der Städte und Burgen bekamen klaffende Risse oder stürzten völlig ein. In Franken, Schwaben, im Umkreis des Bodensees und des Oberrheins gab es kaum eine Stadt oder Burg, die von dem großen Erdpim, wie die Zeitgenossen dieses Wüten vulkanischer Kräfte nannten, nicht mehr oder minder schwer getroffen wurde. In Sekundenschnelle sanken dicke Mauern zusammen, knickten ragende Türme wie Strohhalme, als die Erde wankte und die Berge sich schüttelten. Kein Feind konnte in monatelanger Belagerung größeren Schaden anrichten. Viele Burgen, die seit dem vierzehnten Jahrhundert in Trümmern liegen, sind nicht von Menschenhand zerstört worden, sondern der entfesselten Natur zum Opfer gefallen.

Menschheit und Erde haben diese Katastrophenwelle überlebt. Der gefürchtete und allgemein erwartete Weltuntergang hat weder damals noch später stattgefunden, so oft er auch von Astrologen und Hellsehern prophezeit wurde.

*Pestsäule im Kirchgarden von Aschfeld*

*Hans Dieter Schmidt*

# Der Ring schließt sich

Nach Wertheim bin ich eigentlich zufällig gekommen. Man versetzte mich hierher, ans äußerste Ende des alten Baden, dorthin, wo der Main beginnt, die Mittelgebirge des Spessart und des Odenwald voneinander zu trennen. An einem schönen Maitag betrat ich diese Stadt, nun sind es fast dreißig Jahre, die ich in der Stadt an der Taubermündung verbracht habe, und manchmal sage ich mir, schon in der Wertheimer Mundart: »Jetzt bist en Werdemer.« Daß dies aber doch nicht die ganz originelle Wertheimer Mundart ist, wird mich veranlassen, es auch weiterhin mit Wertheim zu versuchen. Man lernt nie aus, auch in Wertheim nicht.

Wertheim ist eine alte Stadt, älter als Berlin, das jetzt gerade so mächtig feierte, und wenn man im Sommer nach Wertheim kommt, kann es leicht als Postkartenschönheit erscheinen. Besonders eindrucksvoll ist der Blick von der Vockenroter Steige herunter in Tauber- und Maintal. Da also liegt, auf dem Schuttkegel, wie die Historiker sagen, zwischen Tauber und Main die Altstadt, ein Labyrinth von Gassen, Schattenschluchten zwischen schmalbrüstigen Fassaden, ein Gegiebel und Geschiebe von Mauern und Dächern, alle denkbaren Abstufungen des Braunrot, und dahinter steigt aus dem Bergwald die Burg. Zugereiste nennen sie die »Stadtkrone«, aber das klingt aufgesetzt und übertrieben, nein, es genügt zu sagen, es handle sich um eine alte Burg mit mächtigem Bergfried und Altan, Torhaus und einem Geschachtel von Einzelbauten, die ruiniert sind, obgleich man sie gerade zuletzt mit deutscher Gründlichkeit renoviert hat. Der Blick vom Berghang herunter geht auch hinüber nach Kreuzwertheim, jenseits des Mains, und damit hat man die Keimzelle Wertheims erkannt, das ganz alte Wertheim, wenn man so will. Über Zahlen streiten sich noch immer die Gelehrten, aber es dürfte feststehen, daß Wertheim, das linksmainische, demnächst seine tausend Jahre auf dem Buckel hat.

Die Stadt ist alt, unbestreitbar, und mit ihrer alten Geschichte und mit der Vielheit an Altem, das sie immer noch den Besuchern zu bieten hat, treibt sie auf Prospekten und Faltblättern Reklame. Man hat denn auch das Alte in den letzten Jahren ganz schön aufgemöbelt und saniert, wie das Zauberwort heißt, und an einigen Ecken kamen die unvermeidlichen Schnickschnack-Adaptionen eines Pseudofachwerkstils hinzu. Das ist, bei Licht besehen, schon eigentlich Neues, aber es will das nicht zugeben und tut so, als sei es immer noch alt.

Nähert man sich von Osten, durch den Stadtteil Eichel, der Stadt an der Taubermündung, dann hat man das Neue unverhüllt vor sich. Man sieht die Hochhauskulissen auf dem Wartberg, gegen den Himmel gezackt, und mancher Fremde, der auf der Straße daherkam, ist versucht, schnell umzudrehen oder einfach an dieser Stadt vorbeizufahren. Ich wohne selbst auf diesem Wartberg, den man als Bundesdemonstrativbauvorhaben mit Punkt-, Miet-, Reihen- und Einfamilienhäusern besetzt hat. Ich habe den Vorteil, mittendrin zu wohnen und die Kulissenlandschaft damit gar nicht sehen zu müssen.

Dennoch: Man hätte alles noch viel schlimmer machen können; sogenannte Fortschrittler träumten Ende der fünfziger Jahre nicht nur davon, in der Altstadt Kaufhauskästen zu errichten. Es gab auch Erwägungen, die modernen Neubauten dicht an die Altstadt heranzurücken, um damit alt und neu miteinander zu verschwistern; Baulöwen hatten auch schon ihre geschäftigen Augen auf den Hang des Schloßbergs gerichtet. Daß es ab und zu nicht immer genügend Geld gibt, ist, gottseidank, ein Segen. So kam es zur Trennung von alt und neu: der Wartberg ist durch den Grüngürtel des Hangs und durch einen Höhenunterschied von beinahe 150 Metern von der Altstadt geschieden. Regierte unten immer das Verwinkelte und Schräge, die Enge und das Bucklige, das Heimelige und Dornröschenhafte, so regiert auf dem Wartberg eine Reißbrettwelt: Zirkel und Lineal dominieren, Fluchtlinien, alles ist vorgeschrieben und überwacht, es wurde nivelliert und ausgemessen, man findet Bündel von Parallelen, Dreiecksverhältnisse, die freilich zuweilen auch über bauliche Konzeptionen hinauswuchern. Überhaupt die Natur: ein Glück, daß es sie gibt, sie hat den Wartberg in den letzten zwanzig Jahren zweifellos am nachhaltigsten wieder menschlicher gemacht, allen Vorschriften zum Trotz. Daß gelegentlich auch die Menschen daran teilhaben, hat sie erträglicher werden lassen, diese Schlafstadt hoch über dem alten Wertheim.

Irgendwo habe ich einmal gesagt, Wertheim bestehe aus mehreren Städten: nicht nur ein Kranz von eingemeindeten Dörfern, die nach Wertheim wieder den Hauch des Frankenweins zurückbrachten, hat sich um diese zerfaserte Stadt gelegt, nein, sie hat sich selbst mehrmals in unserem Jahrhundert neugeschaffen: in Bestenheid, wo ein respektables Industriegebiet entstand, wo die Glasindustrie Fuß faßte, auch in Hofgarten, wo man im Grünen wohnt, und auf dem Wartberg eben. Es ist, als habe Wertheim geahnt, daß es sich, würde man dies alles auf einen Platz auftürmen, selbst zerstören müßte. So blieb man bei der räumlichen Trennung. Man kann von Wertheim nach Wertheim fahren, vom Wartberg nach Bestenheid beispielsweise, und man gelangt durch ein landschaftlich reizvolles Gelände, das einen vergessen läßt, daß man ja eigentlich immer noch in einer Stadt ist.

Jede Fahrt aber in die Altstadt wird zur Reise in die Geschichte. Man betritt den Mittelpunkt einer alten Grafschaft, die sich nördlich und südlich des Mains ausgebreitet hat. Seit der Mitte des 12. Jahrhunderts kennt man ein Adelsgeschlecht, das sich als die Herren von Wertheim bezeichnete, und kein Geringerer als der Dichter Wolfram von Eschenbach nannte den Grafen von Wertheim seinen Herren. Die Burg wurde in jener Zeit auf den Hang des Bergsporns gesetzt, der zwischen der Tauber und dem Main liegt, wohl aus strategischen Gründen, und im Schatten dieser Burg entstanden Handwerkerhäuser und Fischerhütten, jenes suburbium castri, von dem in alten Dokumenten die Rede ist. 1306 wurde Wertheim mit dem Stadtrecht versehen, die Stadt wuchs und wurde zu einem Handelsplatz, die Schiffahrt auf Main und Tauber trug dazu bei.

Sehr früh schon ergriff man in Wertheim Partei für die Sache Martin Luthers. Im Bauernkrieg 1524/25 spielten die Grafen nicht gerade eine allzu entscheidende Rolle, der Bauernkrieg ging an Wertheim beinahe vorbei. Dafür kamen im Dreißigjährigen Krieg die Horden der verschiedenen Heere, es gab Plünderungen und Beschießungen, Pulverexplosionen und die Zerstörung der Burg, die freilich durch einen Unglücksfall zu Beginn jenes Krieges schon eingeleitet worden war. Es fehlte nicht an religiösen und territorialen Fehden, mit den Würzburger Bischöfen legte man sich an, die Sage vom Zehnringeturm bezeugt dies. Das Zeitalter des Rationalismus bescherte Wertheim eine eigene, revolutionäre, weil gänzlich rationalistische Bibelübersetzung, aber dann versank Wertheim bald in einer Art Dornröschenschlaf, spätestens von jenem Zeitpunkt an, als die Grafschaft durch ein

## »Klein-Heidelberg«

*Das alte Schloß in Wertheim erhebt sich etwa in 80 Meter über die Stadt. Wegen seiner Lage wird es oft mit dem Heidelberger Schloß verglichen, so wie auch Wertheim selbst von alten Freunden gerne »Klein-Heidelberg« genannt wird. Ältestes Bauwerk der Burg ist der um das Jahr 1100 errichtete, 25 Meter hohe Bergfried mit seinen 2,30 Meter dicken Mauern. Von dort oben wie auch vom Burggarten mit dem um 1500 entstandenen Altan-Wehrbau hat man einen herrlichen Blick auf die historische Stadt im badischen Frankenland, das Maintal, die Taubermündung und die bayerische Nachbargemeinde Kreuzwertheim. Am Wertheimer Schloß haben viele Jahrhunderte gebaut. Der einstige Herrschaftssitz des Grafen von Wertheim wird urkundlich erstmals 1183 erwähnt, als Graf Poppo I. von Wertheim der Abtei Altenberg bei Köln in seiner Grafschaft Zollfreiheit für alle Güter gewährte, die zu Pfede, zu Fuß oder zu Schiff an der Burg vorüberziehen. Im Jahre 1619, als Graf Ernst Wolfgang von Löwenstein-Wertheim Schloßherr war, vernichtete ein Brand große Teile der Burg; man baute wieder auf. Im Oktober 1631 besetzten die Schweden unter König Gustav Adolf Stadt und Schloß. Am 20. September 1634, nach der Schlacht bei Nördlingen, wurde die noch von den Schweden besetzte Burg von Truppen der kaiserlichen Armee beschossen, der südliche Teil zerstört. Während des langen Krieges wechselte die Burg Wertheim noch mehrmals die Besitzer. Nach 1650 begann der langsame Verfall der Anlagen, der fortdauerte, bis vor jetzt etwa 100 Jahren mit der Erhaltung der noch immer sehr imposanten Ruine begonnen wurde.*

paar Federstriche Napoleons I. dahinschwand und der südmainische Teil im Großherzogtum Baden aufging. Jetzt war Wertheim eigentlich ein Geheimtip für die Romantiker, aber die kamen gar nicht gleich in Massen, nur Ludwig Richter reiste durchs Taubertal und zeichnete hübsche Bilder, Verhas und Fritz Bamberger taten es ihm nach, man entdeckte die Reize der kleinen Stadt und begann von ihr in Zeichnungen und Worten zu schwärmen.

Das setzte sich fort, und obgleich Isolierkannen und Thermometer, Lötkolben und kunstvolle Glasgefäße von Wertheims Industrie und Fleiß zeugen, vom Erfindungsreichtum seiner Bewohner, lockt man Sonderzüge und Busse mit Touristen in die Stadt, um ihnen das Alte am Spitzen Turm und an den Resten der Stadtmauer, am Engelsbrunnen und in der Stiftskirche, auf der Burg und in den Schattenschluchten der Gassen und Gäßchen zu zeigen. Irgendwie kann einen das manchmal schon ein wenig an Rüdesheim erinnern, und man biegt um die Ecke, um es nicht weiter mitansehen zu müssen. Wertheim als Sightseeing-Objekt – Miltenberg, 23 Kilometer mainabwärts, hat diese Rüdesheimisierung fast schon erreicht.

Man hat die Stadt in den dreißig Jahren, die ich hier verbrachte, ganz gehörig und mit viel Schweiß hergerichtet. Vieles ist gelungen, manches ist nur gut gemeint gewesen. Die Idee, kitschige Brünnlein aufzustellen, muß man zum letzteren zählen, den Ausbau der Hofhaltung in der Mühlenstraße zum ersten. Dort gibt es ein Historisches Museum für die Stadt und Grafschaft, daneben ein Glasmuseum, womit man schon von einem »Museumsviertel« redet, und es lohnt sich allemal, einige Zeit dort zu verweilen.

Überhaupt ist Wertheim dort am schönsten und interessantesten, wo man es nicht vermutet: in seinen abgelegenen Ecken, in den Gassen, die ein abschätziges »Neben« in ihrem Namen führen müssen, in den Höfen zwischen den Gassen, wo sich auch Wirtschaften eingenistet haben, zu verschiedenen Tages- und Nachtzeiten, in Augenblicken des Lichts in der Frühe, wenn beispielsweise die lange Eichelgasse auf einmal aufglänzt und für eine Stunde wie versilbert erscheint, oder in der Abenddämmerung, wenn das Rot des Sandsteins aus den Mauern der Burg und den Felsen am Hang tritt. Da treten unter einem Lichtblick mit einem Mal die Häuser, die das rechte Tauberufer besetzt halten, aus einer einförmigen Graustimmung, beginnen sich die Farben der Wandflächen zu beleben. Die Boote und Kähne, die an den Ufermauern liegen, werfen dunkelblaue, braune, violette Schatten. Aber es setzen sich auch andere Bilder auf der Netzhaut fest: Wertheim kurz vor einem Gewitter, wie auf einem Bilde El Grecos, Wolkengebirge und eine fast unnatürlich wirkende Landschaft, gelb und aschfahl, okker und rot, dann aber wieder, als der Regen einsetzt, graugrün und graugelb, in der Stumpfheit des Wassers versinkend.

Tagsüber herrscht in der Enge der Altstadt viel Umtrieb: die Fußgängerzone ist von Einheimischen und Touristen belebt, die Autos drängen sich durch die rechte und linke Tauberstraße, stauen sich auf der Tauberbrücke, manchmal auch an der sogenannten Mainspitze.

Aber es gibt hier auch Oasen der Stille. Obgleich Wertheim keinen großen Park hat, bietet es Ruhepunkte: neuerdings an den Mainanlagen, vor den Hotels, wo es Plätzchen zum Verweilen und Verschnaufen gibt, und wenn man Glück hat, dann musiziert ein Orchester in dem alten Pavillon, der nach langer Abwesenheit wieder in diesen Anlagen aufgestellt wurde. Es gibt die Stille am Waldhang neben dem Schloß, wo lange Spazierwege bis nach Eichel hinaus locken oder, über der Tauber, hinauf zum Haidhof. In Bestenheid, dem Industriestadtteil, hat der Waldfriedhof die Funktion eines Parks übernommen. Ein weitgestrecktes, im Schatten von Kiefern, auf Sandboden sich ausbreitendes Gelände, weitab von allem Getriebe. Wer will, kann von hier aus bis nach Grünenwört hinunterspazieren.

Am anderen Ende der Altstadt, dicht über der Mainbrücke, liegt ein anderer Friedhof: jener der einstigen jüdischen Gemeinde, die es bis 1938 hier gab. Man sieht diesen Friedhof eigentlich nur im Spätherbst und Winter. Ansonsten ist er immer verborgen unter den breiten Laubschirmen der Bäume. Uralte Grabsteine stehen hier, einige sind sogar älter als die ältesten im berühmten Judenfriedhof von Prag. Die hebräischen Inschriften erzählen vom Schicksal der Wertheimer Juden. Der Name Wertheim (das Berliner Kaufhaus) oder Wertheimer breitete sich aus.

Zwischen zwei Wohnvierteln gelegen, versteckt sich der Hofgarten. Von der Autostraße aus sieht man das dunkelgelb gestrichene Schlößchen. Der Park ist verwildert, Romantiker können sich hier ihren schwärmerischen Gefühlen hingeben. Aber groß ist er nicht, gleich gerät man wieder in die Wohnviertel, die sich am Hang ausdehnen.

Wertheim ist eine Hochwasserstadt. Man erzählt sich

von einem Zweizeiler, der, wie die Legende will, von Martin Luther stammen soll, obwohl dieser zum Leidwesen der Lokalhistoriker wohl doch nicht in Wertheim weilte. In diesem Verspaar wird gesagt, daß Wertheim vom Feuer »nichts zu befahn« habe, wohl aber im Wasser untergehen könne. Vorübungen hierzu gab es schon in Hülle und Fülle. Die Hochwassermarken an den Hausecken erzählen davon. Wenn der Main nach langen Regentagen oder bei rascher Schneeschmelze über seine Ufer tritt und die Tauber zurückstaut, dann breitet sich das Wasser in Kellern und Gassen aus, steigt in die Untergeschosse der Häuser. In meinen fast dreißig Wertheimer Jahren hatte ich häufig Gelegenheit, die Verwandlung der tiefergelegenen Altstadtteile in ein Klein-Venedig in Augenschein zu nehmen. 1970 ruderte man im Boot über den Marktplatz.

Aber zumeist ist die Tauber still und harmlos. Am Abend spiegeln sich die Lichter auf ihrer Oberfläche. Wenn es Nacht ist, liegt die Taubervorstadt ganz im Dunkeln. Die Gärten sind in tintiges Schwarz getaucht. Alte Weiden recken sich hoch, ihre langen Zweige streifen das Wasser, ritzen seine Oberfläche. Der Weiße Turm in der Gebäudeecke der früheren Hofhaltung, steht dunkel gegen den Himmel. Hier treffen sich in Archiv und Museum die vergangenen Zeiten.

Die Moderne hat dafür gesorgt, daß Wertheim aus dem Dornröschenschlaf des 19. Jahrhunderts aufgewacht ist. Heute leben in allen Stadtteilen und Teilorten gegen zwanzigtausend Menschen. Sie arbeiten hier, sorgen für ein gutes Einkommen, ermöglichen der Stadt manche Maßnahmen für die Allgemeinheit. Trotzdem wird man immer wieder vom Alten hier eingeholt. Gleich wenn man den Marktplatz hinter sich gelassen hat, kommt man vor den Engelsbrunnen, einen der schönsten in ganz Franken. Und wenn man den Blick über die steinernen Engel hinweghebt, liest man an einem der Fachwerkhäuser den alten Spruch:

*Alle Menschen die Ihr fürüber gehett: Sehet wie eß itzund Umb uns stehett: Die wir Itzo sind Die werdt Ihr werden: Die ir itzo sind Waren wir auff erden. Gott ist Warhafftig und gantz Gerecht: Alhie ligt der Herr und auch sein Knecht: Du Weltt Weiser Mensch tritt hierbey: Sage mir welches der Herr oder Knecht sey.*

Dazwischen eine Sanduhr, flankiert von zwei Gerippen. Der Sand rinnt, unaufhörlich. Man spürt das. Die Zeit, die davonläuft, ohne daß wir sie einfangen könnten. Alle unsere Vergeblichkeiten. Jedes Jahrhundert baute etwas, das bleiben sollte. Steine, die sich gegen den Verfall stemmen, gegen das Vergessenwerden. Die Grabdenkmäler in der Stiftskirche, die berühmte Bettlade, wie man ein großes Doppelgrabmal nennt, die Skulpturen von Grafen und Gräfinnen an den Chorwänden, die feinziselierten Inschriften, Namen, Daten, Rühmenswertes: was bleibt? – Das Neue setzt andere Zeichen, errichtet Büro- und Fabrikgebäude, Lagerhallen, Kontore, Silos und Schornsteine, baut Miethäuser und Reihenhausketten, Hochhäuser. Der »weiße Riese« auf dem Wartberg hat es bis zu 14 Stockwerken gebracht. Auch dies ist Zeichen für ein Bleibenwollen, für Hoffnung auf Dauer. Aber jeden Tag erfahren wir, daß Dauer nur eine Dauer auf Zeit ist, oft gar auf kurze.

Wer in Wertheims Stadtteilen umhergeht, kann das studieren. Neben all den vordergründigen und, wie wir glauben, wichtigeren Lektionen, erteilt uns diese Stadt diese eine von der Vergänglichkeit. Der Putz bröckelt, die Senkrechten neigen sich, die Mauern brechen, der Regen sickert durch die Dächer, auch die neuen, die Wartbergbewohner wissen das. Manchmal stelle ich mir vor, wie es hier einstmals aussah, bevor Menschen kamen und ihre Hütten bauten: eine von Wald und Buschwerk bedeckte Fluß- und Berglandschaft. Das Grün der Vegetation überwog. Die Flüsse kamen unruhig und unberechenbar daher. Noch niemand regulierte ihren Lauf, baute Stauwehre. Irgendwann einmal wird es vielleicht wieder so sein. Anfang und Ende begegnen sich wieder, der Ring schließt sich. Das Alte und das Neue sind eins.

Werner Dettelbacher

# Residenzen am Steigerwald

In »Schwarzenberg in Franken«, in der Herberge, läßt Goethe seinen »Götz von Berlichingen mit der eisernen Hand« beginnen. Bambergische Reiter, deren Herr auf der Burg mit dem Grafen verhandelt, geraten mit aufrührerischen Bauern in Händel. Im Unterschied zu Weislingen, den Goethe »komponiert« hat, gab es den Grafen schon. Seit 1385 waren die Seinheim im Besitz der Burg Schwarzenberg, die beherrschend oberhalb der Stadt Scheinfeld auf einem Bergsporn liegt, der nach zwei Seiten steil abfällt. Die »schwache« Ostseite war durch einen Halsgraben gesichert. Ein Brand verheerte 1607 die mittelalterliche Burg. Der Neu- und Wiederaufbau wurde 1618 nach Plänen des Augsburgers Elias Holl vollendet, wobei die Nürnberger Steinmetzen Jakob Wolf Vater und Sohn gar manche Abänderung vornahmen. An Holls Augsburger Zeughaus erinnert der Treppenturm. Der baufällig gewordene Palas in der Westecke wurde 1654, also kurz nach Ende des Dreißigjährigen Krieges, ausgebaut. Schließlich errichteten Melchior Beck aus Ansbach und Wilhelm Schneider aus Würzburg anstelle des Bergfriedes den Schwarzen Turm.

Den besten Blick auf die schmale türmereiche Front hat man von Süden, doch kann man da die Mauer nicht überwinden. Den einzigen Zugang hat man von Nordosten nahe der Brauerei, die 1646 aus dem Schloß dorthin verlegt wurde. An der Wehrmauer zur Linken zieht sich der Beamtenbau entlang, der erst gebaut wurde, als die Französische Revolution schon ausgebrochen war, in deren Folge die kleinen Fürstentümer und Grafschaften Frankens aufgehoben wurden. Auf dem Weg zum Schloß findet der Kenner seltener Bäume mächtige Sequojen, einen Ginkgo biloba, Tujen, Trompeten- und Tulpenbaum. Einige werden in unseren Tagen 200 Jahre alt.

Im Haupttrakt haben sich einige Säle aus der Bauzeit erhalten, so der Wappensaal mit einer schönen Kassettendecke, die die Wappen der Schloßherren trägt. Die beiden Ahnensäle von 1658 schmücken Kassettendecken mit bemerkenswerten Gemälden des Niederländers Wilhelm van der Creutz, die Szenen aus der Mythologie und des Alten Testamentes zeigen. Die

## Neumanns kleines Meisterstück

*Auf der Höhe seines Schaffens, als die Schloßkirche in Werneck Gestalt gewann, baute Balthasar Neumann zwei kleinere Gotteshäuser, die als Spiegelbilder architektonischen Ringens um neue Formen und raumschöpferische Ideen gelten: die Kirchen in Gaibach und Etwashausen. 1741 wurden Planung und Bau in Kitzingen-Etwashausen begonnen. Hinter dem gefälligen Äußeren, der eleganten Front mit dem Turm, den abgerundeten Flanken und der zierlich eingeschnürten Haube, verbirgt sich ein mit großen Ideen beladenes Inneres. Auf vier Säulenpaaren ruht die Kuppel über die Vierung der kreuzförmigen Anlage. Die Tonnengewölbe der vier Arme schneiden diese Kuppel hoch hinauf an, so daß sich der ganze Baukörper zu der bestimmenden Mitte hinordnet. Auf jede Ausstattung durch Malerei oder Stuck ist verzichtet und damit die architektonische Wirkung des Bauwerkes zur Vollkommenheit gesteigert worden.*

zahlreichen Ahnenbilder in den Sälen des Schlosses wurden 1871 aus Donaueschingen hierher gebracht.

Stammherr ist Erkinger I. von Seinsheim gewesen. Er ließ nicht nur die Stammburg Schwarzenberg ausbauen, sondern auch die Kartause »Marienbruck« bei Astheim gegenüber Volkach am Main. Lange Zeit war dort die Grablege der Seinsheim-Schwarzenberg. Erst nach 1946, als durch die Bodenreform der Besitz der Schwarzenberg geschmälert wurde, verkauften sie die Kartause an die Gemeinde Astheim und brachten im Stammschloß ein Internat der Mathilde-Zinner-Stiftung unter; die Mädchen besuchten das Gymnasium oder die Realschule Scheinfeld.

Zu den Vorfahren zählt auch Johann der Starke, der nicht nur Seile zerreißen und Hufeisen gerade biegen konnte, sondern auch die Bamberger Halsgerichtsordnung verfaßte. Sie wurde zum Vorbild der Constitutio criminalis Carolina, die Kaiser Karl V. 1532 zum ersten allgemeinen Strafgesetzbuch Deutschlands erheben ließ. Seine Nachfahren erbten die Grafschaft Sulz und erhielten die Landgrafschaft Kleggau am Oberrhein. Als Kaiser Leopold I. die Landgrafschaft fürstete, konnte Ferdinand von Schwarzenberg auf der Fürstenbank Platz nehmen. Er stiftete 1699 eine Maria-Hilf-Kapelle nahe Schwarzenberg und baute für die betreuenden Franziskaner 1702 ein Kloster dazu, das heute noch existiert.

In die Familie der Fürsten Schwarzenberg gehört auch der Feldmarschall Karl Philipp von Schwarzenberg, der 1813/14 Oberbefehlshaber der verbündeten Österreicher, Preußen, Russen und Schweden war, die Napoleon I. die entscheidenden Niederlagen beibrachten. Kaiser Franz Joseph ließ ihm zum Dank 1867 in Wien ein Reiterstandbild nahe dem Schwarzenberg-Palais setzen. Seine Herrschaften in Böhmen hatten zusammen etwa 40 000 ha, die ältere Linie seines Bruders Joseph hatte durch Kauf und Erbschaft 218 000 ha zusammengebracht. Bei der Gründung der Tschechoslowakei 1919 wurde ein Drittel des Besitzes enteignet, 1947 durch eine »Lex Schwarzenberg« der Rest »sozialisiert«.

Nordöstlich des Schwanberges liegen Castell und Rüdenhausen, die Stammsitze der Grafenfamilie, die erst 1901 in den bayerischen Fürstenstand erhoben wurde. Anders als die Schwarzenberg hatten die Castell nur in Franken Besitzungen und zinspflichtige Bauern. Zu den Dörfern im Steigerwald kam ein großer Waldbesitz, der bis heute sorglich gepflegt wird. Die Castell herrschten aber auch in Obereisenheim am Main, in

Remlingen, Billingshausen und Urspringen westlich von Würzburg. Nachdem die Grafen evangelisch geworden waren, nahmen 1559 ihre Untertanen die gleiche Konfession an. Für die Gläubigen wurde ein eigenes Konsistorium in Castell errichtet, das auch ein eigenes Gesangbuch herausgab. Die Grafen Castell hatten daher 16 Kirchenpatronate und bis 1920 auch 24 Schulpatronate zu unterhalten. Sie hatten also für Geistliche wie Lehrer das Gehalt, Wohnung und Heizung zu stellen und die Baulast an Kirchen und Schulen zu übernehmen. Dafür hatten sie das Recht, die Geistlichen und die Lehrer anzustellen. Beliebt war es, veränderungswillige evangelische Geistliche zum Probepredigen zu bestellen, ehe man sich für einen Kandidaten entschied.

Wie weit der Besitz der Castells reichte, sieht man gut auf einer Karte mit den älteren Filialen der Castell-Bank, die 1774 gegründet wurde und damit die älteste bayerische Privatbank ist. Da gibt es etwa Filialen in Burghaslach und Schlüsselfeld, Volkach und Schwarzach, Markt Einersheim und Kitzingen. Meist ist die Filiale in einem historisch wertvollen Haus untergebracht, das von der Bank aufs beste renoviert wurde. Auch der Hauptsitz an Würzburgs Marktplatz ist ein Bau der Renaissance mit herrlichem Erker. Damals wie heute haften die Chefs der beiden Linien Castell-Castell und Castell-Rüdenhausen mit ihrem gesamten Vermögen für die Verpflichtungen der Bank.

Dieses Vermögen besteht in land- und forstwirtschaftlichen Gütern mit eigenen Forstrevieren in Lisberg, Oberrimbach, Breitenlohe, Friedrichsberg, Castell und Urspringen. Nach einer aufwendigen Weinbergsbereinigung und dem Anbau neuer Sorten verwaltet das Castell'sche Domänenamt gut 50 ha Weinberge um Castell der Großlage »Casteller Herrenberg«. Kenner schätzen Wein aus den Teillagen »Kugelspiel« (15 ha), »Bausch« (12 ha), »Schloßberg« (7 ha), »Hohnart« u. a. Alle Weine, bei denen die Sorten Müller-Thurgau und Silvaner vorherrschen, können im »Weinstall« neben dem Schloß und bei Proben im Keller des Schlosses genossen werden. Die Gaststätte war tatsächlich einmal der Pferdestall der Schloßherren; man trinkt und speist in den einstigen Pferdeboxen.

Da das Schloß bewohnt ist, kann es nur von außen besehen werden. Der Baumeister Peter Sommer aus Künzelsau hat da von 1686–91 einen bemerkenswerten Bau aus Sandstein auf eine Terrasse am Ortsrand gestellt. Drei Wohnflügel umstehen einen Hof, der durch einen Torbau zur Straße hin abgeschlossen ist.

*Portal der Kartause von Astheim*

Der Park zu Füßen dieses Unteren Schlosses ist zugänglich, nicht jedoch der große Pferdestall, in dem Reitpferde herangezogen werden.

Wenig höher als das Schloß steht die Pfarr- und Schloßkirche, 1784–92 nach einem Plan des Würzburger Landbaumeisters Joseph Albert errichtet. Während die Turmfassade im gelben Sandstein noch an Neumann und den Barock erinnert, ist das Innere, ein Saal, in klassizistischer Kühle gehalten. Große Emporen laufen um den Saal. Im Chor erhebt sich ein mächtiger Kanzelaltar, aus »Casteller Marmor«, aus

Alabaster geschnitten. Der Geistliche übersah, über dem Altar stehend, die Gemeinde, wurde seinerseits von beiden Seiten aus den Herrschaftsständen ins Visier genommen.

Während Schwarzenberg und Alt-Castell schützende Burgen oberhalb von Orten waren, liegt Wiesentheid ungeschützt in einer Ebene vor dem Steigerwald. Am kleinen Residenzplatz liegt an der Südseite und an der Hauptstraße das barocke Rathaus von 1741 mit einem Glockenstuhl auf dem Mansarddach und Fenster- und Türformen, die bereits ins Rokoko verweisen. Die westliche Platzwand nimmt das Schloß der Grafen Schönborn ein, dessen Kern und Südwesteck aus einer Wasserburg der Fuchs von Dornheim stammt. Ein steinernes Brücklein führt über den ehemaligen Graben und auf ein herrliches Tor zu, das jeder größeren Residenz zur Ehre gereichen würde. Nördlich stößt an das Schloß ein Park, der 1841 im englischen Stil verändert wurde. Die Kanzleistraße trennt ihn von Verwaltungsbauten, die Johann Georg Seitz im schweren Barock dort aufgerichtet hat.

Seitz begegnen wir nochmals als Baumeister der katholischen Pfarrkirche St. Mauritius, die dem Schloß gegenübersteht. Wieweit die Pläne zur Kirche mit der mächtigen Turmfassade aus gelbem Sandstein von Balthasar Neumann stammen und wieviel von einem Vorgängerbau des Antonio Petrini stammt, ist strittig. Wir treten etwas zurück, um die Figuren des heiligen Mauritius, des Kirchenpatrons, und der hl. Leonore und des hl. Franziskus, der Namenspatrone des Stiftereheepaares Schönborn, zu erkennen. Das Doppelwappen Schönborn-Hatzfeld über dem Kirchenportal erzählt uns, wie die Schönborns nach Wiesentheid gekommen sind. Georg Adam Fuchs von Dornheim (†1673) hinterließ Schloß und Ort seiner zweiten Gemahlin Anna Maria Voit von Rieneck (†1695), die das Erbe ihrem zweiten Gemahl Graf Johann Otto von Dernbach vermachte, der das Gut seiner zweiten Frau, der Gräfin Maria Eleonore Charlotte von Hatzfeld, hinterließ. Sie heiratete in zweiter Ehe den Grafen Rudolf Franz Erwein von Schönborn, den Stammvater der Wiesentheider Familie.

Hat man die Kirche betreten, sollte man nahe der Empore anhalten und den Blick zur Decke richten. Die »öffnet sich« dank der Malkunst des Giovanni Francesco Marchini durch einen perspektivischen Trick zur großen Kuppel ähnlich der auf der Peterskirche zu Rom. In den vier bemalten Ecken des Kuppelunterbaues sitzen überlebensgroß die lateinischen Kirchenlehrer Ambrosius, Augustinus, Gregor I. und Hieronymus. In der Laterne der Scheinkuppel läuft eine lateinische Inschrift, die übersetzt lautet: »Der Name des Herrn sei gebenedeit von jetzt an und in Ewigkeit.« Der mächtige Hochaltar stammt von Johann Christian Mayer aus Dettelbach, die Figuren alle von Jacob van der Auvera aus Würzburg. Der Hofschreiner Johann Georg Neßtfell übernahm alle Arbeiten in Holz, auch das Oratorium, den verglasten Gebetsraum der Standesherrschaft.

Als 1806 das Alte Reich unterging, weil Kaiser Franz sich als Kaiser Franz I. von Österreich auf seine Erblande zurückzog, da kamen die Territorien Schwarzenberg, Castell und Wiesentheid an das frischgebackene Königreich Bayern von Napoleons Gnaden, was im Wiener Kongreß bestätigt wurde. Noch heute aber berichten Ihnen Schlösser und Kirchen, Kanzleibauten und Parks von den kleinen Regenten am Rande des Steigerwaldes, deren Nachfahren sich bemühen, so viele Kostbarkeiten wie möglich zu erhalten und weiterzugeben.

*Schloß Schwarzenberg um 1500*

## Johann Freiherr zu Schwarzenberg
\* 1463  † 1528

*Carlheinz Gräter*

# Das deutsche Märchenschloß

Der Spessart, mainumflossen, ist eine Wasserburg im Folioformat, sandsteindüster, von Tälern kaum durchlichtet. Als seine Duodezausgabe erscheint auf den ersten Blick das Wasserschlößchen Mespelbrunn. Hingeschmiegt ins obere Krebsbachtal, versenkt in Buchenwälder, taucht diese Schöpfung des Mittelalters unvermutet aus dem undinengrünen Weiher auf. Sandsteinarchitektur, im Forellengewässer gespiegelt. Kein Landschaftsmaler, und in seinem Gefolge kein Werbegraphiker, hätte das Stilleben von Schloß, Weiher und Laubgewölk besser komponieren, zurechtrücken können. So werben denn auch Plakate, Prospekte, Titelfotos mit Schloß Mespelbrunn weltweit um touristische Rendite im deutschen Märchenwald.

Nicht nur an sommerlichen Wochenenden liefern sich Busfahrer und Ausflügler im schmalen Seitental der Elsva Stoßstangengefechte. Vor allem aus dem Ballungsgebiet um Rhein und Main rollt der motorisierte Troß zu Wildschweinbraten und musealer Einkehr oder auch nur zu einem Waldbummel mit Kaffeepause an. 150 000 Besucher werden im Jahr an der Schloßkasse registriert, Schulklassen eingeschlossen.

Die tausend Fremdenbetten in den Dörfern Mespelbrunn und Hessenthal werden von solchen Stippvisiten nicht warm. Hier setzt man auf Stammgäste, auf Sommerfrischler alten Schlags, auf kinderreiche Familien. Die Dörfler haben sich den Titel eines staatlich anerkannten Erholungsortes einiges kosten lassen.

1976 hat man das »Haus des Gastes« mit medizinischen Bädern eingeweiht. Mespelbrunn kassiert Kurtaxe. Der Fortschritt ist auch im tiefen Spessart nicht aufzuhalten.

Die Schloßherrschaft lebt schon seit fünf Jahrzehnten mit und von den Eintrittsgeldern, Tantiemen der Demokratie, wie das mal einer genannt hat. »Ohne Führungen könnten wir unser Mespelbrunn, so wie es ausschaut, gar nicht erhalten«, meinte Reichsgräfin Gertrud von Ingelheim, der auch noch die reizend altfränkische Titelschleppe – genannt Echterin von und zu Mespelbrunn – anhängt. Vom Streubesitz der Familie im Rheingau, im Taubergrund und im Spessart sind nur 950 Hektar Wald, davon zwei Drittel Laubwald, rund um Mespelbrunn und im Revier »Heimathen« geblieben.

Die Gräfin zog 1934, frischverheiratet, in Mespelbrunn ein. Seither ist das Schloß wieder fester Familiensitz, nachdem es den Ingelheim knapp drei Jahrhunderte lang nur als kühle Sommerfrische und Jagdquartier gedient hatte. Hirsch und Wildschwein werden heute noch gejagt, verschwunden ist der Auerhahn. »Ende des Ersten Weltkrieges brachen die Sauen aus dem Gehege des Prinzregenten Luitpold. Seitdem gibt es erst wieder Schwarzkittel im Spessart, und die haben dann regelmäßig die Gelege des Auerwilds zerstört.« Dafür fischt gelegentlich ein Graureiher in den bachaufwärts gelegenen Kinderstuben der Regenbogenforellen mit.

In Name und Wappenschild, bis hin zu den blauweiß geschrägten Fensterläden wahren die Ingelheim pietätvoll das Erbe der Echter. Diese kamen aus dem Odenwald und wirkten seit dem frühen 15. Jahrhundert als Bach- und Forstmeister in kurmainzischen Diensten. Auf den 1. Mai 1412 ist die Schenkungsurkunde datiert, in der Kurfürst Johann seinem Aschaffenburger Vicedom Hamann die Wüstung und Hofstätte, genannt der Espelborn, überließ, nicht als Lehen, sondern als Eigenbesitz. Wer wissen will, was es mit diesem Espelborn auf sich hat, muß die kurzweilige Zimmerische Chronik aufschlagen. Ihr vornehmster Verfasser, Froben Christoph Graf von Zimmern kam wegen der Pest in den schwäbischen Stammlanden bei den Verwandten in Mespelbrunn zur Welt, wuchs dort auf und hat in der Chronik von dem großen Mispelbaum beim schönen Bronnen erzählt, von dem das Schloß seinen Namen bekommen.

Hamann baute sich zunächst ein noch unbefestigtes Weiherhaus. Zwischen 1427 und 1434 ließ sein Sohn Hamann II. eine kompakte Wasserfeste mit dem runden Bergfried aufrichten, der heute das weitgehend unausgeschöpfte Familienarchiv birgt. Die Echter hüteten von hier aus den Spessart, den Spechtswald, mit das geringst unser und unser stifts Maintz cleinot. Sein heutiges Aussehen verdankt das Schloß Peter Echter III., der die Wasserburg Mitte des 16. Jahrhunderts im Geschmack der Renaissance ausbaute. Daran erinnert das Relief am Treppenturm mit den Porträts Peter Echters und seiner Frau Gertraud von Adelsheim und dem Bekenntnis: Ehelich Lieb in Gott und stete Treu/ Bringt Glück und Segen ohn alle Reu/ Mit Ernst und Fleiß haben wir Gott vertraut/ Den Unsern zu Gut dies

*Inmitten rauschender Wälder liegt in einem verschwiegenen Wiesengrund Schloß Mespelbrunn an einem stillen, klaren Weiher, umfangen vom Märchenzauber entrückter Waldeinsamkeit, den nur von Zeit zu Zeit ein kreischend aufflatternder Vogel unterbricht oder ein Reh, das leichtfüßig durch raschelnde Bäume springt. Schon die mittelalterlichen Handelsstraßen hielten sich, wie heute noch die Autobahnen, in respektvoller Distanz etwas abseits dieser seligen Waldeinsamkeit, um durch Nachbartäler und über blauende Höhen in die Ferne zu eilen*

Haus gebaut. 1545 kam in dem gedrungenen Kapellenturm Peter Echters zweiter Sohn Julius zur Welt, dem Würzburg seine Universität und das Juliusspital verdankt.

1665 starb der letzte Echter. Die Erbtochter Maria Ottilia brachte dem Pfalzgrafen Philipp Ludwig von Ingelheim Mespelbrunn mit in die Ehe. Die Ingelheim führen ihren Amtstitel auf Karl den Großen zurück, der ja gern in der Pfalz zu Ingelheim residierte. Sie haben im 18. Jahrhundert dem Südflügel das Obergeschoß aufgesetzt, 1842 anstelle des ruinösen Westbaus den verspielten Sandsteinbogen einbezogen und dem Torflügel einen Erker als Blickfang angehängt, romantisches Dekor, das nur Stilpuristen ein Ärgernis sein kann. 1904 hat dann Friedrich von Thiersch den Ostflügel schonend aufgestockt und das Innere als Herberge der Kunstsammlung renoviert.

Die Echter waren ein bodenständiges Geschlecht, mit dem Spessart verwachsen; drüben in der Wallfahrtskirche von Hessenthal liegen sie begraben. Die Ingelheim brachten einen Hauch Weltluft vom Westen in das stille Tal. Trotzdem ist Mespelbrunn, was die literarische Wirkungsgeschichte betrifft, immer im Schatten von Rohrbrunn geblieben, sieht man von Friedrichs »Waldfräulein« ab; in dieser biedermeierlichen harmlosen Reimfabel bekommt das schöne Waldfräulein nach etlichen Abenteuern seinen Ritter Echter von Mespelbrunn: Und als sie hier im Erker stehn/ Und nach des Spessarts Waldgrund sehn,/ Wie er im Frührot glüht gemach –/ Da klappert laut der Storch vom Dach.

Eine bemerkenswerte Ausnahme macht freilich um 1800 die Reichsgräfin Maria Antoinette, wie die unglückliche Jenna Marx übrigens eine geborene Westphalen. Ihre Porträts, von Friedrich Simmler und einem der Tischbeins gemalt, zeigen die »Rose vom Rheingau« als vornehm schöne Dame. Sie scharte einen kleinen Musenhof um sich, brachte Clemens Brentano und die Brüder Grimm nach Mespelbrunn, sammelte Sagen und Märchen und hat im Schloß die wappenfarbige Ahnentafel auf Glas gemalt. Ihre Liebhaberbühne, aber auch die Kontributionen der napoleonischen Feldzüge kosteten Geld. Ein Waldstück bei Mespelbrunn, einst mit Alteichen bestockt, heißt heute noch »Antoinettenschlag«. Als 1957 der Regisseur Kurt Hoffman für seine Räuberpistole »Das Wirtshaus im Spessart« in und um Mespelbrunn filmen wollte, ließ sich der skeptische Schloßherr erst einmal das Drehbuch schicken. »Es waren reizende Leute« meinte die Gräfin beim Blättern im Gästebuch, »und wir habens bedauert, als die Schauspieler wieder abzogen.«

Die Kontinuität einer halbtausendjährigen Familiengeschichte erlebt der Besucher des Schloßmuseums. Am bergseitigen Tor hängen noch die grauverwitterten Kettenrollen für die längst versteinerte Zugbrücke. In den Sälen und im Innenhof hat ein heimischer Steinmetz die Kapitelle, Masken und Rosetten, als verbauerte Renaissance gehauen. Das nackte Männchen über einer Konsole des östlichen Laubengangs ist gewiß kein derber Scherz, sondern ein Unheil bannendes Gebilde, in die Gegenwart versprengt. Als restaurierungswürdiges Küchenaltertum mit Echterwappen und der Jahreszahl 1551 trauert im Ostflügel ein kalter Kamin. In der Schloßkapelle mit Michael Kerns Alabasteraltärchen und inbrünstig glühenden Glasmalereien der Gotik wird heute noch täglich die Messe gefeiert; der Stiftungsbrief für die dazugehörige Kaplanei stammt von Hamann II. Speisesaal, Ahnensaal, Echterzimmer, Chinesischer Salon und Fürstenzimmer bieten sich beim Rundgang als wahre Schatzkammern dar, voll von Porträts, Graphiken, Stilmöbeln, Waffen, Jagdtrophäen, Porzellan, Gläsern, Fayencen, sakralen und weltlustigen Kleinodien.

Die schönste Begegnung spart dann wohl der Rittersaal auf. Steinerne Säulen fugen die Wände, stützen die schwere Eichendecke; statt des üblichen Blattwerks an der Schaftbasis spreizen sich hier Hände. Zwischen einem solche Säulenpaar wölbt sich die Schale eines Wandbrunnens vor. Von einem Märchenschloß ist hier voreilig, vordergründig gern die Rede, und wie die Gräfin erzählt, stimmen Männergesangsvereine beim Anblick von Mespelbrunn spontan zum Chorgesang an. Dieses Schloß ist aber mehr als ein Souvenir der Romantik. Wie das Märchen, so bewahrt auch Mespelbrunn eine Ahnung vom Mythos der Welt. Wo Menschenplastik und Säulenbaum miteinander verwachsen, verwundert's nicht, wenn der ins Haus gebannte Mispelborn plötzlich zu sprechen beginnt.

## Das Märchenschloß im Spessart

*Blick in den von drei Flügeln umschlossenen Rechteckhof des Wasserschlosses Mespelbrunn im Spessart. Der Kolonnadengang, die Gauben und Giebeln geben dem mittelalterlichen Bauwerk viel Atmosphäre*

*Über vierhundert Jahre alt ist das Schloß Mespelbrunn, das Dichter und Maler, Filmregisseure und Zehntausende von Besuchern jährlich in seinen Bann zieht. Peter Echter von Mespelbrunn ließ das von der Romantik umwobene Wasserschloß von 1551 bis 1569 mit einem außerordentlichen Gespür für Wirkung errichten. So stimmungsvoll wie sich die Gesamtanlage in die sie umgebenden Wälder einbettet, so großartig sind die Säle mit ihrer kostbaren Ausstattung. Der Ritter- und der Gobelinsaal sind ursprüngliche Bestandteile des Schlosses, der Chinesische Salon mit seinen einzigartigen künstlerischen Schätzen entstand Mitte des 18. Jahrhunderts. Im mächtigen Bergfried ist das Familienarchiv untergebracht, eine schier unerschöpfliche Fundgrube für die Heimat- und Adelsforscher. An den Wochenenden ist Mespelbrunn, das auch als Kulisse für den Film »Das Wirtshaus im Spessart« diente, regelmäßig das Ziel vieler in- und ausländischer Touristen.*

*Heiner Reitberger*

# Romantisches Himmelspforten

Fernab von dem städtischen Getriebe, in weihevollem Frieden, erhebt sich auf grüner Au, umspült von den Wellen des Maines, das Kloster Himmelspforten. Langgezogene, alte hohe Mauern, mit Streben gestützt, erhöhen noch den Eindruck der Abgeschiedenheit von allem Weltlichen. Schwermütig ragen die Giebel aus dem ernsten Grau hervor. Und selbst die Sonne scheint hier nicht recht zu wärmen und zu leuchten – aber am anderen Ufer des Mains, dem Kloster gegenüber, kocht der edle Feuerwein. In dieser scheinbar erstorbenen Welt wohnten bis 1803 Zisterzienserinnen, seit 1844 bis heute fromme Karmeliterinnen in strengster Klausur; nur ein kecker Geselle, der Main, soll trotz des Verbots wiederholt schon in die geweihnten Räume des Klosters eingedrungen sein.«
Fernab von dem städtischen Getriebe und »kecker Geselle« – das ist offenbar vor etlicher Zeit geschrieben worden. Ein Würzburger, Professor Leitschuh, beginnt mit so auf Poesie gestimmten Zeilen die Beschreibung von Himmelspforten in seinem Würzburgbuch. Erschienen 1911. Heute tragen fast alle Felder vor den Klostermauern Häuser. Wohnblöcke, Amtsgebäude, Industriehallen.
Mit Kasernen begann die eigentliche Bebauung der Zellerau nach dem Krieg von 1870/71, an den Straßennamen erinnern: Wörth, Weißenburg, Sedan. Vor dem Zweiten Weltkrieg schloß das Militär die Insel »weihevollen Friedens« vollends ein. Neue Kasernen rückten bis vor die Pforte. Die Außenwand der Westmauer wurde, verunziert mit Betonklötzen, Kugelfang für einen Schießplatz. Seit Himmelspforten besteht, hat es Grund, vor Bewaffneten auf der Hut zu sein. Es liegt eben in einer »Plaine«, der »Schottenau« (benannt nach dem Schottenkloster im Mainviertel) und verlockte ungebetene Gäste immer wieder dazu, wenn nicht zu rauben und zu brennen, so doch kurzerhand und unsanft Quartier zu nehmen.
1231, unter Bischof Hermann von Lobdeburg, hatten sich die Zisterzienserinnen ein gut Stück mainabwärts, zu Himmelstadt, niedergelassen. Die Niederlassung hieß nach Ordensbrauch Coeli Porta, Himmels-Pforte. Zwanzig Jahre später übersiedelten die Nonnen, durch Streitereien vertrieben, in die Flußaue bei Würzburg, wo sie sich sicherer fühlten; 1276 wurde ihre Kirche konsekriert. Im Jahre 1354 lagen die Würzburger in Fehde mit Bischof Albrecht II. von Hohenlohe. Man war auf beiden Seiten nicht zimperlich. Und als der Hohenloher die Bischöfe von Mainz und Speyer, den Abt von Fulda und den Pfalzgrafen bei Rhein um Hilfe gerufen hatte und mit solcher Hilfe nicht nur Häuser und Mühlen der Bürger zerstören, sondern auch ihre Weinberge verheeren ließ, zogen die aufsässigen Untertanen rachedürstig nach Himmelspforten und Frauenzell (Unterzell) und tobten sich in beiden Klöstern aus.
Im Bauernkrieg, am 28. April 1525, wurde Himmelspforten von einem Trupp Würzburger Häcker überfallen. Die plünderten und schleppten ihre Beute ungestört in die Stadt. Ihr Anführer hieß Georg Grünwald. Er wurde, als der Krieg verloren war, auf dem Marktplatz geköpft. Im Dreißigjährigen Krieg plünderten die Schweden und ihre deutschen Söldner. Sie marschierten am 17. Oktober 1631, dem Vorabend des Angriffs auf die Festung Marienberg, vom Schottenkloster nach Himmelspforten. Erleuchteten alle Fenster, holten den Wein aus den Kellern und brachten die Nacht »gräulich mit Saufen und Fressen zu, ehebevor sie das Schloß erstürmten«. Die Nonnen hatten sich in ihren Stadt-Hof gegenüber dem Hauptportal der Marienkapelle geflüchtet. Gustav Adolf schenkte das Kloster seinem Obristen Hebron.
Die Säkularisation vertrieb die Zisterzienserinnen für immer; 1804 gingen die letzten. Ein Jahr danach wollte man innerhalb der Klostermauern eine Anstalt für Irre und Epileptiker unterbringen. Drei Altäre, 1761/63 erst in die Kirche gestellt, wanderten in die Dorfkirche von Wasserlosen bei Hammelburg. Gegen Ende der napoleonischen Zeit mußte Himmelspforten als Lazarett dienen, für Blessierte aus den Schlachten von Leipzig und Hanau. Im Biedermeier wurde es Ausflugsziel, mit einer Gartenwirtschaft vor dem barocken Gastbau (der vor einigen Jahren abgerissen worden ist): In dem vielbesuchten »Vergnügungsort« gab es 1827 ein Ausstattungsstück zu beklatschen: »Die Räuber auf den Abruzzen«; Akteure waren der »gymnastische Künstler« Christian Gärtner mit einer Truppe von elf Personen und acht Pferden. In den Konventsbauten betrieb der Kaufmann Ignaz Hofmann nach 1811 eine Tabak- und Farbenfabrik. 1844 wurde, wie gesagt, das Kloster von Karmeliten-Diskalzeatinnen bezogen (und 1847 feierlich eingeweiht). Für den kleinen Karmel – es sollten

nicht mehr als 21 Schwestern sein – war die historische Anlage zu weitläufig. So wurde 1925 an der Ostseite der Kirche ein kleines Kloster neu gebaut. Bischof Matthias Ehrenfried erwarb die zur Zeit des Albertus Magnus begonnenen, Anfang des 17. Jahrhunderts erneuerten Konvents- und Abteigebäude samt dem Kreuzgang und ließ dort das Diözesan-Exerzitienheim einrichten.

Im und nach dem Zweiten Weltkrieg mußte Himmelspforten wieder einmal als Lazarett (und Flüchtlingslager) dienen. Am Karsamstag 1945 fielen Bomben. 1963 wollte man das Exerzitienheim gründlich renovieren (die schlimmsten Kriegsschäden waren schon vorher behoben worden) und konstatierte nach und nach, das meiste sei abzubrechen. Knapp 18 Prozent des Baubestandes konnten erhalten werden, das andere wurde neu errichtet nach Plänen des Bischöflichen Bauamtes. Nach außen hin in Formen, die denen der Renaissance ähneln. Die Kirche, das Gotteshaus der Karmeliterinnen, blieb unberührt vom Umbau; sie ist jetzt abgegrenzt gegen den Bereich des Exerzitienheimes durch eine vielleicht praktische, doch harmoniestörende Gartenmauer.

Im Kircheninneren wird schon seit mehr als zwanzig Jahren restauriert. Die Klosterfrauen, die in all der Zeit immer wieder kräftig mit Hand anlegten, sind nicht mit irdischen Gütern gesegnet, sind auf Hilfe, vor allem des Landesamtes für Denkmalpflege, angewiesen. Deswegen allein aber hätten die Arbeiten nicht so lange gedauert. Die Kirche besitzt etwas nicht sozusagen, sondern tatsächlich – im Bistum – Einmaliges: eine bemalte, hölzerne, Kassettendecke der Renaissance überm Langhaus, geschaffen zwischen 1613 und 1620 im Auftrag der baueifrigen Äbtissin Katha-

*Das Haus in der Main-Mauer von Himmelspforten ist leider beim Neuaufbau des Exerzitienheims abgebrochen worden. In dieser kleinen Partie der ausgedehnten Klosteranlage hatte man noch den Zauber des Alten Würzburg vor Augen. Nach einer Federzeichnung von Architekt Albin Amann, Würzburg*

rina Seubott. Deren Name ist oben am achteckigen Rotsandstein-Glockenturm zu lesen (dieser sieht aus wie ein Dachreiter, ist aber kleiner, steht vielmehr, mit kapellenartigen Spitzbogenöffnungen in den viereckigen Untergeschossen, frei mitten im Raum zwischen dem abgetrennten, nur von der Klausur her zugänglichen Nonnenchor und dem Ostteil, der Laienkirche): Oben am Turm also die Inschrift »1598 KATHARINA SEIBEDIN DER ZEID EBDISE IN DISEM GOZHAUS HIMELPFORTEN« (Orthographie war ohne Zweifel nicht die stärkste Seite der wackeren Steinmetzen).

Frau Katharina ließ auch in der Laienkirche die Stiege zum Nonnenchor, den »Schnecken«, mit einem zierlich-originellen steinernen Treppentürmchen ummanteln. Es hat klöppelspitzenhaftes, dichtes Maßwerk in den schrägen Lichtöffnungs-Feldern und Renaissance-Ornamente (zur Entstehungszeit gewiß hochmoderne) auf den massiven Außenteilen des Gehäuses. Über die Treppe konnte der Priester vom Altar zum Nonnenchor emporsteigen.

Die Langhausdecke – um auf sie zurückzukommen – ist bemustert mit ornamentierten rosettengeschmückten Kassetten-Kreuzen, mit gestreckten Sechseckkassetten, die geschnitzte Engelsköpfchen umrahmen, und – das Wichtigste – mit 32 achteckigen Bildtafeln von 1,80 Meter Durchmesser. Bildthemen sind das Leben Christi (kirchliche Hochfeste) und die Sonntagsevangelisten (namentlich Parabeln). Von den Evangelien wurden immer zwei auf einem Bild vereinigt, und zwar so, daß die eine Szene, größeren Maßstabs, im Vordergrund erscheint und die andere, in kleinerem Maßstab, seitlich oder im Hintergrund, als »Bild im Bilde«, manchmal einer perspektivischen Komposition eingeordnet. Für die hohen Feste sind Tafeln im ganzen genommen, so für Mariä Verkündigung, Christi Geburt, Beschneidung des Herrn, Anbetung der Könige, Auferstehung, Pfingsten. Bei einigen wirkt das Vorbild bedeutender Manieristen nach, andere sind von rührender Derbheit. Mehrere Maler müssen also beteiligt gewesen sein – selbstverständlich bei solcher Riesenarbeit. Den besten glaubt man zu kennen, Balthasar Katzenberger, einen Meister aus Mergentheim, der später in Würzburg ansässig war. Er hatte die Jagdszenen für die berühmte Kassettendecke von Schloß Weikersheim auf Leinwände gemalt. Auf einem der Himmelspfortener Kassettenbilder muß er sich wohl selbst porträtiert haben, liebenswert ironisch. Da steht – neben der Hauptszene, dem Gleichnis vom verlorenen Schaf – ein Palette und Pinsel haltender Mann in sauberem Hemd, schmuckem Wams und Kniebundhosen neben einem bärtigen, talarumhangenen Gelehrten. Der zeigt mit seiner wie zum Schwur erhobenen Linken auf einen Splitter im rechten Aug' des Künstlers, selber jedoch hat er im linken Auge einen effektvoll perspektivisch hineingespitzten Balken, der über des Malers Kopf schwebt wie das Damoklesschwert. »Was siehest du aber den Splitter in deines Bruders Auge und wirst nicht gewahr des Balkens in deinem Auge?« Wem das Bibelwort hier zugeeignet war? Einem Kritikus? Oder einem Kunst programmierenden Theologen?

Die Felderdecke, an der es soviel Schönes, Hübsches, Kurioses zu entdecken gibt, wurde kurz nach Kriegsende instand gesetzt. Eine Sprengbombe, die neben einem Außenpfeiler detoniert war, hatte sie zerrissen, Teile hingen lose am Gebälk. Was schon früher Renovierer nicht unterlassen hatten, wurde nun wiederum getan: Nägel eingeschlagen. Das half nur wenige Jahre, denn der Dachstuhl war zerfressen vom Hausbock. Beherzt brachen die Nonnen Anfang Mai 1958 das morsche Gebälk ab, unterstützt von amerikanischen Soldaten aus den nahen Kasernen. Dem gefestigten Mauerkranz wurde dann ein Stahldachstuhl aufgesetzt. Vier Jahre später konnten Restaurator Rudolf Pracher und seine Mitarbeiter alle wertvollen Einzelteile der Decke in der Werkstatt endlich »heilen« (allein aus einer Bildtafel zog man 155 rostige Nägel heraus). Jetzt hängt alles wieder, ein farbenreiches Ganzes, über dem neuverputzten und -gestrichenen Kirchenschiff. Auch das Äußere der Kirche ist ausgebessert und hell gestrichen. Der Sockel, früher versunken hinter aufgeschütteten Gartenbeeten, wurde freigelegt. Dabei kam der unterste, noch originale Teil des frühgotischen Südportals mit den Ziersäulen-Basen ins Licht.

Eine Quermauer trennt, wie erwähnt, den Ostteil des Kirchenraumes, die Laienkirche, von der Nonnenkirche. Auf dieser Mauer ruht, von einer Muschelkalksäule gestützt, eine hölzerne Vorempore, und auf deren Brüstungsfeldern ist, in geschnitzter Umrahmung, das Reizvollste zu sehen, das Himmelspforten der Schaulust bietet. Zwölf Bilder weiblicher Heiliger, heiliger Jungfrauen, schöner junger Frauen. Überlanggliedrige Gestalten mit kleinen Köpfen, typisch für die Kunst des Manierismus, unprovinzieller wirkend als die Deckenmalereien. Vor Gebirgshintergründen stehen bewegungssicher die heiligen Damen, kühl-hoheitsvoll, in Kostümen von raffinierter Farbigkeit, elegant, von anderem als Menschenmaß, überirdisch und fern verwandt den zeitgenössischen Dianen in französischen Schlössern oder den bronzenen Brunnennymphen in Florenz oder Augsburg. Sie intonieren zudem einen Reigen beliebter katholischer Mädchennamen: Ursula, Catharina, Agnes, Caecilia, Anastasia, Christina, Barbara, Margareta, Agatha, Lucia, Appolonia, Dorothea. Wie sollte man bei ihrem Anblick nicht an die romantische Himmelspfortensage denken, an der sich seit dem Biedermeier so viele Nacherzähler wohlig schaudernd delektierten: Die Geschichte von der eingemauerten Nonne. Eingemauert wurden Nonnen in Himmelspforten wirklich – wenn sie gestorben waren. Sie wurden in der Sepultur, dem Geschoß unter dem Nonnenchor der Kirche, beigesetzt, unterm Steinboden, aber auch, wie im Süden, in Wandgräbern, Mauernischen. Noch heute, weil man sie nicht betreten darf, ist die Sepultur – eine dreischiffige Halle, frühgotisch, gewölbt, ursprünglich Kapitelsaal – von Moderzauber umhaucht. Wieviel mehr für frühere, einbildungsstärkere Generationen!

Die Geschichte von der bestraften Sünderin hält sich

»Was siehest du aber den Splitter in deines Bruders Auge und wirst nicht gewahr des Balkens in deinem Auge.« Eine der Deckenkassetten von Balthasar Katzenberger (1612–1618) aus der großen Kirchendecke des Klosters Himmelspforten nach der Restaurierung in der Werkstätte R. Pracher, Würzburg (Nach einem Farbfoto von Eberhard Zwicker, Würzburg)

an das Kreuz aus rotem Sandstein, das am Steinberg, dem Kloster gegenüber, neben der Autostraße in eine Weinbergsmauer eingelassen ist. Die gemeißelte Schrift wurde leider schon unkenntlich, nur die Jahreszahl 1481 kann man noch deutlich entziffern. Die Inschrift nannte einen Namen, Hans Hoffelter, dazu war ein Messer abgebildet, wie es die Gerber verwendeten bei der Lederbearbeitung. Hier nun, so will es die »schaurige Mär«, wurde die arme junge Nonne lebendig eingemauert vom Klosterprobst, weil sie das Gelübde der Keuschheit gebrochen hatte und »mit ihrem Buhlen ergriffen ward«. Der Liebhaber – ein edler und schöner Ritter, versteht sich – kam einen Augenblick zu spät an den Tatort, sah, wie der Probst im Kahn wieder über den Fluß setzte, hörte ihn heraufrufen, was geschehen war, sprengte sein Pferd in den Fluß und ging unter. Fränkische »Aida«.

Tragische und tragikomische Liebesgeschichten in Nonnenklöstern hat es natürlich – wie unhistorisch die Einmauerungsmär auch sein mag – in der Vergangenheit nicht selten gegeben. Eine besonders spannende, mit Happy-End, ist überliefert aus dem Kloster Unterzell. Die Nichte des Fürstbischofs Konrad Wilhelm von Wernau (1683–84) wurde da eingesperrt, weil sie, die künftige Alleinerbin ihres Onkels, gegen dessen Willen einen Hofmarschall, einen Mann aus niedrigerem Adel, heiraten wollte. Sie bekam ihn schließlich doch, weil der Bischof nach nicht viel mehr als einem Jahr Regierungszeit starb, mußte zuvor aber allerlei unangenehme Prozeduren, wie Teufelsaustreibungen und Fesselung ans Bett mit geweihten Stricken, über sich ergehen lassen. Diese Johanna von Wernau war als achtjähriges Kind zur Erziehung nach Unterzell gebracht worden (ihre Tante Norbertina Barbara von Wernau war die Priorin). Bei dem späteren Zwangsaufenthalt hat man der Verliebten und Verlobten wirklich den Tod des Einmauerns angedroht, wenn sie ihr Eheversprechen an den Hofmarschall nicht zurücknähme. Die Sage hat also ihren wahren Kern – nur wurde der Schauplatz von Zell nach Himmelspforten verlegt.

Seltsamer Zufall brachte manch altem Würzburger die Nonnensage wieder in den Sinn. Als 1963 die Himmelspfortner Klostermauer am Main zum Teil abgetragen und neu aufgemauert wurde, entdeckte man beim Abbruch in einer Höhlung das wohlerhaltene Gerippe eines lebendig eingemauerten Nagetiers mit ein paar Futternüssen. Der grausame Brauch solcher Tieropfer ist uralt. Böse Dämonen sollten dadurch von der Mauer abgeschreckt werden (vielleicht auch der »Flußgott Moenus«, von dem blumige Schreiber des 19. Jahrhunderts behaupten, das Volk sei des Glaubens, er hause unter einem Kalkfelsen am Steinberg). Ein wenig mainaufwärts von dem Nonnenkreuz, am Böschungshang zur Bahnlinie hinunter, stand vor 1045 ein großes Doppelkreuz aus Eisen. Wohin es verschwunden ist, war nicht zu erfahren. Dieses Kreuz (bis gegen 1800 soll dort eines aus Sandstein gestanden haben) erinnerte angeblich an den Raubritter Eppelein von Geilingen. Lassen wir ein 1843 erschienenes Buch berichten. Eppelein, so heißt es da, »lag Jahr aus Jahr ein bei Tag und Nacht auf den Wegen und überfiel mit seinen Knechten die Güterwagen der Kaufleute und hauste gräulich im ganzen Land. Da ergrimmten die Städter und es ward ein hoher Preis auf seinen Kopf gesetzt. So trug es sich einstmals zu, daß

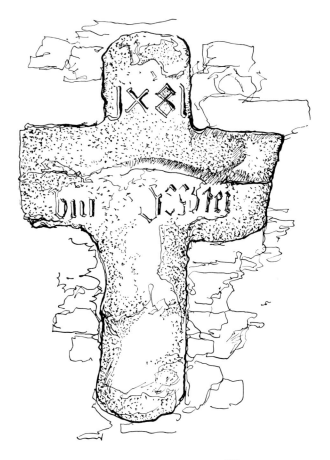

der Eppelein auf der Veitshöchheimer Straße einem Transport Kaufmannsgüter auflauerte und mit seinen Knechten flugs aus dem Wald sprengte, als dieser herannahte. Das bekam ihm aber schlecht, die Würzburger hatten eine Falle gelegt, erschlugen die Wegelagerer und der Ritter mußte sein Heil in der Flucht suchen. Sein treues Roß trug ihn über Berge und Thal, durch Wälder und Felder – ihm nach auf seiner Spur sprengten die Würzburgischen Reiter. Hier stürzte einer und dort, doch unaufhaltsam ging es in rasendem Galopp vorwärts. Der Ritter schaute nichts rechts noch links, immer in grader Richtung sprengte er vorwärts; da hörte er plötzlich hinter sich das Jubelgeschrei seiner Verfolger und erkannte, daß er verloren sei. Auf ein schroffes Felsenriff hatte er sich geflüchtet, und tief unten brauste der Main und leckte begierig an den Fundamenten des riesigen Gesteins. Vor sich sah Eppelein sichern Tod und dort drohte ihm schmachvolle Gefangenschaft – da faßte er sich als Mann, empfahl seine Seele dem Herrn und stürzte sich mit seinem

*Ursprünglich in Himmelstadt am Main gegründet, wurde die ehemalige Zisterzienserinnenabtei Himmelspforten, die heute ein Karmelitinnenkloster ist und der Diözese als Exerzitienheim dient, 1250 in die Nähe von Würzburg verlegt. Mittelpunkt des malerischen Komplexes, den immer noch eine hohe Mauer umgibt, ist die Klosterkirche aus frühgotischer Zeit mit dem für die Zisterzienser typischen Dachreiter. Die Klostergebäude stammen aus der Spätrenaissance, sie wurden 1963 größtenteils abgerissen, aber äußerlich im alten Stil wieder aufgebaut*

treuen Roß hinab in die schäumenden Fluthen. Zwar sank in die Tiefe das gewaltige Thier, doch raffte es sich wieder empor und erreichte bald das schützende Gestade.«

Die Geschichte mit dem Sprung – die hier wirkt wie eine vorweggenommene Wildwestfilm-Sequenz – wurde ähnlich für viele Orte erzählt (und schließlich vor allem auf Nürnberg bezogen); eine Ballade aus dem späten Mittelalter sagt schlagend in vier Zeilen, was wir eben so ausgesponnen zitierten:

> *»Söldner eur gfangner will ich nit sein*
> *eur seind sibenzig ich nur allein.*
> *Si triben in auf ein hohen stein*
> *der Epple von Geiligen sprangt in den Main.«*

Den Eppelein aus dem mittelfränkischen Geschlecht der Herren von Geilingen hat es wirklich gegeben. Er wurde wegen seiner Raubüberfälle, seiner »Plackereien« 1381 in Neumarkt hingerichtet. Gerädert. In der Phantasie der Leute lebte er weiter als der Raubritter schlechthin. Der Sagensprung und das rätselhafte Eisenkreuz paßten jedenfalls vollkommen zu der besonderen »Stimmung« von Himmelspforten. Dies wurde – wohl zum ersten und letzten Mal – literarisch-impressionistisch skizziert am 17. Juni 1890 von dem jungen Poeten Max Dauthendey (die folgenden Sätze finden sich im 1967 bei Albert Langen/Georg Müller erschienenen Nachlaßband seiner frühen Prosa): »Still, schweigsam liegt das Kloster am Fluß. Kein Laut dringt hinter den hohen Mauern vor. Wunderlich geformte, zackige und geschweifte Giebel schauen scheu drüber hin. Ein geheimnisvolles Stück Mittelalter verbirgt sich hier grau, düster, in grollender Schweigsamkeit. Hohe Pappeln stehen wie Wächter dicht an der Mauer wie eine grüne Wand den Fluß entlang. Inseln lagern wie dunkle Schatten im Wasser. Und in dem sommerlichen Zwielicht der lauen Nacht röhrt und grunzt in hellen und dunklen Lauten eine gurgelnde, im Schilf verborgene Froschfamilie.

Von der Stadt leuchten vereinzelte Lichter. Drüben am Fluß donnert ein Zug vorüber und das Echo trägt den Schall noch lange durch die fernen Täler. Kein Stern, kein Mond, nur eine matte Dämmerung von unbestimmt sanfter, aber schwermütiger Farbe. Durch die Pappeln rieselt ein leises Säuseln, die Blätter rascheln fast wie im Herbst, nur etwas weicher, elastischer. Von der Kaserne schmettert stoßweise der Abendruf aus der Signaltrompete; es hallt noch lange nach.«

*Oswald Schäfer*

## »Holdselig, eyns und fridsam«

In den Heilkräuterdörfern des Schweinfurter Umlandes, namentlich in Schwebheim und Röthlein, beginnt Ende Oktober, Anfang November, soweit das Trocknen und Schneiden der Wurzeln im Hause der Anbauer vorgenommen wird, eine emsige, die ganze Familie beschäftigende Tätigkeit. Die fabrikmäßigen Verarbeitungsbetriebe – besonders Schwebheims – sind bekanntlich das ganze Jahr über damit befaßt. Die Valeriana officinalis – so heißt der Baldrian lateinisch – erfreut sich reger Nachfrage; ihre Verwendung in der Pharmazie ist äußerst vielseitig, ihre heilwirkende Kraft noch immer unersetzlich.

Die Geschichte des Baldrians ist alt. Bereits Wieland der Schmied, der sich gut auf die Naturheilkunde verstand, soll sich seiner Wurzeln erfolgreich bedient haben. In der Karolingerzeit wurde der Baldriananbau durch Regierungserlasse befohlen und überwacht. Während der Pest tritt das Gewächs als eines der bewährtesten Schutzmittel auf. »Trinkt Baldrian! Sonst müßt ihr alle dran!« lautete der Rat der Ärzte und Bader. In dieser Notzeit gewann der Baldrian seine große Volkstümlichkeit.

»Marienwurzel« nannte man früher den Baldrian in vielen Orten Frankens – in enger Beziehung zu diesem Namen aber auch »Hexenkraut«, weil er nach dem Glauben der Vorfahren durch die Segenskräfte der Gottesmutter gegen alle Angriffe der Unholden schützte, ja gegen den »Gottseibeiuns« selber. Ein Büschel des getrockneten Krautes an der Decke freischwebend aufgehängt, zeigte als »Unruhe«, die sich leicht bewegt, den Eintritt hexischer Menschen an. Behexte Milch, die durchaus nicht zu Butter werden wollte, goß man durch ein Geflecht von Baldrian – im Umsehen war die beste Butter fertig. Als Beigabe zum Würzbüschel für den Stall verhinderte er den Zutritt des Hexengesindels. In den Bienenstock gelegt, schirmte die Pflanze vor Raubbienen, hielt das Schwärmen zurück und zog außerdem noch fremde Bienen an. Die alten Fischer schätzten die Baldrianwurzel als Geheimmittel beim Forellenfang; indem sie die als Köder verwendeten Regenwürmer vor Gebrauch mit ihr in Berührung brachten, wurde der Haken für die Fische unwiderstehlich. Nicht vergessen soll werden, daß Baldrian in manchem Rezept für Liebesträhnke eine Rolle spielte. Der gelehrte Doktor Brunfels, gestorben 1534 als Stadtarzt in Bern, konnte raten: Wenn Mann und Weib Baldrian in Wein trinken, so macht das gute Freundschaft, »holdselig, eyns und fridsam«.

Am meisten lieben ja nun heute noch die Katzen das Kraut, und wer einen getreuen Kater besitzt, der kann die Probe leicht machen; schon der Duft des Baldrianfläschchens versetzt ihn in einen Taumel der Glückseligkeit. »Die Katzen ryben sich an diess kraut und waltzen mit gantzem leib darauf«, stellten schon die Alten fest.

Während das Kräutlein heute als Arznei gegen Augenleiden gar nicht mehr angewandt wird, ist es erstaunlich zu hören, wie man es noch im 16. und 17. Jahrhundert als ein »edel augen-wurtzen« ansah. Sämtliche alten Kräuterbücher berichten darüber und der »Herr Hieronymus Brusvicensis erzehlet (1532), wie das vorzeiten ein Goldschmied zu Würtzburg gewohnt, welcher mit der gemeinen Baldrianwurzel sein gesicht (seine sehkraft) dermassen geschärfft, daß er auff eine zweigebrochene Nadel einen Löwen mit allen kenntlichen Gliedmassen gestochen: Er hat täglich das pulver dieser wurtzel ein wenig nüchtern genüttet und davon so ein scharpffes Gesicht bekommen.« An anderer Stelle lautet die Empfehlung: »Baldrianwurzel in wein oder wasser gesotten und in die augen getropfft, macht ein klar gesicht.«

In der heutigen Volksmedizin, zum Beispiel bei Pfarrer Kneipp, gilt der Baldrian als wassertreibend, krampfstillend und vor allem als Beruhigungs- und Schlafmittel. In der wissenschaftlichen Medizin ist die Pflanze ebenfalls von hervorragender Bedeutung als eines der besten Nervenmittel. Bekanntlich spielt auch die Anwendung der Baldriantinktur eine große Rolle bei der Behandlung von Herzneurosen sowie Herzbeschwerden infolge organischer Erkrankungen, häufig auch in Verbindung mit Digitalis.

𝕭𝖆𝖑𝖉𝖗𝖎𝖆𝖓 (Valeriana officinalis)

*In vns ist Gott vnd hymmlisch krafft,*
*Mercurisch fewr im geyst verhafft.*
*Wievol wir menschen sunst gering,*
*Noch hat ein jeder sein geding,*
*Sein gab vnd gnad in sonderheyt,*
*Wol dem, ders fruchtbarlich anleyt.*

(Brunfels, Herbarium, 1532)

*Walter H. Leicht*

## Wo ist das Lebenselixier?

Über die Alchemisten des Mittelalters lächelt man heute allzugern; der eine nachsichtig wie über Narren und Verblendete, der andere überheblich wie über leicht durchschaubare Betrüger und Scharlatane. Und zweifellos waren viele Jünger dieser geheimnisumwitterten »Kunst« Scharlatane und Goldsüchtige gewesen, die durch schwindelhaftes und obskures Treiben den Fürsten und Reichen das Geld aus der Tasche lockten, oder die ehrlich dem verführerischen Pulver nachjagten, mit dem sie unedle Metalle in Silber und Gold verwandeln konnten, und das ihnen Reichtum und Menschenmacht verschaffen sollte. Aber es gab auch viele ernste Forscher unter den Alchemisten, die tief ergriffen waren von dem Geheimnis der Verwandlung und Umwandlung der Stoffe, und tiefes Wissen steckte hinter ihrem sonderbaren Tun und hinter ihren geheimnisvollen Vorschriften und Rezepten. Große Naturforscher und Denker des Mittelalters und der Neuzeit waren Alchemisten gewesen, so Albertus Magnus, Thomas von Aquin, Roger Bacon, und selbst der nüchterne Mathematiker und Physiker Newton soll alchemistische Versuche betrieben haben.

Den wahren Meistern war es nicht zu tun um den klingenden Wert des Goldes, sie suchten mehr als die Kunst des Goldmachens. Sie suchten jene geheimnisvolle Kraft, die ihnen die Beherrschung des Stofflichen bescherte, die Verwandlung des Bestehenden, die Umwandlung des Unechten in das Echte, des Gemeinen in das Außerordentliche, des Kranken in das Gesunde, des Todes in das Leben. Stein der Weisen, Lapis philosophorum, hieß jene Tinktur oder jenes Pulver, dem diese Kraft innewohnen sollte, oder auch Arcanum, weiße oder rote Tinktur, Panancé, großes Elixier, Essencia quinta. Diesem Stoff jagte man nach in den verräucherten Gewölben, und um ihn kreisen alle Gedanken der Adepten.

Um ihn zu erlangen, bedurfte es des rechten Ausgangsstoffes, der Prima Materia. Sie suchte man in den Metallen und Erden, besonders in der geheimnisvollen »Jungfernerde«, mitunter aber wurde sie auch im Reiche des Lebendigen vermutet. Dann kochte man allerlei Getier und Gewürm, mischte mit Kräuterpulvern und Pflanzensäften und gab sogar Teile des menschlichen Körpers als des edelsten Stoffes dazu.

Im schaurigen Moor, das einst kein Mensch zu betreten wagte, weil Irrlichter über ihm geisterten und Unholde und böse Geistermächte es beherrschten, wächst ein Pflänzlein, das den Botanikern des Altertums und des Mittelalters unbekannt geblieben war, das aber von Adepten, von Geisterbeschwörern und -bannern hochgeschätzt wurde. Sonnentau heißt es seit langem, weil auf seinen rötlichen Blättern selbst in sonnenheißer Mittagsglut hellglänzende Tröpfchen wie Tauperlen hängen. Erst sehr spät wurden diese wasserhellen Absonderungen der Drüsenköpfchen als Verdauungssekret der fleischfressenden Pflanze erkannt, und bis ins 18. und 19. Jahrhundert hinein hielt man die Tröfpchen für eine besondere Art von Tau, für einen immerwährenden Tau, der selbst bei größter Hitze und Trockenheit nicht verdunstet. Die nordische Sage bezeichnet sie als Tränen der Frigga, die die Göttin um ihren ferne weilenden Gemahl Odin geweint habe. Die Alchemisten aber hielten sie für ein großes »Miraculum Dei«, für die Prima Materia, aus der das Lebenselixier destilliert werden könne. Mit solch übernatürlicher Lebenskraft sei der »Tau« begabt, daß das Glas, in dem vergifteter Wein perlt, sofort zerspringt, wenn ein einziges Tröpfchen von ihm dazukommt, und daß in steinernen und alabasternen Gefäßen der tödliche Wein unter seiner Einwirkung so stark zu sieden und zu wallen beginnt, daß er aus dem Krug herausspritzt. Gegen Wahnsinn und gegen Leiden des Herzens und der Leber, gegen bösen Zauber und bitterste Feindschaft war das Kräutlein gut, und der Jäger, der es bei sich trug, tat keinen Fehlschuß.

Nach schwülen Sommernächten sind auch die Blätter des Frauenmantels mit einem Geschmeide aus Wasserperlen besteckt. An jedem Zähnchen des Blattrandes hängt dann ein unwahrscheinlich klares Wassertröpfchen, und im Trichter des Blattgrundes glänzt ein besonders großer silberheller Tropfen. Noch zur Mittagszeit, wenn die Sonne längst alles Naß von den Gräsern geleckt hat, glitzert dieser sonderbare »Tau« im Sonnenlichte. Da ist es zu verstehen, daß er die Sucher des Lapis philosophorum beschäftigte und daß sie glaubten, sein absonderliches Vorkommen müsse verbunden sein mit absonderlichen Eigenschaften und Kräften. In ihm hat man das Arcanum gegen Tod und Unedles gesucht, und so sehr war man davon überzeugt, darin die Prima Materia zu finden, daß man dem Pflänzchen den Namen Alchemistenkraut gegeben hat. Das Volk nannte es Sinau oder Sintau (mhd. sintowe = immer betaut) und gebrauchte es als Liebesmittel und zur Blitzabwehr. Auch Taubecherchen und Tauschüsselchen heißt es. Einst war es Frigga, der germanischen Göttin der Liebe und der Fruchtbarkeit und Beschützerin der Ehe, geweiht. Aber als durch das Christentum die heidnische Göttermutter durch die Jungfrau Maria verdrängt wurde, wurde aus dem Friggakräutlein ein Marienblümchen und Marienmäntelchen. Jahrhundertelang war das »Tauwasser« ein gesundes Schönheitsmittel und ein Liebessaft, der Gegenliebe erwecken sollte. Die merkwürdigen »Tautropfen« sind Wasserausscheidungen der Pflanze. Wenn bei hoher Luftfeuchtigkeit und geringer Transpirationsmöglichkeit während der Nacht und am Morgen der Frauenmantel nicht all das Wasser verdunsten kann, das er aufnimmt, dann preßt er aus besonderen Wasserspalten die überschüssige Feuchtigkeit auf die Blattflächen.

Wenn es die fast überirdische Reine und das Klare der Tropfen von Sonnentau und Frauenmantel war, in der die Adepten den mystischen Urstoff aller Dinge schimmern sahen, so verlockte beim Schöllkraut die Goldfarbe des Milchsaftes und der Wurzel die Alchemisten. Coeli donum, Himmelsgabe, nannten sie die Pflanze; Goldwurz und Goldkraut hieß sie prosaischer. Alle vier Elemente – Wasser, Feuer, Luft und Erde – seien in dem goldgelben Saft enthalten und da könne der fünfte Stoff, die geheimnisvolle quinta essencia, das aktive Agens aller alchemistischen Versuche, auch nicht fehlen. Nur auf die Kunst des Meisters komme es an, aus den Vertrickungen der Elemente und der irdischen Bindungen jenes Panacé zu lösen, nach dem der Adept suchte. Muß nicht wirklich der Stein der Weisen in diesem Goldsaft stecken, wenn schon Dioskurides und Plinius berichten, daß jungen Schwalben, denen man die Augen ausgestochen hatte, die Sehkraft wieder erwuchs nachdem die Alten sie mit dem Saft des Krautes bestrichen hatten?

Goldwurz hieß auch der Türkenbund, eine der schönsten Blumen unserer Muschelkalk- und Jurawälder. Goldlilie, Goldapfel und Heidnisch-Lilie nannten sie die alten Kräuterbücher. In der Schweiz schützt der Senne mit den eigenartig geformten Blüten Stall und Vieh vor Hexerei. Die Alchemisten aber schätzten die goldgelb gefärbte Schuppenzwiebel, aus der alle Jahre ein neuer Blütenstengel aufsprießt, ihres Farbstoffs wegen, und man glaubte, er enthalte die geheimnisvolle rote Tinktur. Noch im 16. Jahrhundert schreibt ein Kräuterbuch, die Goldwurz habe die Kraft, Metalle zu verändern. Etwas später war der Türkenbund in der galanten Welt zur Modeblume geworden, mit der man sich schmückte. Besonders die Holländer verstanden, ihr vielerlei Formen und Farben anzuzüchten und mit ihr eine Zeitlang ein lohnendes Geschäft zu machen, wie sie es später mit der Tulpe taten.

Auf feuchten Wiesen und grasigen Waldstellen wächst die Mondraute, ein sonderbares Farngewächs mit einem einzigen Blatt, das aus ohrenförmigen Fiederblättchen zusammengesetzt ist, und einem ebenfalls gefiederten Wedel, der die Sporenkapseln trägt. Man glaubte einst, das Blatt nähme mit dem Mond ab und zu und ändere seine Gestalt wie unser Himmelstrabant. Die Alchemisten suchten eifrig nach dieser Pflanze und versuchten, aus ihr den Stein der Weisen zu destillieren. Man wollte nämlich gesehen haben, daß um die Mondraute stets ein goldener Schimmer liegt und daß der Tau ringsum goldig ist. Wahrscheinlich rührt dies von den goldbraunen Sporen her, die das Gras und den Boden ringsum bepudern.

War es der treibende Drang nach dem Lebenselexier oder die gefährliche Sucht nach dem gleisnerischen Metall, die den gelehrten Professor der Theologie, Johann Salomon Semler, noch gegen Ende des 18. Jahrhunderts bewog, mit Hilfe geheimnisvoller »Luftsalze« eine Goldpflanze zu züchten? Wir wissen es nicht. Sie schwitzte jedenfalls Gold aus, echtes Blattgold sogar, dessen Echtheit die Berliner Akademie bestätigen mußte. Später verschlechterte sich das so gewonnene Gold allerdings, und die Pflanze erzeugte nur noch gewöhnliches Tombak, bis sich herausstellte, daß Semlers Diener in Erwartung reicher Trinkgelder der »Leistung« der Goldpflanze nachgeholfen hatte. Mit seiner Entfernung schwand die Kraft dieses Krautes, und der Traum von goldmachenden Pflanzen und von der Prima Materia in den Säften mancher Kräuter war endgültig ausgeträumt.

*Kurt Harz*

# Frauenschuh und Widerbart

In früheren Zeiten fürchtete man sich vor dem »finstern Wald«, in dem Gnomen, Hexen und Räuber hausten und Wolf und Bär zu Hause waren. In unseren Volksmärchen klingt diese Furcht immer wieder einmal durch, aber zuweilen wird auch von der zauberhaften Schönheit seltsamer Blumen in tiefen Wäldern gesprochen und an solchen Stellen suchten auch die Romantiker die »blaue Blume«. Wir lieben den Wald als Quelle der Erholung und Schönheit, mit all seinen Tieren und Pflanzen, und bei uns im Frankenland muß man nicht einmal ein Sonntagskind sein, wenn man in ihm die schönsten Märchenblumen finden will.

Kann man sie nicht Märchenblumen nennen, unsere Orchideen? Ist man nicht bezaubert, wenn plötzlich so eine wunderbare Pflanze mit traumhaft seltsam geformten Blüten wie hingewunschen dasteht? Aber trotz allem Bewundern sollten wir so ein Kleinod immer stehenlassen. Nicht nur weil die meisten dieser Pflanzen das Gesetz schützt, sondern einfach ihrer Schönheit halber. Werden sie wahllos gerupft, schlägt auch bei uns bald die Stunde, ab der sie nur noch Sonntagskinder und auch die vielleicht bald nicht mehr finden...

Von den rund 20000 Orchideenarten der Welt kommen in Deutschland nur 57 vor und davon wieder sind in Unterfranken nur 32 zu finden. Inzwischen sind davon mindestens sechs Arten aus dem Regierungsbezirk verschwunden. Wir wollen heute einige der schönsten oder merkwürdigsten herausgreifen.

In Laubwäldern, auf Waldwiesen und bebuschten Abhängen, aber auch auf trockenen Fettwiesen und Halbtrockenrasen leuchtet uns im Mai und Juni der violettrote Blütenstand des bis halbmeterhohen Kukkucks-Knabenkrautes (Orchis mascula) entgegen (Abb. 1). Seine Hochblätter, also die oben zwischen den Blüten stehenden Blattgebilde, sind meist purpurviolett überlaufen und auch seine Blätter oft purpurn gefleckt.

Wie bei den meisten heimischen Orchideen entspringt die Pflanze einer Wurzelknolle, zur Blütezeit

*Abb. 1 Orchis mascula*

*Abb. 2 Ophrys insectifera/muscifera*

finden sich sogar immer zwei Knollen im Boden nebeneinander, einer entspringt der gegenwärtige Blütentrieb, die andere (zuweilen auch mehrere) bereitet den Sproß des nächsten Jahres. In der Knospenlage ist das unpaare, bei vielen Arten meist größere Blatt nach oben gerichtet, bei der blühenden Pflanze zeigt diese »Lippe« nach unten, was durch eine Drehung der Blüte um 180° bewirkt wurde. Später erfolgt wieder ein Umdrehen in die alte Lage. Die Lippe bietet anfliegenden Insekten einen guten Landungsplatz, Nektarien absondernde Drüsen auf Unterlippe und Sporn, auch lebhaft gezeichnete »Saftmale« oder süßer Duft laden zum Besuch ein.

Manche Arten gehen andere Wege, einige Arten, wie etwa das Breitkölbchen, duften erst in der Nacht stark und locken damit Falter an, wie sich überhaupt einige ganz auf Schmetterlinge als Blütenbesucher spezialisiert haben. Wenn es auch bei Entfaltungsbewegungen gelegentlich zur Selbstbestäubung kommen kann, sind doch unsere Orchideen großartig für die Blütenstaubübertragung durch Insektenbesuch eingerichtet.

Da die befruchtenden Blütenbesucher natürlich auch andere Orchideen besuchen, kommt es zwischen nahe verwandten Arten nicht selten zur Vermischung und oft ist es gar nicht so einfach, die Vater- bzw. Mutterschaft der Eltern an den Mischlingen zu erkennen und nachzuweisen. Merkwürdig ist die große Pollenmenge, die übertragen wird. Sie steht wohl in Zusammenhang mit der großen Zahl der zu befruchtenden Zellen. Erzeugt doch eine einzige Pflanze des gefleckten Knabenkrautes im Durchschnitt 180 000 Samen und übergibt nach der Reife die winzigen Gebilde dem Wind zur Weiterverbreitung.

Mit diesen Samen hat es wieder eine eigene Bewandtnis. Sie besitzen kein Nährgewebe, das ihnen den Start ins Leben erleichtern und für die erste Nahrung sorgen würde. Treffen sie keinen bestimmten Pilz im Boden, so sterben sie ab. Ist der Pilz jedoch da, so entsteht eine Verbindung mit ihm, die das Keimen und Weiterwachsen ermöglicht. Da dieses Gesetz auch für exotische Orchideen gilt, kann man heute die seltsamsten Formen tropischer Urwälder bei uns in Treibhäusern aus Samen ziehen, was früher praktisch unmöglich war. Beim Erkennen der Zusammenhänge zwischen dem Wohlbefinden des Orchideenkeimlings und der Anwesenheit eines Pilzes hat der Würzburger

Forscher Prof. Dr. Burgeff eine hervorragende Rolle gespielt.

Ganz merkwürdig sieht die Fliegen-Ragwurz (Ophrys insectifera/muscifera) aus (Abb. 2). Bei ihr und ihren Verwandten könnte man meinen, auf den Blüten säße ein Insekt. Schon Alexander von Humboldt wies auf diese Ähnlichkeit hin, und bis in unsere Tage hinein war man der Meinung, diese Blütenform entspräche etwa dem Ruf »besetzt« und solle auf bestimmte Insekten abschreckend wirken. Es ist direkt ein Beispiel dafür, wie sehr menschliche Vermutung bei naturkundlichen Dingen ohne exakte Beobachtung auf Irrwege geraten kann. Tatsächlich wirken diese eigenartigen Blütenformen auf Männchen verschiedener Wildbienen oder Wespen ähnlich wie auf uns, das heißt sie halten sie für Artgenossen.

Aber statt nun durch den anscheinend schon vorhandenen Besucher abgeschreckt zu sein, fliegen sie zu ihm hin, weil sie in ihm einen Geschlechtspartner vermuten und selbst nach der Landung auf der Blüte werden sie noch durch Geruchs- und Berührungsreize (Behaarung der Unterlippe!) irregeführt und in den Dienst der Fremdbestäubung gestellt. Der geringe Blütenbesuch und Fruchtansatz gibt allerdings immer noch Rätsel auf. Das Rhöngebiet, Grettstadt, Klingenberg und Obernburg sind Fundorte dieser Orchidee: die verwandte Bienen-Ragwurz, die im Gegensatz zu allen anderen meist Selbstbefruchtung vornimmt und so wirklich der »Besetzt-Theorie« entspricht, wurde bei Schweinfurt (früher auch bei Würzburg), die Hummel-Ragwurz bei Kleinwertheim, Retzbach und am Kalmut gefunden.

Der Widerbart (Epipogium Gmelini) (Abb. 3) hat seinen Namen nach der stets nach oben gerichteten Lippe. Die blattlose, hohlstengelige, nur 10 bis 30 cm hohe Pflanze zeigt schon durch ihre bleiche Farbe, daß mit ihr etwas nicht stimmt. Sie ist ein Saprophyt (Fäulnisbewohner), die zeitlebens mit einem Wurzelpilz auf faulem, sich auflösendem Holz zusammen hausen muß. In schattigen Buchenwäldern hat sie ihren liebsten Aufenthalt, und im Steigerwald war bisher ihr einziger Fundort bei uns.

Ganz anders als die vorhergehenden sieht der Frauenschuh (Abb. 4), Cypripedium calceolus, aus. Während mit der deutschen Bezeichnung wohl in erster Linie an einen Schuh »unserer lieben Frau« gedacht ist, geht

*Abb. 3 Epipogium Gmelini*

der wissenschaftliche Name auf den Schuh der Kypris oder Aphrodite, also der griechischen Liebesgöttin, zurück, und man könnte ihn auch mit Venus-Schuh übersetzen. Der Artname »calceolus« bedeutet einfach »kleiner Schuh«, wohl im Vergleich zu den viel größeren Blütengebilden ferner Länder. Die Pflanze ist meist nur einblütig, aber wie auffällig ist diese eine, große Blüte! Von den anderen rotbraunen Blütenblättern sticht lebhaft die bauchig-aufgeblasene, schuhförmige Unterlippe in ihrem leuchtenden Gelb ab. Wir haben es hier mit einer Kesselfallenblume zu tun. Die Lippe ist der Kessel, in den Insekten von oben her eindringen, dann aber nur über Narbe und Staubgefäße hinweg (so daß also auf die Narbe nur fremder Blütenstaub gelangen kann!) auf einem vorgezeichneten Weg wieder entweichen können. Im Mai und Juni blüht diese wunderbare Märchenblume. 1914 wird sie für die Umgebung von Würzburg angeführt, weitere Fundorte sind Zellingen, Stettener Wald, Mühlbach, die Umgebung von Karlstadt, Homburg, Haßfurt, Hammelburg, Veitshöchheim, Schweinfurt, Münnerstadt und Hollstadt.

Wer sie findet, die Märchenblumen, und Freude an ihnen hat, der hat auch noch ein junges Herz und kann noch Märchen erleben. Aber er muß sie stehenlassen, sonst ist ihr Zauber für immer gebrochen.

*Abb. 4 Cypripedium calceolus*

*Die Einwohnerzahl Marktheidenfelds hat sich seit 1949 mehr als verdoppelt. Angesehene Firmen haben sich hier niedergelassen, und Hochhäuser am Ostrand geben der Stadt ein neues Gesicht. Am Main jedoch ist Marktheidenfeld die alte Stadt geblieben, die vom Strom lebt. Viele Frachtkähne und Motorschiffe sind hier beheimatet. Der Flaggenmast mit Anker und Fahrwasserboje steht hochaufgerichtet an der Uferpromenade des Städtchens vor den Spessartbergen*

*Rudolf Eichelsbacher*

# Die alte Poststraße

Noch zu Urgroßmutters Zeiten gab es im heimatlichen Dörflein viele Leute, die in ihrem Leben nie über den Stundenumkreis des Heimatortes hinausgekommen waren. Nur wenn man ins entlegene Amtsstädtchen mußte, dann tippelte man vier bis fünf Stunden zu Fuß hin und wieder oder man benützte den eigenen Reisewagen oder der Soldat wanderte in seine ferne Garnison und der Student eine Tagereise und mehr zum Studienort.

Fernreisen gingen auf den großen Straßen, die entweder den Talgraben der Flüsse als naturgeschaffene Wanderwege folgten oder zur Abkürzung von Krümmen und weiten Umwegen über Tal und Höhen gezogen worden waren. Auf ihnen bewegten sich durch die Jahrhunderte Reisende zu Fuß oder zu Pferd, einzeln oder in Rudeln, gingen schwer beladene Lastwagen mit berittenem Geleit, das die Landesherren gegen Abgaben stellten zum Schutz gegen Raubritter, Wegelagerer und Straßenräuber. Reitende Postboten trugen in ihren Felleisen die Briefe hoher Herren und reicher Kaufleute, und seit 1690 richtete Graf von Thurn und Taxis als kaiserlicher Postmeister auch fahrende Pferdeposten ein, die solche Reisende beförderten die sich nicht selbst Kutsche und Gespann leisten konnten.

Eine solche Poststraße ging von der Reichsstadt Nürnberg über Kitzingen–Würzburg–Lengfurt durch den Spessart nach Aschaffenburg und weiter an den Rhein. Auf dieser Geleit- und Poststraße, die wir heute Bundesstraße 8 heißen, und die eine der bedeutendsten Fernstraßen des alten Reiches war, zogen Fürsten in langen Wagenkolonnen mit Gefolge zur Krönungsstadt Frankfurt oder zum Besuch anderer Potentaten und marschierten in bösen Kriegszeiten freundliche und feindliche Heere.

Vier bis fünf Wagenstunden liegen die Poststationen auseinander, die ein Gespann bis zum Wechsel bewältigen mußte. Von Esselbach am östlichen Spessartausgang kamen die Wagen nach Roßbrunn, Posthaus, aber Ort und Wegstrecke wurden wiederholt geändert. Da steht an einer verlassenen Poststraße noch die Steinbank, die den Meilenstein ersetzte. An einer bewaldeten Berglehne verkündet ein verwittertes Steinkreuz: »Auf dieser Stelle wurde am 2. September 1826 von der Last seines Wagens zerdrückt Johann Zerbitscha, Fuhrmann aus Plattnitz in Böhmen. Frieden seiner Asche und frommes Mitleid dem Wanderer.«

Durch Erbauung einer neuen Poststraße von Zell über Hettstadt-Roßbrunn und von da über den Höhenrücken nach Remlingen wurde der Neubau der Posthäuser 1760 nötig. An der Poststation wurde umgeschirrt. Bei Fürstenreisen war eine Großzahl von Pferden zur Station befohlen (so auch bei Napoleon I., der 1806 und 1812 die Straße benützte, über 1000 Tiere).

Der Zustand der mittelalterlichen Straßen war nicht gut. Große Schlaglöcher und tiefeingefahrene Geleise bedrohten die hohen Postkutschen mit Umstürzen.

*Postkutsche um 1830*

*Die Roßsteig-Brücke ist gar kein Bauwerk aus der Römerzeit*

*So sah ein Reisewagen um 1580 aus*

Damit die übliche »Land-, Heeres- und Geleitstraße« Nürnberg–Frankfurt auf der bei Kaiserkrönungen auch die Kaiserkrone und die übrigen Reichsinsignien zu befördern waren, nicht verlegt werden müsse, wodurch Würzburg vom Fernverkehr abgeschnitten worden wäre, ordnete 1673 Fürstbischof Adam Friedrich von Seinsheim ihre gründliche Ausbesserung an. Begonnen wurde an der Roßsteige. Man baute durch das Haslachtal bei Gerbrunn einen langen Damm, der große Steinmengen erforderte. Er bekam zwei Brückenbogen. Beiderseits waren sie durch Steingeländer eingezäunt. Baumeister war Hauptmann und Ingenieur Röder von Würzburg. Er wurde mit 2800 Reichstalern für die beiden Brückenjoche entlohnt. 1766 wurden Brücke und Straße dem Verkehr geöffnet.

Drei Jahre später bekam die Brücke große Risse. Sie senkte sich und drohte einzustürzen. 1770 wurde die Straße von Biebelried über Rottendorf geleitet. Man holte sich dazu die Steine der Roßsteigbrücke, die dadurch das Aussehen eines ruinenhaft gewordenen Römerbaus erhielt. Der unrichtige Name »Römerbrücke« und der Zug der alten Straße über Tal und Höhen über den Hof Gieshügel aber haben schon viele falsche Erläuterungen verursacht. Auf diese Weise kam das kurzlebige Bauwerk zu einer geschichtlichen Bedeutung, zu dem ihm jede Grundlage fehlt.

Von Würzburg gingen 1795 amtliche Postwagenfahrten über Roßbrunn, Esselbach, Rohrbrunn, Aschaffenburg, Dettingen, Hanau, Frankfurt (15 Meilen) oder über Bischofsheim, Hundheim, Miltenberg, Obernburg, Aschaffenburg, Dettingen, Hanau, Frankfurt (16 Meilen) nach Nürnberg, Kitzingen, Possenheim, Langenfeld, Emskirchen, Farnbach, Nürnberg (12 Meilen) oder über Ochsenfurt, Uffenheim, Windsheim, Langenzenn, Farnbach, Nürnberg. Der Main wurde nach Erbauung der Marktheidenfelder Mainbrücke statt bei Lengfurt über die Fähre bei Marktheidenfeld über die Brücke überquert (nach 1848).

Die Poststation Esselbach bestand seit 1675. Konrad Voit begleitete die Reisenden, die von den Bauern mit Kleppern über den Spessart geführt wurden auf einem Klepper. Er ist der Ahnherr des Postmeister geworden, die dem kaiserlichen Postmeister zu Nürnberg untergeben waren. Kaiser und Könige stiegen auf der Reise von Würzburg nach Frankfurt hier ab. Zeitweise standen bis zu 40 Pferde in den Ställen.

Die alte Poststraße konnte den Riesenverkehr nicht fassen, den die Motorisierung des Verkehrs mit sich brachte. Sie wurde durch die Autobahn entlastet.

*Erich Saffert*

# Die erste Eisenbahn

Wer mit der Eisenbahn von Bamberg nach Würzburg fährt, passiert etwa in der Mitte der Strecke die Stadt Schweinfurt mit dem Stadt- und dem Hauptbahnhof. Letzterer ist, wie der Hauptbahnhof in Würzburg, ein modernes Bauwerk; ersterer stammt noch aus der Zeit, in der diese Bahnlinie – zunächst eingleisig – gebaut worden ist. Man sieht an diesem Schweinfurter Stadtbahnhofgebäude, wie lange noch der Münchner Klassizismus Ludwigs I. und seines Hofbauintendanten Leopold von Klenze wirkte.
Am 3. November 1852 fuhr in diesen Bahnhof, aus Bamberg kommend, der erste Zug ein; gute zweieinhalb Jahre später, am 1. Juli 1854, verließ ihn der erste Zug zur Fahrt bis nach Würzburg.
Pläne zu einem Eisenbahnbau in Franken hat es schon früher gegeben. Bereits 1833 begannen unter Führung des tüchtigen zweiten Bürgermeisters von Nürnberg, Johannes Scharrer, die Vorarbeiten zur Gründung einer Aktiengesellschaft für den Bau einer Eisenbahn von Nürnberg nach Fürth, wobei der weitblickende Scharrer hoffte, die geplante Strecke würde Teil einer großen, den Kontinent von Osten nach Westen durchziehenden Eisenbahnlinie werden. Die Aktiengesellschaft wurde am 19. Februar 1834 auf 30 Jahre privilegiert; es war die erste Aktiengesellschaft überhaupt in Bayern. Unter der tatkräftigen Leitung des Königlichen Bezirksingenieurs Paul Denis, der die schon bestehenden Eisenbahnbauten in Amerika und England studiert hatte, ging der Streckenbau rasch voran, und bereits am 7. Dezember 1835 konnte die feierliche Einweihung erfolgen. Im gleichen Jahr 1833, in dem Scharrer seine Pläne zu entwickeln begann, hatte auch ein Verein in Kassel den Handelsstand zu Schweinfurt eingeladen, sich an einem Eisenbahn-Bauverein zu beteiligen. Das Projekt ließ sich aber nicht verwirklichen, weil der König, an den sich der Handelsstand gewandt hatte, ablehnte; denn Ludwigs I. Ideen zur Hebung von Verkehr und Wirtschaft kreisten vorläufig noch um seinen Ludwig-Donau-Main-Kanal. Und an dem Tag, an dem man die Linie Nürnberg–Fürth als erste deutsche Eisenbahn einweihte, zog der König an der Seite seines zum König der Griechen erwählten Sohnes Otto triumphierend in Athen ein.
Wenn wir von der Dampfbahn absehen, gibt es sogar einen noch älteren Plan für einen Bahnbau durch das Frankenland: 1817 veröffentlichte der verdiente Bayerische Oberstbergrat und Maschinendirektor Joseph Ritter von Baader, Mitglied der Bayerischen Akademie der Wissenschaften, einen Vorschlag zum Bau einer

*Eine der ersten Lokomotiven deutscher Konstruktion aus dem Jahr 1848*

doppelten Eisenbahn von Donauwörth über Nürnberg nach Bad Kissingen; die Bahn sollte auf den schon bestehenden Straßen nur für Gütertransport mit Pferdebetrieb erbaut werden; Baader errechnete als wirtschaftlich rentable Grundlage einen Park von 800 Wagen, für den 44 Pferde bereitstehen sollten.

Übrigens: Auch auf den Schienen der »Ludwigsbahn« Nürnberg–Fürth zogen abwechselnd Dampflokomotiven und Pferde die Wagen, bis man 1862 die Pferdefahrten endgültig einstellte.

Das Interesse am Bahnbau wuchs immer stärker im mainfränkischen Raum. So richtete der Handelsstand von Schweinfurt eine Eingabe an die Staatsregierung, die Bildung einer Gesellschaft zu erlauben, die eine Bahnlinie von Frankfurt nach Würzburg bauen wollte. Am 7. Februar 1836 wurden in einer Regierungsentschließung zwar diese Bestrebungen, die Industrie und Handel förderten, anerkannt; gleichzeitig erklärte man aber, daß der Bau einer Bahnstrecke Bamberg–Schweinfurt–Würzburg »nicht in den Absichten der Staatsregierung gelegen sei«. Zweifellos war hier des Königs Vorliebe für den schon genannten Kanalbau bestimmend gewesen. Ludwig I. hatte 1825 den Thron bestiegen, bald darauf griff er das Kanalprojekt auf, für das übrigens schon 1819 im Auftrag der Staatsregierung Voruntersuchungen ausgeführt worden waren, und bereits 1827 beauftragte er den Oberbaurat Freiherrn von Pechmann mit den weiteren Vorarbeiten. Gegenvorstellungen, die dem Bahnbau den Vorzug vor dem Kanal gaben – so auch ein vom König angefordertes Gutachten Leopold von Klenzes, das sich ebenfalls für die Vorzüge des Bahnbaues aussprach –, fruchteten nichts. Von 1836 bis 1845 wurde der den Main und die Donau verbindende Kanal gebaut.

Der König änderte seine Meinung erst, als ihm die Regierung 1839 berichtete, Bahnbauprojekte in Württemberg, welche Rhein, Neckar und Donau verbänden, seien eine zu fürchtende Konkurrenz für den bayerischen Transithandel auf dem Donau-Main-Kanal; nur künftig vom Staat erbaute Eisenbahnen könnten das Übel vermindern. Aus »Allerhöchsteigenem Antriebe« beschloß Ludwig I. im Jahr 1840, eine Bahn von Augs-

*Das Schweinfurter Bahnhofsgebäude um 1850*

burg bis zur Landesgrenze bei Hof auf Staatskosten bauen zu lassen. Mit Sachsen und Anhalt wurden 1841 Verträge über die Weiterführung der Linie bis Leipzig abgeschlossen; in Nürnberg ließ der König eine »Königliche Eisenbahnbaukommission« einrichten. Damit war in Bayern – lange vor den übrigen deutschen Staaten – das Staatsbahnprinzip zum Durchbruch gekommen.

Am 25. August 1843 stimmten beide Kammern dem ersten bayerischen Eisenbahndotationsgesetz zu; der Bahnbau konnte beginnen. In den Jahren 1844–48 wurde die Strecke Nürnberg–Hof/Landesgrenze erstellt.

Aus der Eisenbahn am Main wäre wohl für lange Zeit nichts geworden, wenn sich nicht, nach langwierigen Verhandlungen, Ludwig I. am 22. Februar 1844 entschlossen hätte, die »Mainbahn« auf Staatskosten bauen zu lassen. Die Staatsregierung selbst ordnete eine beschleunigte Untersuchung des in Aussicht genommenen Geländes an, und schon bis zum 3. Juni 1844 hatte man die Linie bis zur Schweinfurter Gemarkung provisorisch abgesteckt. Die Linienführung im Bereich der Stadt Schweinfurt war längere Zeit umstritten: Die Königliche Bausektion wollte die Stadt im Norden umgehen, das heißt den Bahnhof am Nordrand der heutigen Altstadt erbauen. Die Mehrheit der Bevölkerung sowie der Magistrat hielten dies auch für gut. Es gab aber einen, wenn auch kleinen Kreis in der Stadt, der die Bahnlinie am Main erbaut wissen wollte. So entstand ein Streit, der jahrelang dauerte, bis ein Zuckerfabrikant auf eigene Kosten Messungen und Kostenvoranschläge ausführen ließ und damit »der obersten Baubehörde die technischen und primären Vorzüge der unteren Linie (zwischen Stadt und Mainufer)« bewies, so daß »nach neuen amtlichen Untersuchungen die untere Linie einstweilen beschlossen wurde«. Das war bereits 1851. Auf diese Weise wurde die Lage des eingangs erwähnten Schweinfurter Stadtbahnhofs bestimmt, nicht zum Vorteil der Stadt Schweinfurt, die seitdem keinen organischen Übergang von der Stadt zum Flußufer mehr hat.

Der Beginn des Baues der »Ludwigs-Westbahn« verzögerte sich jedoch. Noch war ja, als im Mai 1846 das diese Strecke fundierende Gesetz erlassen wurde, die Bahn nach Hof im Bau. Und im gleichen Jahr, in dem diese Strecke dem Verkehr übergeben wurde, kam es zu den bekannten politischen Wirren, die in München die schöne Lola Montez mit ausgelöst hatte. Erst 1850 nahm man den Bau auf. Das war übrigens genau zweieinhalb Jahrzehnte nach dem Beginn der Personenbeförderung auf der Eisenbahn überhaupt: Am 27. September 1825 waren erstmals auf der Bahnstrecke Stockton–Darlington im nördlichen England Passagiere gefahren. Ende des Jahres 1851 näherte sich die Strecke der Stadt Schweinfurt. Ein zeitgenössischer Chronist bemerkt, daß am 4. November 1851 der »erste Spatenstich« bei Mainberg zum Beginn des Baues der letzten Teilstrecke erfolgt sei; er schildert weiterhin: »In der That begann nun bald eine hier nie gesehene Arbeitsthätigkeit; zwischen Schonungen und dem hiesigen Bretterhaus gruben und karrten wohl über 2000 Personen beiderlei Geschlechts unermüdlich unter Frost und Regen und Schnee und dann wieder unter brennender Sonne. Da gab's keine Feierstunde, da wurde keine Pfeife behaglich langsam gestopft, langsam ausgeklopft.« Manche Schwierigkeit war noch zu überwinden, wobei die Wohnungsnot der Bahnarbeiter nicht die geringste war. Acht Arbeiter kamen bei den Bauarbeiten 1852 ums Leben; 1853 beim Weiterbau der Strecke nach Oberndorf in Richtung Würzburg noch einmal vier.

Am 3. November 1852 war dann die Strecke bis Schweinfurt fertig. An diesem Tag wurde die Linie feierlich in Betrieb genommen. Gegen zwölf Uhr mittags kam von Bamberg ein Zug mit dem Münchner Oberpostrat Nobiling und Vertretern staatlicher und städtischer Behörden im Schweinfurter Stadtbahnhof an, jubelnd begrüßt von vielen hundert Bürgern, Ehrenjungfrauen und Musik. Um vier Uhr nachmittags fuhr der Zug nach Bamberg zurück.

Die Bahnen wurden damals noch von der Post betrieben. Schon 1847 war in München eine Generalverwaltung der Kgl. Posten und Eisenbahnen eingerichtet worden, die man später in Generaldirektion umbenannte. Erst 1886 wurden Bahn und Post getrennt und eine eigene »Generaldirektion der kgl. bayer. Eisenbahnen« geschaffen. Bayern hat auch nach 1879 seine eigene Post- und Bahnhoheit bis zum Ende des Ersten Weltkrieges behalten.

Schon am 10. Dezember 1852 setzte man den Bau der Strecke in Richtung Würzburg fort. In dieser Stadt hatte man bereits 1828 Interesse für einen Bahnbau bekundet. 1836 verhandelte man über eine Bahnlinie nach Frankfurt oder Bamberg, 1838 versuchte man, die »Ludwigsbahn« Nürnberg–Fürth bis Würzburg fortzusetzen. Im Jahr 1844, in dem man die Strecke Bamberg–Schweinfurt provisorisch abgesteckt hatte, begannen auch die Vermessungsarbeiten und die Ver-

105

handlungen über den Grunderwerb im Raum Würzburg; auch da waren große Schwierigkeiten zu überwinden, so nahmen z. B. die Bauern auf bereits gesetzte Absteckpflöcke keine Rücksicht.
An Teilstrecken bei Würzburg und im Spessart scheint man schon 1849 den Bau aufgenommen zu haben; so waren im Oktober dieses Jahres der Einschnitt am Faulenberg und der Tunnel bei Heigenbrücken in Arbeit.
Die Strecke Schweinfurt–Würzburg war bis 1854 fertiggestellt; Einzelarbeiten am Alten Bahnhof in Würzburg dauerten noch bis ins Jahr 1856 hinein. Trotzdem wurde die Linie am 1. Juli 1854 feierlich dem Verkehr übergeben. König Maximilian II., der Sohn des abgedankten Ludwig I., war dazu eigens nach Würzburg gekommen. Es gab eine Reihe von Festlichkeiten: Gabelfrühstück im Bürgerspital, Festdiner im »Kronprinzen«, Festball bei der »Harmonie«; im Dom fand ein Festgottesdienst statt, die Landwehrmusik konzertierte, Gewerbe und Zünfte veranstalteten einen Festzug und Liedertafel und Sängerkranz sangen, letzterer eine Festkantate von Dr. J. J. Roßbach, vertont von Valentin E. Becker: »*Von fernen Rebenhügeln – naht eine dunkle Gestalt – auf dampfumwölkten Flügeln – von Sommerlüften umwallt; – Sie naht – ein dumpfes Grausen – durchbebt die Höh'n, das Tal; – des Mainstroms Wellen brausen, – weit dröhnt des Echos Schall – . . .*«
Noch am 1. Oktober des gleichen Jahres konnte die Strecke über Aschaffenburg bis zur Landesgrenze in Betrieb genommen werden. Sie erforderte besonders viele Kunstbauten, Brücken, Dämme und besonders den Schwarzkopf-Tunnel bei Heigenbrücken, der 900 Meter lang ist.
Genau zehn Jahre nach der Eröffnung der Strecke Bamberg–Würzburg stellte man, am 1. Juli 1864, die Linie Ansbach–Würzburg fertig, die bereits in den neuen Würzburger Hauptbahnhof geleitet und 1891 doppelgleisig ausgebaut wurde. Am 19. Juni 1865 übergab man die Linie Nürnberg–Kitzingen–Würzburg dem Verkehr, am 1. Oktober 1866 folgte die Strecke Würzburg–Kirchheim bei der badischen Landesgrenze. Und am 1. Mai 1872 war es die Strecke von Gemünden nach Jossa zur damals preußischen Landesgrenze. Würzburg hatte damit sein fertig ausgebautes Bahnnetz.
Es währte aber noch einige Jahrzehnte, bis es das heutige Bahnnetz im mainfränkischen Land gab; 1871 fuhr der erste Zug von Schweinfurt nach Bad Kissingen; 1874 erbaute man von Ebenhausen aus, das auf der eben genannten Stecke liegt, die Linie über Bad Neustadt nach Meiningen. Im gleichen Jahr erhielt Schweinfurt auch seinen zweiten Bahnhof, der auf der Gemarkung des erst 1920 eingemeindeten Oberndorf erstand, und deshalb zunächst die Bezeichnung »Oberndorf–Schweinfurt« erhielt. Erst 1893 wurde der Name »Zentralbahnhof Schweinfurt« durchgesetzt; es ist der spätere Hauptbahnhof, der im letzten Krieg völlig zerstört und nun neu erbaut wurde.
Das nächste Bahnprojekt war 1876 die Linie Aschaffenburg–Miltenberg, die bis 1880 bis Amorbach fortgeführt wurde. Ein Jahr vorher war die Bahn durch das Werntal Gemünden–Schweinfurt dem Verkehr übergeben worden. Die Fertigstellung der Strecke Lohr–Wertheim erfolgte 1881. Zählen wir der Vollständigkeit halber auch die Lokalbahnen auf: Gemünden–Hammelburg 1884, Bad Neustadt (Saale)–Bischofsheim 1885, Jossa–Brückenau 1891, Haßfurt–Hofheim 1892, Bad Neustadt (Saale)–Königshofen 1893, Kitzingen–Gerolzhofen 1893, bis Schweinfurt verlängert 1903.
Betrachtet man gerade Schweinfurt mit seinen heutigen bedeutenden Industrieanlagen, so wären diese ohne die Eisenbahn überhaupt nicht denkbar. Schon damals hatten die Schweinfurter Industrieherren, deren Betriebe zu jener Zeit freilich ebenfalls nur in bescheidenen Anfängen steckten, klar erkannt, wie wichtig der verbindende Schienenstrang, die Schlagader des Verkehrs ist.
So kann man beim Betrachten des alten Schweinfurter Stadtbahnhofgebäudes sich einer gewissen Achtung und Nachdenklichkeit nicht erwehren. Dieser Bahnhof ist einer der wenigen unverändert erhaltenen aus der Gründungszeit der Eisenbahn in Mainfranken und nunmehr über 130 Jahre alt.

Wilhelm Fuchs

# Der Schuster aus Franken

Zwar gibt es bei uns nur noch selten vierbeinige Esel, doch erinnern sich gewiß viele Urlauber dieses geduldigen, lastbaren und arbeitsamen Tieres von ihren Reisen nach dem sonnigen Süden. Nun erzieht man einen Esel gemeinhin am schnellsten mit Schlägen. Dafür ist er eben ein Esel. Wollte man einem solchen Vierbeiner mit Zuckerstückchen und guten Worten allein das Laufen beibringen, dann läge er alle fünf Schritte auf der Straße, um wieder zu einem Zuckerchen zu kommen.

Daß also ein Esel Schläge erhält, ist keine große Begebenheit. Selbst bei einem so frommen Mann wie dem Propheten Bileam, von dem die Bibel im 4. Buch Moses berichtet, wäre das kaum des Erwähnens wert. Der Esel war nach dortiger Landessitte sein Reittier. Als dieses vom Weg abwich und auf dem Feld daneben ging, schlug er es, daß es wieder in den Weg gehen sollte, und das erscheint uns ganz selbstverständlich. Danach führte der Weg durch Weinberge und hier wurde der Weg sehr schmal, da auf beiden Seiten Mäuerchen standen. Auf einmal drängte sich der Esel an die Wand und klemmte Bileam den Fuß an der Mauer. Nun schlug der gottesfürchtige Mann das Tier noch mehr, und wir hätten das wegen des Fußes weiß Gott auch getan. Schließlich wurde der Pfad so eng, daß man weder nach rechts noch links weichen konnte. Da fiel Bileams Esel einfach auf die Knie und tat keinen Schritt weiter. Der Prophet hätte ihn am liebsten mit dem Schwert erwürgt. Da er keines hatte, ergrimmte er in seinem Zorn und schlug das Tier mit dem Stab. Und nun geschah das Wunder, dessen Grund jeder selbst in der Bibel nachlesen kann und sollte. Der Herr tat dem Esel den Mund auf und der begann zu reden.

Daß ein Esel reden kann wie ein Mensch, ist gewiß eine Seltenheit. Wie das überhaupt möglich ist, darüber haben schon viele nachgedacht. So ist es kein Wunder, wenn auch ein Schweinfurter sich deswegen Gedanken machte. Und viel Zeit zum Denken hat ja ein Schuster, wenn er Nägel um Nägel in das harte Leder treibt oder den gepichten Draht durch die Nähte zieht, wie es zur Zeit der Handarbeit noch üblich war.

So erging es auch dem biederen Schuhmachermeister Conrad Rimrod (1816–1882) in seiner Schusterwerkstatt im früheren Spitaltorturm. Woher mochte der Esel stammen, dem die Gabe des Redens verliehen war? Was war das für ein seltenes Tier! Es sind gerade 120 Jahre her, daß Conrad Rimrod, der »Schuster aus Franken«, des Rätsels Lösung fand. Zugegeben, er war ein Spaßvogel, und bei des Tages Mühen ahmte er zuweilen gern seinem berühmteren Berufskollegen Hans Sachs im alten Nürnberg nach und brachte seine Gedanken in mehr oder minder gute Reime, die aber alle immer den Volkston ausgezeichnet trafen. Wenn er dann die Erzeugnisse seiner Schusterwerkstatt auf den Jahrmärkten zwischen Bamberg und Fulda feilbot – er war ja kein Flickschuster, sondern stellte selber neues Schuhzeug her –, so verkaufte er zugleich für etliche Kreuzer dünne Heftchen, in welche die Kinder seiner volkstümlichen Muse gedruckt waren. Kehrte er dann abends in einer Herberge ein, und es paßte ihm die Gesellschaft, dann trug der »Schuster aus Franken« manches lustige Stücklein seiner Reimkunst selber vor, wie eben die Verse von Bileams Esel. Oft legte er den Worten eine damals bekannte Melodie unter, und so sang er die nachfolgenden Strophen nach der Melodie »Es lebt so herrlich in der Welt...«. Auf den Jahrmärkten hatte der Rimrods Kunnert dem Volk mit Fleiß aufs Maul geschaut, wie man so schön sagt, und war ein Meister der Mundart landauf und landab geworden. Und allein weil er den Dialekt zwischen Bamberg und Fulda so treffend an einem Einzelfall traf, seien seine Verse über Bileams Esel hier der Vergangenheit entrissen:

*Als ich in dem verfloss'nen Jahr
einmal recht froher Laune war
in der Gesellschaft feiner Herrn
– die hörten Scherz und Witze gern –,
legt' ich die kleine Frage dar;
wes' Landsmann Bileams Esel war:*

*»Sagt an, ihr Herren, nur geschwind,*
*was war er? Wessen Landes Kind?«*
*Verstummt sah'n sie einander an,*
*doch keiner ist, der's lösen kann.*
*Zuletzt sprach so ein loser Wicht,*
*vielleicht wüßt' ich es selber nicht.*
*Und alles schrie vor Heiterkeit:*
*»Heraus damit! Wir sind bereit.*
*Wir hören's all von Herzen gern,*
*und wenn wir selbst Landsleute wär'n.«*
*»Nun gut, jetzt seid ein wenig Ohr!*
*'s kommt manchem vielleicht spanisch vor;*
*doch an der Sprach' erkennt man gleich,*
*wohin er g'hört, in wessen Reich.*
*Hätt' er »sei Gosch'n racht verzärrt*
*un hätt' sein Harrn racht ogaplärrt,*
*hätt' gsogt: wos häbsta mi sou sähr?«*
*Wüßt' man, daß er ein Franke wär'.*
*Hätt' er zu seinem Herrn gesöht:*
*»Krüz Sapprimant! Wie wer' ich g'schlöht!*
*I söh dersch, Jöng, schlöh nüßt mehr her!«*
*Wüßt' man, daß er ein Rhöner wär'.*
*Hätt' er gsagt zum Herrn: »Geht's, wian d'well,*
*himmelsakra, i geh nit von dr Stell';*
*dei Strichsna mong mi wüti goar!«*
*Wüßt' man, daß er is gwesn a Boar.*
*Wenn'r gsagt hätt': »Steiperos, bist blind?*
*Traktiert mer so ein goldna Sonntagskind?*
*Was kreischte dann, hörscht nit bal uff?«*
*Wüßt' man, daß er »von unne ruff«.*
*Wenn'r gsagt hätt' zon Herrn: »Su – meinad,*
*öitz werd's mer over selwer lad;*
*dos Blaia föllt mer öitz su schwer!«*
*Wüßt' man, daß er aus Nürnberg wär'.*
*So tat das kluge Eselein*
*sein Mündchen auf und sprach ganz fein*
*zu seinem lieben Prinzipal:*
*»Was schlägst du mich zweenmal?«*
*Dadurch gab er mit eigenem Mund*
*der nah' und fernen Menschheit kund,*
*daß er der Sprach' nach rein und klar*
*kein anderer als – Preuße war.«*

Das war eben anno 1864, als die Preußen und die Bayern noch nicht so eines Sinnes waren wie heutzutage. Mit dieser Geschichte ist erstens erwiesen, daß es in Preußen einmal gescheite Esel gegeben haben muß. Andererseits ergibt sich aber auch, daß man dazumal in Schweinfurt – und sicher nicht bloß in Schweinfurt! – schon vor hundert Jahren jeden klugen Esel gleich erkannte, woher er kam, und sollte er selbst aus Preußen stammen.

Dennoch muß bemerkt werden, daß die Bibelkunde anscheinend nicht die stärkste Seite der Schweinfurter ist oder war. Es schadet nichts, das nachzuholen. Dann wird man entdecken, daß Bileam seinen Esel nicht nur zweenmal, sondern dreimal geschlagen hat. Oder sollt das auf dichterische Freiheit hinweisen? Es heißt da, und wir verstehen es auf jeden Fall, daß das Tier den Mund aufmachte und sagte: »Was habe ich dir getan, daß du mich geschlagen hast nun dreimal?« Es kam aber gar nicht auf diese Schläge an, wie der geneigte Bibelleser merken wird. Für uns hier bleibt trotz allem noch ein Fehler in obiger Geschichte zu berichtigen. Es war überhaupt kein Esel, sondern eine Eselin. Und damit erübrigt sich doch ohne weiteres jede Diskussion über das Sprachtalent.

# Auch ein Markenzeichen

*Der gewundene Weg des gemächlichen Mains streckt sich zur Großschiffahrtsstraße. In ihren Wassern spiegeln sich die imposanten Anlagen der SKF GmbH Schweinfurt. Weit herausragender Mittelpunkt ist das Verwaltungshochhaus mit 14 Geschoßen. Die SKF GmbH beschäftigt in ihren deutschen Werken in Schweinfurt, Stuttgart-Bad Cannstatt, Mühlheim/Donau, Lüchow/Niedersachsen und in ihren Tochtergesellschaften über 10 000 Mitarbeiter. Ihre Qualitätsprodukte werden in die ganze Welt geliefert. Sie ist die umsatzstärkste Tochtergesellschaft der schwedischen SKF-Gruppe, des weltweit größten Wälzlagerherstellers. SKF-Lager werden jetzt in 40 Werken hergestellt. Die Verkaufsorganisation umspannt den ganzen Erdball.*

*Wilhelm Heberlein*

# Haghof und Zeughaus

Der südliche Teil des Landkreises Brückenau ist die »Thüngen'sche Cent«. Diese reicht nach Nordost in ihrem äußersten Zipfel bis an den Fuß des Dreistelzes und nahezu an das Weichbild von Modlos. Dort liegt neben dem Hag- oder Glasküppel der alte Haghof. Abseits des Verkehrs, versteckt in einem Winkel des dunklen Fichtenwaldes träumt er in stiller Einsamkeit. Als das Zufußgehen wacker im Schwange war, da erhielt er mehr Zuspruch. Denn alle Wege führten an ihm vorbei, wenn die Heiligkreuzer, Detterer und Weißenbacher über das »Kruez« nach Brückenau pilgerten, um dort ihre Geschäfte zu erledigen. Im unteren Hofe befand sich sogar eine Zeitlang eine Gastwirtschaft, und gerne wurde auf dem Heimweg noch einmal Einkehr bei einem Gläschen Branntwein oder einem frischen Trunk Bier gehalten.

Die zwei Bauernhöfe waren zu unbedeutend, um in der Familiengeschichte der Reichfreiherren von Thüngen viel Erwähnung zu finden. Zum ersten Mal taucht die Siedlung bei der Regelung einer Geldangelegenheit im Jahre 1581 auf.

»Schwarzenhag« wurde damals der Weiler genannt. Die Felder mögen durch Hecken und Steinwälle vor den schadenden Hirschen und Wildsauen geschützt und eingehegt gewesen sein. Am Rand unserer Dörfer finden wir ja auch die Krautgärten und die »Heeg«, ehemals umzäunte Grundstücke für die wertvolleren Anpflanzungen. Wenn der andere Teil des Namens nicht von dem dunklen Nadelwald stammt, dann wird er von dem schwarzen Basaltverwitterungsboden herrühren, der sich auffallend von seiner Umgebung abhebt.

1630 heißt er der »schwarze Haugk«, und 1652 wird Wolf Heinrich von Thüngen von dem Markgrafen von Brandenburg mit einem Hof zu »Schwarzenhauck« belehnt. Die Verleihung wird 1670 durch den Großen Kurfürsten von Brandenburg wiederholt. 1690 lesen wir vom »schwarzen Hag«. Erst 1745 taucht der heutige Name »Haghof« auf. Schon seit einer Landteilung unter den Herren von Thüngen im Jahre 1685 untersteht er neben anderen Dörfern, Höfen und Häusern dem Besitzer von Roßbach, und bei dem letzten endgültigen Teilungsvertrag innerhalb der Lutzischen Linie wird der Haghof samt Zeughaus und Glasmühle dem Roßbacher Zweig der Familie von Thüngen zugesprochen. Etwas unterhalb des Haghofes speiste eine Quelle zwei Weiher, die wohl der Fischzucht dienten. Eine alte Karte von 1682 erzählt uns, daß bei der »Schwartzheeg« (Waldabteilung) unterhalb des »Thüngischen Brunns« ein »Tingischer Gartten« lag. Wahrscheinlich handelte es sich um Obstgärten, auf welche die Herren von Thüngen damals schon großen Wert legten. In einem Kaufvertrag von 1625 wurde der Garten »uffn Kries« (Grießhof bei Zeitlofs) bis zur Abzahlung der letzten Zielfrist zurückgehalten, weil in Roßbach (heute einer der besten Obstorte des Landkreises) Mangel an Obst sei. Nun lichtet sich auch das Dunkel um den Namen »Zeughaus«, wie die zwei Gehöfte an der Straße vor dem Ortseingang von Modlos heißen. Die alte Karte berichtet noch nichts von ihnen. Aber für die Gartengeräte, also für das Zeug, und für

*Der große gußeiserne Brunnen auf dem Marktplatz von Bischofsheim wurde 1582 in einer Bischofsheimer Werkstatt gegossen*

den Betreuer von Pflanzung und Fischzucht wird sich recht bald die Errichtung eines Gebäudes für notwendig erwiesen haben.

Seit Generationen hauste in dem unteren Anwesen des Haghofes die Familie Diller. Sie war bekannt durch ihre »hölzerne War«. Wenn der lange Rhönwinter Feld und Wald in sein weißes Gewand gehüllt und hohe Wehen um den Hof aufgetürmt hatte, dann saßen die Männer an der Schnitzbank. Holzschuhe, Rechen-, Gabel- und Hauenstiele, Kochlöffel, Quirle, Wäscheklammern und sonstige Hausgeräte entstanden unter ihren fleißigen, geschickten Händen. In den umliegenden Dörfern war es keine seltene Rede: »Ich muß 'nauf'n Hag und mir a Paar Hölzere hol!« (Holzschuhe)! Im Frühjahr dann, wenn die Sonne wieder zum Umherziehen lockte, kamen die Hausierer und deckten ihren Bedarf für die Wanderfahrt. Schon lange nicht mehr sehen wir einen mit seiner »Kötze« durch das Dorf ziehen und anpreisen:

*»Hölzere War', hölzere War', Kochläff'l, Blaserahr!« (Blasrohr)*

Heute sind Haghof und Zeughaus der Gemeinde Modlos eingegliedert. Dem Zuge der Zeit folgend hat sich der Haghof modernisiert. Die Herstellung der Holzartikel geschieht nun mit Spezialmaschinen während des ganzen Jahres, und die Lieferungen gehen hinaus an die großen Warenhäuser. Der alte Thüngensche Pachthof verfiel dem Abbruch.

*Die katholische Pfarrkirche St. Matthäus in Kothen*

*Oskar Pfrang*

# In Bütthard war's

Nicht mehr alljährlich, aber so alle paar Jahre, lebt hier und dort der alte Brauch des Hammeltanzes zur Kirchweih wieder auf. Die Zeit der dörflichen Abgeschiedenheit und der Romantik: Schäfer, sag, wo tust du weiden, ist heute im Zeitalter der Automation, vorbei. So kommt es auch, daß so schöne Bräuche, wie der Hammeltanz, etwas Rares geworden sind.
Wie war es früher doch in Bütthard?
Am Kirchweihmontag nachmittags versammeln sich die Musikanten auf dem Marktplatz und mit ihnen viel neugieriges Volk. Nachdem man Aufstellung genommen hat, setzt sich der Zug in Bewegung. Voraus geht der Platzmeister mit den zwei Platzknechten. Einer der Platzknechte führt den geschmückten Hammel mit, der später herausgetanzt wird. Der Platzmeister trägt in der rechten Hand einen Stab, der mit einem Rosmarinsträußlein geschmückt ist. In der Linken hält er einen Krug mit Wein. Hinter der Musik gehen in Zweierreihen die jungen, unverheirateten Burschen, die am Hammeltanz, oder auch Plantanz, wie er manchmal genannt wird, teilnehmen. Man zieht nun vor das Haus der ersten Auserwählten. Sie wartet schon, in ihrem besten Sonntagsstaat, sehnsüchtig im Haus der Eltern. Am Haus angekommen, tritt der Platzmeister zu dem unter der Haustüre wartenden Vater und reicht ihm den Krug. Der nimmt einen tiefen Zug, reicht ihn auch den Musikanten weiter, daß sie sich auch laben können. Dann füllt der Hausvater den Krug mit Wein. Der Platzmeister bittet um einen Tanz mit der Frau und der Tochter.
Zum Abschied gibt es Kirchweihplotz (oder belegte Brote). Der eine Platzknecht sammelt für die Musik. Nun reiht sich die Tänzerin, an der Seite des ihr zugedachten Burschen ein, und weiter geht der Zug, bis alle Paare beieinander sind. Dann zieht man zur Dorflinde. Dort angelangt, umschreitet der gesamte Zug den Platz dreimal, macht dann kehrt, um ihn in der entgegengesetzten Richtung zu umgehen. Mit diesem alten Ritus soll alles Unheilige und Unreine gebannt werden. Der Platzmeister bekommt nun eine Ehrentour, um für seine Mühe entschädigt zu werden. Dann tanzt jedes Paar eine Runde. Der Platzmeister läßt zwischendurch eifrig den Krug rundum gehen und auch die Umstehenden tun Bescheid, und manch einer langt dann in die Tasche und läßt nachschütten, damit der Krug nie leer wird.
Nun beginnt der eigentliche Hammeltanz. In der Mitte des Platzes ist ein Tisch aufgestellt, auf dem ein Wekker steht. Der Platzmeister stellt den Wecker auf eine Zeit, die etwa fünf Minuten entspricht, aber so, daß es keiner sehen kann. Nun tanzen die Paare im Kreis um den Tisch. Am Rande des Kreises liegt ein Besen mit dem Stiel nach innen. Wer an dem Besen vorbeitanzt, das heißt, dem Stielende am nächsten ist, wenn der Wecker heruntergeht, der ist der Hammelkönig und

hat den »Schafbätzer«, wie der Hammel hier auch genannt wird, gewonnen. Der Schafbätzer, der reich mit Bändern geziert ist, wird nun im feierlichen Zug zum Wirtshaus gebracht und dem Wirt übergeben, damit er ihn verarbeite, und der Hammel am späten Nachmittag den Burschen und Mädchen zum Schmaus dienen kann. Inzwischen spielt die Musik fleißig im Saal auf, und die jungen wie auch die alten Paare schwingen emsig das Tanzbein.

Der Hammelkönig läßt so manche Runde springen, was die allgemeine Stimmung hebt. Bei uns war es dann guter Brauch, daß man nicht gleich wieder auseinanderging, denn der Kirchweihdienstag war auch noch ein Feiertag.

Bütthard im Ochsenfurter Gau

P. Adelhard Kaspar O. S. B.

# Der Weinkrieg zwischen Würzburg und Ebrach

Wenn es im Herbst in den Wingerten kracht, gilt es den Spatzen. Dabei kommt es den muntern Schützen nicht darauf an, den befiederten Traubenschleckern den Garaus zu machen, sie freuen sich, wenn der graue Schwarm, jäh aufgeschreckt, schimpfend davonstreicht, um beim Nachbarn einzufallen. So geht es die ganze frohe Zeit hindurch, in der in den Trauben der edle Saft aus der Sonne die letzte Reife saugt. Es ist ein fast neckisches Hin und Her zwischen den Winzern und den Spatzen. Einen Weinkrieg kann man dieses Schießen und Scheuchen aber kaum nennen. Einen Krieg um den Wein können nur die Menschen führen, und in unserem Frankenland haben sie es einmal begonnen, sich des Weines wegen in den Haaren zu liegen, die Würzburger und die Ebracher. Allerdings bestand das schwere Geschütz, das dabei aufgefahren wurde, aus Paragraphen und Gesetzesartikeln, aber heiß ging es doch her mit Angriff und Parade, und lange hat es auch gedauert, und wie jeder Krieg hat die Auseinandersetzung zwischen den streitenden Parteien weite Kreise gezogen.

Wie bei allen großen und kleinen Zwistigkeiten ging es auch zwischen Würzburg und Ebrach um Rechte, die von der einen Seite beansprucht, von der anderen aber bestritten werden; die Auswirkung der Rechte hängt zumeist mit Geld zusammen, das gefordert bzw. verweigert wird.

Am 18. Oktober 1691 teilte der P. Amtmann des Ebracher Hofes zu Würzburg seinem Herrn Prälaten zu Ebrach mit: »Euer Hochw. Gnaden berichte hiemit unterthänig, daß zwar heute die abgeschickten Bauren mit zehn Lastwagen, um von hiero ins Closter zu dessen Nothdurft die Weine abzuführen, ankommen, ich auch sogleich die Weine aus dem Keller ziehen und aufladen lassen; als aber die Bauren fortfahren wollen, hat der hiesige Thorschreiber die Weine nicht wollen passiren lassen, weil es Ihro HochFürstliche Gnaden verboten. Ich habe mich darauf zwar hier und dar sehr bemüht, solche zum Thor hinauszubringen,

## Einst beim Deutschorden

*1666 steht als Jahreszahl an der Ostgiebelseite des Gelchsheimer Rathauses, einem der schönsten Renaissancefachwerkbauten weit und breit. Mit dieser Zahl verknüpft ist die Erinnerung an den Wiederaufbau des schmucken Dorfes im Ochsenfurter Gau, das 1664 fast vollständig einer zweiten großen Feuersbrunst in seiner Geschichte zum Opfer gefallen war. Nach den Schrecken des Dreißigjährigen Krieges, nach Hungersnot und Pest bedurfte es eines ungebrochenen Lebenswillens, auch noch diesen Schicksalsschlag zu überwinden. Die Gelchsheimer mögen bei ihrem damaligen Bemühen die stolze Geschichte ihres Dorfes vor Augen gehabt haben, die damit begonnen hat, daß die Fürsten von Hohenlohe als Gaugrafen Gelchsheim dem Deutschorden übereigneten. Damals führte eine alte Heerstraße von Frankfurt nach Nürnberg mitten durch den Ort. Handel und Gewerbe blühten, und 1616 verlieh Kaiser Matthias das Marktrecht, das die Gelchsheimer 1949 erneuern ließen. Durch die Säkularisation wurde 1809 auch das Deutschherrenamt Gelchsheim aufgelöst, der Ort kam an das damalige Großherzogtum Würzburg und mit diesem 1814 an Bayern.*

es ist aber alles umsonst gewesen, derwegen ich die Weine wiederumb habe abladen lassen und die Bauern mit leeren Wägen fortschicken müssen. Die Ursach so vorgewendet ist diese: Das Closter solte eine Zollbefreyung von Ihro Hochfürstliche Gnaden ausbringen auf welcher, ohngeachtet ich den Vertrag von 1563 § 13 und das beständige Herkommen allegiert, beharret worden. Endlich aber habe ich die rechte Ursach erfahren, diese nemlich, daß alles, was hier an Wein und Früchten, verarrestirt sey. Welches in Eil Euer Hochw. Gnaden hiermit unterthänig habe kundmachen wollen.«

Mit dem geschilderten Vorgang am Rennweger Tor zu Würzburg war der Würzburg-Ebracher Weinkrieg bereits im Gange, und der Brief seines Würzburger Amtmannes war für den Ebracher Abt der Bericht über das erste verlorene Treffen.

Abt Ludwig zu Ebrach beriet sich mit seinem Prior P. Konrad und den Mönchen, was man vorteilhafterweise nunmehr zu vollziehen habe. Gewiß werde man mit Protesten nicht sparen. Aber zunächst galt es doch wohl, Ebrach mit dem nötigen Wein zu versorgen. Waren die Würzburger Keller blockiert, so hatte man ja in Mainstockheim manch volles Faß. So schickte man die zehn Lastwägen nach Mainstockheim, »um von der ferntigen – d. h. vorjährigen – Wein abzuholen«. Der Mainstockheimer P. Amtmann tat bereitwilligst das Seine. Die Wagen wurden beladen, und am 1. November brach man in Mainstockheim auf, den edlen Traubensaft nach Ebrach zu führen. Aber man hatte die Rechnung ohne die Würzburger gemacht. Der Ebracher Zollfreiheit ungeachtet, obwohl diese doch durch ein kaiserliches »General Mandat sine Clausula« wider das Hochstift ausgewirkt worden, hat sich »dannoch der Würzburgische Stadtvogt zu Kitzingen nebenst einem bei sich gehabten Kammer-Protokolisten, Johann Jakob Ferdrich und auf die vierzig bey sich gehabten bewehrten Männern unterstanden, des Closters zehn Fuhren, die nach Mainstockheim um den von dar den ferntigen Wein abzuholen, abgeordnet gewesen, im Ruckweg beladen, im Kitzinger Forst aufzupassen und solche mit Gewalt mit sich, nach Grossenlangheim in die Kellerey zunehmen, aus keiner anderen vorgewendeten Ursach, als daß er dessen von Seiner HochFürstlichen Gnaden, seinen Gnadigsten Herrn zu Würzburg, gnädigst befelcht sey.«

So hatte Ebrach in dem von Würzburg vom Zaune gebrochenen Weinkrieg eine empfindliche Niederlage erlitten. Man versäumte nicht, die Vorgänge bei dem kaiserlichen öffentlichen Notar zu Würzburg, Herrn Johannes Carolus Hohenroth gebührend zu Protokoll zu geben, es geschah am 3. November; den Vortag hatte man benutzt, die Geschehnisse genau zu erheben.

Der Würzburgische Amtsvogt zu Kitzingen, Herr Antonius Roßhirt, hatte den kaiserlichen Notar um neun Uhr empfangen und ihm zugegeben, wie er bei Albertshofen im Klosterforst die Ebracher Herbstfuhren aufgehalten und mit Gewalt befehlsgemäß nach Großlangheim geführt habe. Auf die Vorstellung des Ebracher Sekretärs Johann Georg Huber, die Wägen gehörten den Bauern, antwortete der Amtmann, er habe weder den Befehl, den Wein abzuladen, noch die erwähnten Wägen verabfolgen zu lassen, also könne er eigenmächtig Wägen verabfolgen zu lassen, also könne er eigenmächtig dies auch nicht tun. In dem

*Etwa 60 Jahre vor dem »Weinkrieg« ließ der Abt Johannes Dressel den Ebracher Klosterhof in Mainstockheim neu ausbauen*

*Der Innenhof
des Ebracher Hofes
in der Ebracher Gasse
in Würzburg*

Wortwechsel, der sich dann zwischen dem Würzburger und dem Ebracher Amtsträger entwickelte, ließ Herr Roßhirt auch vernehmen, daß er beauftragt sei, alles, was im Ebracher Hof zu Mainstockheim künftig an Getreide oder Wein verkauft werden würde, zu konfiszieren, er wisse zwar den Grund für diesen Auftrag, habe aber »keinen Befelch, diesen zu nennen«.

Auf Anregung des Ebracher Sekretärs begab sich der Notar sodann mit Zeugen nach Großlangheim, um sich an Ort und Stelle durch Augenschein über den arrestierten Wein sowie über die Bauernwägen zu unterrichten. Er vermerkt: »In Grossenlangheim fand ich auf einem Platz, gedachte zehen Wägen beladen, alle mit Ketten wohl versehen, und mit der Wacht bewachet, so gegen dem alten Schloß über gestanden«.

Für die Großlangheimer mag es ein nicht geringes Aufsehen gegeben haben, als die zehn sechsspännigen Wagen mit 30 Mann an Fuhrleuten von einer Würzburger bewaffneten Schar von 40 Mann unter der Führung des Kitzinger Stadtvogtes eingebracht wurden. Da die Würzburger es nur auf den Wein abgesehen hatten, ging es den Ebracher Spannbauern in Großlangheim nicht allzu schlecht, was schon aus der Zeche von 45 Reichstalern zu ersehen ist, die die Ebracher später den Würzburgern für diesen, ihren Untertanen in Großlangheim aufgezwungenen Rasttag vorlegten. Im Gasthaus mag es da wohl lustiger zugegangen sein als bei den Wachtposten vor den zusammengeketteten Wägen.

Ebrach konnte dem Würzburger Gewaltakt nicht tätlich gegenübertreten, so wandte man sich nach Wien an den Kaiser und erlangte bereits unter dem 20. November 1691 ein kaiserliches Mandatum arctius gegen Würzburg und ein Conclusio, daß der arrestierte Wein wieder auszuliefern sei.

Würzburg hatte also im Weinkrieg gegen Ebrach verloren, und nun lag es an der Abtei, dem Hochstift die Aufstellung über die Kriegskosten zu präsentieren. Außer der an den Kaiser zu entrichtenden Buße von »zwanzig Mark löthigen Golds« hatten die Würzburger an die Ebracher gegen 195 Reichstaler zu zahlen. Sie wurden in den Ebracher Rechnungen folgendermaßen spezifiziert:

77 Reichsthaler für den Abgang an Wein, 4 Fuder 10 Eimer, jeder Eimer mit 24 Batzen berechnet, den die Würzburger teils ausgetrunken, teils weggeführt hatten.

45 Reisthaler für die Großlanhgeimer Zeche anfangs November 1691, 8 Reichsthaler, 3½ Batzen machte die Zeche für den Klostersekretär mit seinem Begleiter, als er wider die Wegnahme der Weine hat protestieren müssen.

Wir lesen:
»Den 31. Oktober haben wir über Nacht zu Prystadt verzehret 1 fl. 1 Batz. Den 1. Nov. zu Grossen Langheim über Nacht 1 fl. 5 Batz. Abends in Kitzingen, als wir allda uns umb einen Notarium umbgesehen für 1 Maß Wein und Weck bezahlt 4 Batz. Den 2. zu bemelten Kitzingen, als wir mit dem Notario und seinen Zeugen den gantzen Nachmittag auff den Herrn Vogten gewartet, im Wirtshauß für 2 gute und 1 schlechte Maß Wein und 1 Weck zahlt 1 fl. 1 Batz. Den 3. Nov. in der Früh als wir unsere Protestation vor dem Stadt-Vogten haben abgelegt, habe für eine Maß Wermuth-Wein und Weck bezahlt 4½ Batz. Dann zu Grossen Langheim unserer 6 nebst 4 Pferden und 2 Knechten über Nacht verzehrt 3 fl.«

Zehn Reichsthaler betrug das Honorar für den Notar. Als am 25. und 26. Januar 1692 die Bauern ihre leeren Wägen wieder abholen durften, berechnete Ebrach eine Unkostenforderung von zwölf Reichsthalern für Zehrung. Fast drei Monate hatten die zehn Wägen der Ebracher in Großlangheim stehen müssen, bis man sie wieder heimführen konnte. Als es im März 1693 endlich soweit war, daß die Ebracher auch ihren Wein in

*Das schöne Portal von St. Antonius in Großlangheim*

Großlangheim wieder abholen konnten, benötigte man nur noch sechs Wägen.

P. Paulus Baumann, der diesen actus leitete, stellte drüber folgende Rechnung aus: »1 fl. 9 Batzen verzehrt, als ich nach Grossen Langheim geritten, allda die Wein zu versuchen den 8. und 9. Martii; 4½ Batz. dem Closters Büttner zu Maynstockheim verehrt, für seinen Gang, welchen ich dahin mitgenommen; 4½ Batz. einem Botten gegeben, Herrn Stadt-Vogten zu Kitzingen kund zu machen, daß man den arrestirten Wein wolle abfolgen lassen den 8. und 9. Martii; 19 fl. 3 Batz. für Versaumnuß auff die 6 jeder mit 4 Pferden bespannte Lastwägen, auff 1 Pferd 6 Batzen gerechnet in 2 Tägen; 7 fl. 3 Batz. verzehrten die 12 dabey gewesene Knecht in 2 Tagen, jeder deß Tags ¼ Taler; 3 fl. hat der Büttner zu Grossen Langheim für seine Mühewaltung, weil er seithero die Obsicht darüber gehabt, gefordert und empfangen; 1 fl. 12 Batz. 8 Pfg. seynd bei Abholung der Wein durch die Jenige, so die Obsicht darüber gehabt, verzehrt worden; 6 Batz. dem Gemeindeknecht, als welcher predentirt, daß er dabey gewachet habe; 2 Batz. für ein Fußeisen aufzuschlagen, ausgelegt; 12 Batz. denen beredten Unterkäufern zu Kitzingen zahlen müssen, die sie bei Taxirung der Weine verzehret.« Außer den oben schon genannten direkten Forderungen des Notars erwuchsen den Ebrachern in Mainstockheim für dessen Amtshandlungen nochmals 24 Reichsthaler und 15 Batzen, die sie natürlich ebenfalls den Würzburgern ungeschmälert abverlangten.

Die Würzburger hatten also im Weinkrieg den kürzeren gezogen, die Herren von Ebrach aber lachten sich eins.

*Friedrich Wencker-Wildberg*

# Die Kaiser-Hochzeit

Autos flitzen, Motorräder knattern, Straßenbahnen rattern und Fußgänger hasten über den Platz, der seinen Beinamen trägt. Er ist eine Windrose des Verkehrs, die Stelle, wo Juliuspromenade, Kaiser- und Theaterstraße mit der Haugerpfarrgasse, den vier Himmelsrichtungen folgend, das wiedererstandene Häusermeer der Stadt durchschneiden. Es ist herzlich wenig, was heute noch in Würzburg an den großen Hohenstaufenkaiser erinnert, den die Sage in den Kyffhäuser entrückt hat. Sein schlachtenmüdes Haupt ist auf die Brust gesunken und sein roter Bart ellenlang durch den Marmortisch gewachsen, an dem er sitzt und auf bessere Zeiten wartet.

Vor 150 Jahren haben die Romantiker den Rotbart aus seinem bombensicheren Unterstand hervorgeholt und in Mode gebracht. Die Dichter haben ihn besungen, die Künstler haben ihn in Farbe und Stein verherrlicht, aber die Würzburger haben ihm nur ein nüchternes, kunstloses Straßenschild gewidmet, das in weißer Schrift auf blauem Grund seinen Namen trägt. Es haben viele Kaiser und Könige in Würzburgs Mauern geweilt, von Pippin, dem Frankenkönig, bis auf Napoleon, den Frankenkaiser, von den Habsburgern, die auf dem Wege zur Krönung nach Frankfurt stets in der Kilianstadt rasteten, bis zu den Hohenzollern und Wittelsbachern. Am liebsten aber hat »Kaiser Rotbart lobesam« unsere Stadt mit seiner Anwesenheit beehrt und hier gar manchen Humpen würzigen Stein- oder Leistenwein getrunken.

Zum erstenmal sahen ihn unsere Vorfahren im Herbst 1152, als Friedrich die Nachfolge seines Vaters Konrad III. angetreten hatte. Er kam von Aachen, wo er kurz zuvor im Dom Karls des Großen gekrönt worden war. In Würzburg hielt der damals erst dreißigjährige Herrscher des Heiligen Römischen Reiches deutscher Nation, das die geistige und kulturelle Einheit des europäischen Abendlandes verkörperte, seinen ersten Reichstag ab. Damals ging es hoch her in Würzburg. Ein glänzendes Gefolge von Fürsten, Rittern und Gesandten hatte sich eingefunden und Gastwirte, Metzger und Bäcker rieben sich vergnügt die Hände.

Auf dem linken Mainufer, also vor der eigentlichen Stadt, dort, wo später die Deutschordenskirche und Kommende erbaut wurden, befand sich ein Königshof, eine curia regia, ein Gutshof, den wahrscheinlich schon die ersten Karolinger angelegt hatten und der in den Besitz der Hohenstaufen übergegangen war. Im Herrenhaus befanden sich die Gemächer des Kaisers, während seine Gäste in dem geräumigeren Katzenwicker in der Stadt selbst untergebracht waren, wo auch die offiziellen Empfänge, Gastmähler und Sitzungen abgehalten wurden. Der Katzenwicker, wohl einer der geräumigsten Domherrenhöfe, war ein Labyrinth von Gebäuden, Höfen und Gärten, ein ehrwürdiges historisches Bauwerk des Mittelalters, das vor hundert Jahren dem Vandalismus geschichtsfeindlicher Bauwut zum Opfer fiel und der nun auch wieder verschwundenen Schrannenhalle und Maxschule Platz machen mußte.

Hier bereitete Friedrich seinen Römerzug vor, den er im Frühjahr 1153 unternahm, um sich vom Papst zum römischen König krönen zu lassen.

Erst drei Jahre später sahen die Würzburger den Kaiser wieder in ihrer Stadt. Inzwischen hatte der Kaiser Ruhe und Frieden in seinem weiten Reich wiederhergestellt und gesichert, mit Wegelagerern und Raubrittern kurzen Prozeß gemacht und so manchen Streit innerhalb der eigenen Familie geschlichtet. Mit den ehrgeizigen und machthungrigen Welfen hatte er sich geeinigt und ihnen Bayern überlassen – seine Mutter Judith war ja selbst eine Welfin, die Tochter Heinrichs des Schwarzen, und der trotzige Löwe Heinrich sein leiblicher Vetter.

Aber auch andere Sorgen bedrückten den Kaiser. Er war mit Adele von Vohburg vermählt, die Ehe indes kinderlos geblieben. Die beiden Gatten hatten sich ohnehin auseinandergelebt, und so wurden sie im März 1153 mit Einwilligung der Kirche geschieden. Friedrich mußte sich nach einer anderen Frau umsehen, um den Stamm der Staufer fortzupflanzen.

Seine Wahl fiel auf Beatrix von Burgund. Sie war nicht nur hübsch und anmutig von Gestalt, sondern auch die alleinige Erbin eines reichen Landes, auf dessen Besitz freilich noch Berthold von Zähringen und ihr eigener Onkel Wilhelm von Macon Anspruch erhoben. Um die Nichte seinen Wünschen gefügig zu machen, hielt der böse Oheim Beatrix gefangen.

Da erschien Friedrich als dritter Bewerber auf dem Plan. Er zeigte Wilhelm die gepanzerte Faust und setzte damit die Freigabe der Gefangenen durch. Gleichzeitig unterwarf er das südliche Hoch-Burgund,

123

*Dort, wo heute in Würzburg die Mozartschule steht, war der Katzenwicker, in dem Kaiser Barbarossa seine Hochzeit gefeiert haben soll*

so daß die Westgrenze des Reiches über Besançon und Lyon, Nimes und Marseille bis weit in die Provence hinausgerückt wurde.

Und was für Friedrich die Hauptsache war: die schöne Beatrix gab, züchtig errötend, dem rassigen Rotbart ihre Hand.

Von Fürsten und Bischöfen geleitet und von einem Aufgebot burgundischer Ritter gefolgt, trat Beatrix im Wonnemonat Mai 1156 durch das im Blütenschmuck prangende Rheintal ihre Brautfahrt an.

Am 9. Juni wurde sie im Dom der Nibelungenstadt Worms gekrönt, und dann zog die junge Kaiserin mainaufwärts gen Würzburg. Daß Friedrich die Bischofsstadt für seine Hochzeit erwählt hatte, geschah mit Vorbedacht, denn auf dem Stuhl des heiligen Burkhard saß einer seiner besten Freunde, Gebhard von Henneberg aus dem mächtigen und reichen fränkisch-thüringischen Dynastengeschlecht, der sich tatkräftig für die Wahl des Staufers eingesetzt hatte. Ihm, als geistlichen und weltlichen Herrscher des Herzogtums Franken, wurde daher auch die Ehre zuteil, das kaiserliche Paar in dem damals kaum vollendeten Dom zu trauen.

Eine Kaiserhochzeit – das war freilich ein noch viel großartigeres und glanzvolleres Schauspiel als es der vor drei Jahren hier abgehaltene Reichstag bieten konnte, dessen Nutznießer vorwiegend Wirte und Händler waren. Jetzt kam auch das Volk auf seine Kosten. Wenn es sich auch nicht an der kaiserlichen Hochzeitstafel sattessen konnte, so durfte es sich wenigstens an dem dargebotenen Prunk sattsehen, ganz abgesehen davon, daß die öffentlichen Brunnen kostenlos soviel Wein spendeten, als jeder trinken oder vertragen konnte.

Soviel allerhöchste Herrschaften und Prominenzen hatten die Würzburger noch nie beisammen gesehen, wie sie sich diesmal aus allen Teilen des Reiches hier eingefunden hatten.

Das Pergament der mit dem kaiserlichen Insiegel geschmückten Hochzeitsurkunde verzeichnet noch die Autogramme der Trauzeugen: Reinald von Dassel, der eiserne Kanzler des Staufers und umsichtige Leiter der Reichspolitik, Erzbischof Wibald von Sablo und Crovey, der federgewandte Chronist Otto von Freising haben sich hier verewigt. Und dann die Fürsten: Heinrich der Löwe, wenige Jahre später der grimme Widersacher des kaiserlichen Vetters, Albrecht der Bär, der Askanier, der über die Mark Brandenburg gebot, Otto von Wittelsbach, der den Kaiser auf der Rückkehr aus Italien in der Veroneser Klause von dem erpresserischen Alberich befreit hatte und zum Lohn für seine Tat Nachfolger der Welfen in Bayern werden sollte.

Und schließlich das Massenaufgebot von Bischöfen, Rittern und Würdenträgern aus allen Reichsgauen und aus dem Ausland, Franzosen, Italiener, Engländer und Spanier; wenn ihre Länder auch nicht zum Reich gehörten, so sahen ihre Fürsten in dem Kaiser doch den Herrscher des Abendlandes, den legitimen Nachfolger des Großen Karls und der römischen Cäsaren. Der Osten hatte Herzog Wladislaw von Böhmen, dessen Bruder Theobald und den Bischof Danill von Prag zur Würzburger Fürstenhochzeit entsandt, während von den Landsleuten der Braut ihr Vetter Stefan von Macon, Graf Dieter von Montbéliard und der Erzbischof Humbert von Besançon erschienen waren. Und sie alle – »Wer zählt die Völker, nennt die Namen« – kamen nicht mit leeren Händen, sondern brachten auf schwer beladenen Wagen kostbare Geschenke mit, die ehrliche Bewunderung und ehrfürchtiges Staunen der aus ganz Franken herbeigeströmten Zuschauer hervorriefen.

Und erst die königliche Braut im weißen Seidenkleid, die spitze Burgunderhaube auf dem im Sonnenschein leuchtenden Goldhaar – »die Königin süß und milde, als blickte Vollmond drein« –, die blumenstreuenden Ehrenjungfrauen und Edelknaben. Von allen Türmen der Bischofsstadt läuteten die Glocken, nur von der Feste Marienberg hallten keine Salutschüsse herüber, denn anno 1156 war das Pulver noch nicht erfunden. Durch die mit Maiengrün, Blumen und Fahnen reichgeschmückten Straßen, vorüber an den dichtgedrängten Massen der Zuschauer, bewegte sich der festliche Zug – wohin? In den Katzenwicker, will die Überlieferung wissen. Über die Alte Mainbrücke, die damals noch die neue und einzige Verbindung zwischen den Mainufern war, hinüber in den Königshof, behaupten die Gelehrten. Fast möchte man der Tradition recht geben, denn für die Unterbringung und Bewirtung einer nach Hunderten zählenden fürstlichen Gesellschaft, wie für die Empfänge der nicht minder zahlreichen Vertreter der Bürgerschaft und der Gemeinden, der Geistlichkeit und Ritterschaft, wie für die Zurschaustellung der Hochzeitsgeschenke reichte der für größere Veranstaltungen wenig geeignete und jedenfalls auch bescheidener eingerichtete Gutshof außerhalb der Stadt kaum aus, während der Katzenwicker als Residenz für diese Zwecke vorgesehen war und an sich schon einen würdigeren Rahmen für eine Fürstenhochzeit abgab.

So dürfen wir wohl annehmen, daß die offizielle Feier im Katzenwicker abgehalten wurde und das junge Paar sich gegen Abend in die ländliche Abgeschiedenheit des Königshofes zurückzog.

Mit dem Gürtel, mit dem Schleier riß kein schöner

Wahn entzwei, denn die an Pfingsten 1156 in Würzburg geschlossene Ehe des großen Staufers mit Beatrix von Burgund stand unter einem freundlichen Stern. Sie war der Beginn eines dreißigjährigen, glücklichen und mit Kindern reichgesegneten Familienlebens.

Im Gedächtnis der Nachwelt verblaßte im Laufe der Jahrhunderte allmählich die Erinnerung an dieses prunkvollste Fest, das Würzburg je gesehen hat. Seinen schönsten Niederschlag aber hat es in dem Kolossalgemälde gefunden, mit dem der Rokokomaler Tiepolo die Wand des Treppenhauses der Residenz geschmückt hat. In der auf dem Wagen des Sonnengottes durch das blaue Himmelszelt fahrenden Kaiserbraut hat der Künstler Beatrix von Burgund, dem antikisierenden Geschmack seiner Zeit entsprechend, zur Liebesgöttin selbst erhoben, die unter den segnenden Händen des Bischofs dem sie sehnsüchtig erwartenden Gemahl entgegeneilt. So wurde unter der genialen Hand des Venezianers Barbarossas Hochzeit zu einem Triumphzug der Liebe.

Bereits ein Jahr nach seiner Vermählung führte ein neuer Reichstag den Kaiser abermals nach Würzburg. Der Staufer stand jetzt auf dem Gipfel seiner Macht, und die fränkische Bischofsstadt war zum politischen Mittelpunkt des Reiches geworden. Alle Fürsten Europas, sogar der oströmische Kaiser von Byzanz, ließen durch ihre Gesandten kostbare Geschenke überreichen.

Noch dreimal berief Friedrich von Hohenstaufen die Fürsten und Großen des Reiches nach Würzburg. Auf dem Reichstag des Jahres 1168 erschien hier sein hartnäckiger Widersacher Heinrich der Löwe und versöhnte sich mit dem kaiserlichen Vetter. Der Friede war allerdings nicht von langer Dauer, denn bereits 1180, auf seinem letzten Reichstag, den er im Katzenwicker hielt, sprach Friedrich Barbarossa über den Welfen die Acht aus.

So erlebte Würzburg Glanz und Elend mittelalterlicher Kaisermacht.

# Burg Rothenfels am Main

*Der Schutzvogt des Klosters Neustadt, Marquard von Grumbach, hatte anno 1148 die Burg Rothenfels erbaut. Eigentlich hatte er nur die Bauerlaubnis für ein Jagdhaus gehabt. Daß es aber eine Zwingburg wurde, spricht für den eigenwilligen Sinn und das Machtstreben eines Ritters, der Schirmherr für ein Kloster sein sollte. Anfang des 14. Jahrhunderts ging die Burg in den Besitz des Fürstbischofs von Würzburg über und teilte das Schicksal der meisten Burgen: als Geldwert verpfändet, wieder eingelöst, um abermals verpfändet zu werden. Aus dem Anfang des 15. Jahrhunderts stammen die meisten Bauten der Innenburg, der Palas und der Rittersaal. Brandschatzungen und Plünderungen gingen über die Burg hinweg im Bauern-, im Schweden- und im Franzosenkrieg. Durch Säkularisation fiel im Jahre 1803 Burg Rothenfels an das Reich und wurde dem Fürsten Löwenstein-Wertheim-Rosenberg als Ersatz für die verlorenen linksrheinischen Gebiete übergeben.*

# Kleinod
an der Saale

Im ausgehenden 12. Jahrhundert baute Graf Poppo VI. von Henneberg, Burggraf zu Würzburg, Vater des berühmten Minnesängers Otto von der Botenlauben, die erste Burg zu Aschach. Mit dieser Zeit, also noch vor der zweiten Besiedlung des Salzforstes, fällt auch die Ortsgründung zusammen. Von dem Amt Aschach sprach man schon 1320. 19 Ortschaften gehörten zu Cent und Hochgericht. Ein kleiner Hain am Premicher Weg mit zwei tausendjährigen Eichen hat noch den Flurnamen »Hochgericht«. Dort soll der Galgen gestanden haben.

Das heutige Gesicht von Schloß Aschach, dessen Schicksal auch immer Schicksal des Dorfes war, ist im 16. Jahrhundert geprägt worden. Die plündernden Bauernheere hatten auch den fürstbischöflichen Amtssitz Aschach verwüstet. Fürstbischof Konrad von Thüngen stellte von 1527 bis 1530 zunächst das kleine Schloß wieder her. Eine Katastrophe brach 1555 über Aschach herein, als der »wilde Markgraf« Albrecht von Brandenburg sengend und plündernd durch das Land zog. Das Hauptgebäude, altes Schloß der Henneberger, ging in Flammen auf. Fürstbischof Friedrich von Wirsberg ließ das Schloß um 1570 wiederaufbauen. Im Bogen des Hauptportals findet sich die Jahreszahl 1571, und in der Front des Schlosses ist mit dem Wappen des Bischofs die Jahreszahl 1573 eingelassen. Im Bruderkrieg 1866 spielte sich in Aschach ein Gefecht ab, »bei dem 3 Bayern fielen«.

Dieses kleine Aschach hat viel zu bieten. Stets mit dem Schloßherrn verbunden, ob es die Grafen von Henneberg, die Herren von Bibra, die Bischöfe von Würzburg oder die Herren von Thüngen waren, hat sich in diesem Ort an der fränkischen Saale etwas von Adel und Glanz dieser Geschlechter niedergeschlagen. Fachwerk- und Rokokohäuser zieren das Dorfbild. Hübsche Bildstöcke und steinerne Brücken fehlen nicht. Reich ist die Kirche, 1447 begonnen und auch zu Ende geführt. Die Orgel wurde 1655 von dem berühmten Münnerstädter Konrad Kitzinger eingebaut. Das Gotteshaus mit den schönen, gotischen Fenstern ist ein Schmuckstück, von den Kurgästen in Bad Kissingen und dem nahen Bad Bocklet ebenso gern besucht wie das Schloß mit dem Museum, das dem Bezirk Unterfranken gehört.

*Ein Trinkgefäß aus dem Museum des Schlosses Aschach*

*Am Dorfbach im Patersgäßchen zu Aschach steht diese rebenumwundene Bildsäule mit einer dreiseitigen Darstellung der hl. Passion aus dem Jahre 1647. Aschachs berühmter Sohn Balthasar Schmitt gab dem Werk sein heutiges verfeinertes Aussehen*

*Eine architektonische Kostbarkeit ist das Schloß Aschach mit dem Graf-Luxburg-Museum. Im November 1955 übernahm der Bezirk Unterfranken das Schloß mit seinen historischen Schätzen als Stiftung des damaligen Besitzers Karl Graf von Luxburg, kais. Gesandter a.D.*

# Der alte Kornstein von Königshofen

*Mancher Besucher der alten Stadt Königshofen wundert sich über den seltsamen Stein mit seinen vier halbkugeligen Mulden, von denen Röhren zu Öffnungen unter den Rand des Steines führen. Wann der Kornstein aufgestellt wurde, läßt sich mit Sicherheit nicht feststellen, aber er stammt aus der Zeit, als Königshofen der bedeutendste Vieh- und Getreidemarkt des Grabfeldgaues unter den Hennebergern war. Die Mulden des Steines waren die amtlichen Getreidemaße, und noch vor 100 Jahren wurde das Getreide darin ausgemessen, also nicht gewogen. Messungen nach Gewicht waren noch unbekannt. Es wurde glattes und rauhes Korn »gestrichen«. Zum glatten Korn gehörten Roggen, Weizen, Erbsen und Linsen, zum rauhen Korn Hafer und Gerste. Gemessen wurde nach Maltern, Metzen, Vierteln und Achteln. Das Malter Roggen enthielt fünf Achtel und eine Metze, das Malter Hafer aber sechs Achtel, zwei Metzen und zwei Viertel. An dem Kornstein wurde also das »gestrichene Maß« beim Getreidekauf ermittelt, und durch die Öffnung unter dem Stein lief das Korn in den Sack. Ein umständliches Verfahren, wenn größere Mengen erhandelt wurden, zumal allerorten, selbst in gleichen Grafschaften, verschiedene Getreidemaße üblich waren. Es muß geradezu ein Aufatmen durch das Land gegangen sein, als 1872 Dezimalmaße und Gewichte eingeführt wurden.*

*Hinter der Stadtpfarrkirche »Maria Himmelfahrt« in Königshofen steht das nicht minder schöne alte Pfarrhaus*

*Heinrich Fuß*

## Des Dichters Musiker

Die Fülle von Stimmungen, die der Landschaft des Tauber- und Umpfertales eigen ist, hat Jahrhunderte hindurch dem Schaffen vieler Söhne unserer Heimat die Grundlage eines schöpferischen Gestaltungswillens gegeben, der in seinen Werken seinen unvergänglichen Niederschlag fand. Nicht nur dem Maler und Bildhauer, Dichter und Erzähler verliehen der reiche Wechsel von bewaldeten Höhen, sonnigen Weinbergen, Nepomukbrücken, alten Barockkirchen und verträumten Gäßchen die Kraft der Phantasie, sondern diese Landschaft, die der Dichter Hermann Eris Busse »eine lyrisch-romantische Tondichtung mit hellem Geigenklang und weichem Alt der Viola d'amore« nannte, wurde auch die Heimat einer Reihe bedeutender Musiker.

Einer der ersten unter ihnen war Johann Rudolf Zumsteeg. Wer weiß heute noch im Umpfertal, wer jener Mann war, was er geleistet und wodurch er seinen Geburtsort bekannt gemacht hat?

Durch Zufall wurde Zumsteeg Sachsenflurer, denn – so berichten die Pfarrbücher in Unterschüpf und Dainbach – »Johann Rudolf Zumsteeg wurde beim Durchzug württembergischer Soldaten als Sohn der Maria Elisabeth Hornung und des Rudolf Zum Steeg, Herzoglich-Württembergischer Grenadier in der Esquadron am 10. Januar 1760 in Sachsenflur geboren«. Recht armselig war die kleine Stube, in der Johann Rudolf das Licht der Welt erblickte, und sicher wird niemand von denen, die der jungen Mutter in ihrer schweren Stunde beigestanden, daran gedacht haben, daß ein Besonderer an jenem Januartag seinen ersten Schrei tat. Ein abenteuerliches Schicksal hatte seinen Vater, einen schweizerischen Schmiedegesellen, nach Württemberg verschlagen. Friedrich des Großen Werber hatten ihn auf der Wanderschaft – man zählte das Jahr 1755 und er war gerade 29 Jahre alt – halb mit List, halb mit Gewalt nach Berlin gebracht. Da er eine »halb fus über die andern nausschaute«, kam er zu den »langen Kerls«. Jedoch das Soldatenhandwerk behagte Zum Steeg gar nicht, er wollte zurück in seine Heimat, in seine Berge. Endlich nach der nächtlichen Niederlage von Hochkirch 1758 – er hatte drei Jahre

### Der Friesenturm in Sulzfeld

*Auf Schritt und Tritt findet man in Sulzfeld am Main die schönsten Malerwinkel, und heute noch ist das kleine Städtchen so romantisch wie damals, als Albrecht Dürer auf seiner Reise nach Rotterdam hier vorbeifuhr. Ringsherum führt noch die alte Stadtmauer. Unser Bild zeigt das Friesentor und das Maintor, zwei der drei Tore, die die Stadt zum Main hin öffnen. Während der weithin bekannten Weinfeste platzt die Gemeinde fast aus allen Nähten.*

*Johann Rudolf Zumsteeg*

lang den preußischen blauen Rock getragen und darin tapfer bei Roßbach, Leuthen und Zorndorf gekämpft – gelang ihm zusammen mit einem Landsmann die lange geplante Flucht.

Bis nach Schorndorf in Württemberg schlugen beide sich durch, in der Absicht, sich unter den Schutz des Herzogs von Württemberg zu stellen. Doch hier kamen sie vom Regen in die Traufe. Denn der stets geldbedürftige Herzog hatte das 1752 begonnene Geschäft mit Frankreich wieder aufgenommen und sich zu einer Lieferung Soldaten verpflichtet. Junge Leute wurden soweit gebracht, daß sie erklärten, freiwillig dienen zu wollen. Eine Jagd auf alle möglichen Ausreißer begann, zu der auch die Gemeinden aufgeboten waren. So kam es, daß der Amtmann von Schorndorf, dem die beiden Deserteure vorgeführt wurden, eine willkommene Gelegenheit sah, sich bei seinem Landesherrn, dem Herzog Karl Eugen, besonders verdient zu machen. Er ließ beide nach Ludwigsburg bringen. Zum Steeg weigerte sich anfangs zwar, wieder Soldatendienste anzunehmen, aber nachdem man ihn 14 Tage bei Wasser und Brot auf der Wache hatte festsitzen lassen, war sein Widerstand gebrochen und er erklärte sich zum Eintritt bei den Grenadieren zu Pferde bereit. Fast ohne seinen Willen kam er auch zu einem Weibe, denn auf herzoglichen Befehl und »um den Ausländern beim Heer das Ausreißen zu verleiden« mußte Rudolf Zum Steeg die »Maria Elisabeth Hornung zur Frau nehmen«.

Als der Herzog Ende 1759 seine Grenadiere zu Pferde ausrücken ließ, um »im Verbande der Reichsarmee gegen den Preußenkönig zu kämpfen, der nach den Niederlagen von Kunersdorf und Maxen sich nur noch mit Mühe seiner Feinde erwehren konnte, begleitete sie ihren Gatten nach der damaligen Soldatenfrauensitte ins Feld. Am 28. Oktober 1759 brach man im Lager Ludwigsburg auf, und über die großen Verkehrs- und Landstraßen entlang des Neckars, durch die Hohenloher Ebene fluteten die Truppen in den Schüpfergrund. Winterquartier wurde in den Dörfern und Ort-

*Die beiden Wehrtürme der Gamburg, die die mächtige Toreinfahrt schützen*

schaften dieser Gegend bezogen, und die Grenadiere zu Pferde, bei denen sich auch Rudolf Zum Steeg befand, hatten Sachsenflur dafür ausersehen. Hier kam Johann Rudolf als erstes Kind der jungen Eheleute zur Welt. Das Standesbuch nennt als Taufpaten: Wachtmeister Holzapfel, Korporal Knorr, die Gattin des Korporals Wagner und die Quartierwirtin, die Bäuerin Schubert.

Nur kurz war der Aufenthalt in dem Umpferort, denn Johann Rudolf zählte gerade drei Monate, da ging der Marsch weiter, und etwa ein Jahr später – es war im Standquartier in Wolfschlugen – gesellte sich zu dem Knäblein ein Schwesterchen. Maria Elisabeth war ihren Kindern eine sorgsame und aufopfernde Mutter und bei den mancherlei schweren Prüfungen stets von freundlichem Sinn. Die Geschwister sollten sich jedoch ihrer treuen Fürsorge nicht lange erfreuen. Der junge Zumsteeg war kaum acht Jahre alt, da starb sie.

Nach dem frühen Tod der Mutter kam Johann Rudolf am 16. Dezember 1770 in das »militärische Waisenhaus« auf der Solitude, das 1771 sich zu einer »militärischen Pflanzschule« ausweitete. Das Soldatenkind sollte eigentlich Bildhauer werden und man teilte es den »Garten- und Stuccatorknaben« zu. Da er aber größere Neigung zur Musik empfand, erhielt er bei Johann Friedrich Seubert Musikunterricht und erlernte zugleich bei dem »Kammervirtuosen Eberhard Malterre« das Violoncello.

Der Vater konnte recht stolz sein auf seinen Erstgeborenen, errang er doch bei der öffentlichen Prüfung am 14. Dezember 1774 den ersten Preis »in der Sayten- und Instrumental-Musik«, den er auch in den nächsten fünf Jahren behaupten konnte.

Der Jünger Polyhymniens war nun Schüler der »Herzoglichen Militär Akademie«, der Karlsschule, geworden. Hier schloß er innige Freundschaft mit Friedrich Schiller, der 1773 in die Anstalt eintrat, und mit dem späteren Bildhauer Johann Heinrich Dannecker. Die Lehrjahre auf der Akademie flossen in strenger Arbeit dahin und der gründliche theoretische und praktische Unterricht bildete die Grundlage für sein späteres Wirken als Komponist, Operndirektor und Chorleiter.

Am dichterischen Schaffen seines Freundes Schiller nahm er regen Anteil, und dieser war ihm, dem »guten, wackeren Zumsteeg«, der für alles »Große und Schöne so Begeisterungsfähige«, mit »warmem Herzen zugetan«. Zum Freundeskreis gesellten sich noch Friedrich Hoven, Johann Scharffenstein, Johann Wilhelm Petersen und Viktor Heideloff. Sie alle erlebten das Werden von Schillers Erstlingsdrama »Die Räuber«. Denn, um sich von dessen Wirkung zu überzeugen, las Schiller, wenn es unbelauscht von Aufsehern geschehen konnte, im Hause und auf Spaziergängen den Freunden einzelne Szenen vor. Sie waren alle so begeistert, daß sie »im Umgange für längere Zeit sich der Sprache des Stückes bedienten, ja ganze Sätze in ihren Gesprächen gebrauchten«. Zumsteeg setzte die im Drama eingestreuten Räuberlieder sogleich in Musik, und wir wissen aus den Berichten der Freunde, daß die jungen Stürmer und Dränger »diese ins Ohr fallenden Weisen mit flammender Begeisterung« gesungen haben.

Schiller selbst war in höchstem Maße von diesen Kompositionen begeistert. In einer Vorrede zur zweiten Ausgabe der »Räuber« 1872 schreibt er: »Es sind dieser zweiten Auflage verschiedene Klavierstücke zugeordnet, die ihren Werth bey einem großen Theil des musikliebenden Publikums erheben werden. Ein Meister setzte die Arien, die darin vorkommen, in Musik, und ich bin überzeugt, daß man den Ton bey der Musik vergessen wird.« Zu der denkwürdigen Aufführung des Trauerspiels am 13. Januar 1782 auf der »National-Bühne in Mannheim« schrieb Zumsteeg eine von Schiller als »vortrefflich und meisterlich« bezeichnete Ouvertüre, die leider verlorenging.

Am 15. Dezember 1780 verließ Schiller die Militärakademie und ein Jahr später erreichten auch 22 Musiker, unter ihnen Zumsteeg, ihre – wie es hieß – »Ausrangierung« und bekamen Anstellungen als Hofmusiker. Der junge Komponist erhielt gleich 200 Gulden als Anfangsgehalt, den »Höchstbetrag«. Auch nach der Entlassung von der Akademie blieben die Freunde zusammen und, wenn sie auch nicht viel zu verzehren hatten, so freuten sie sich doch öfter in Schillers ärmlicher Wohnung oder im Gasthaus »Zum Ochsen« in der Hauptstätterstraße zu Stuttgart zuweilen in kraftgenialischem Übermut.

Der 22jährige Hofmusikus hatte inzwischen so ziemlich alles, was aus der Dichterfeder seines Freundes geflossen war, in Töne gesetzt: »Hektors Abschied«, »Brutus und Cäsar«, die Szene »Amalie im Garten«, »Entzückung an Laura« und vieles andere mehr. Öffentliche Anerkennung blieb nicht aus. Zur Eröffnungsfeier der »Hohen-Karls-Schule als Universität«, die am 11. und 12. Februar 1782 stattfand, erhielt er den Kompositionsauftrag zu einem Festspiel.

Die Jahre 1782 und 1783 waren wohl die fruchtbarsten im Schaffen des jungen Komponisten. Dies hatte auch seinen besonderen Grund. Zwei hübsche Stuttgarte-

*Das Geburtshäuschen Johann Rudolf Zumsteegs in Sachsenflur*

*Die alte Brücke in Gerlachsheim ist nur eines der vielen schönen Flußbauwerke im Taubertal*

rinnen, Luise und Wilhelmine Andreae, Töchter einer angesehenen Arztwitwe, brachten einige Verwirrung in den Freundeskreis. Zärtliche »billet doux« wanderten hin und her. Unser Musensohn schwärmte vor allem für Luise, die ältere der beiden. Jedoch die Mutter Luisens, mit einem ziemlichen Maß von Vorurteilen und Standesdünkel behaftet, wollte lange nichts von einer Verbindung ihrer Tochter mit einem »armen, mittellosen Musikanten« wissen. Aber Luise hatte »von der ersten Begegnung an jenen Eindruck erhalten, den sie bestimmend für ihre Zukunft fand«, und Zumsteeg war nicht der Mann, den Schwierigkeiten von einem einmal gefaßten Plan hätten zurückhalten können.

Als nun nach mehrfachen Eingaben beim Herzog Zumsteeg im Herbst 1783 eine Erhöhung seiner jährlichen Bezüge um 200 Gulden erreichte, gab auch die gestrenge Frau Andreae die Einwilligung zur Heirat. Ende November konnte Johann Rudolf seine Luise als Gattin heimführen. Die Freude an der eigenen Häuslichkeit und die stille Befriedigung erfüllten Glücks sprechen aus dem Brief an Freund Schiller am 15. Januar 1784 nach Mannheim: »Ich bin verheurathet! – Verheurathet sag' ich Dir – denk nur verheurathet! – an eine Andreaein, die älteste Tochter des verstorbenen Dr. Andreae. Du kennst sie schon Bruder! 's ist ein herrliches Weib! Den 29. November 1783 hat ein Handlanger des Allmächtigen mich mit ihr verknüpft. Zwar war ich schon vorhin so nahe mit ihr bekannt, daß alle Schwierigkeiten, die ihre Verwandten mir den Weg legten, gehoben werden mußten. Du weißt, wenn man was hinausführen will, braucht man auch schlechte Kerls! Ich wandte mich also an den Herzog von Württemberg – und siehe, es gieng!... Was

machst wirklich? Meine Oper? – Antwort: Ja! Warte nur Kerl, laß mich einmal zu Dir hinabkommen!... Schreib mir, schreib Deinem Zumsteeg.«
Die Ausdrucksweise dieses Schreibens atmet noch ganz den Umgangston der »Räuber-Schwärmer-Zeit«, und es ist interessant zu erfahren, daß Schiller seinem Freunde vor der Flucht nach Mannheim versprochen hatte, ein Opernlibretto zu schreiben. Noch einmal in einem Brief vom 12. Februar 1800 erinnert er Schiller an sein Versprechen, »eine Oper von ihm zu erhalten«. Leider ist dieser sehnlichste Wunsch Zumsteegs nie in Erfüllung gegangen.
Das herzliche Verhältnis, das von Jugend auf den Dichter mit dem Musiker verband, blieb ungetrübt, und in regem Briefwechsel, der sich wegen der Vertonung von Werken des Freundes entwickelte, gaben sie sich gegenseitig reiche Anregungen. Aber nicht nur die Schillersche Poesie, sondern auch die Lyrik Goethes und Gedichte von Friedrich Haug, Gleim, Herder, Matthissons, von Salis, Graf Leopold Stolberg – um nur einige zu nennen – reizten ihn zur musikalischen Interpretation.
Das Jahr 1790 war für seine kompositorische Entwicklung besonders bedeutungsvoll. In den Ostertagen dieses Jahres lernte er den Dichter Gottfried August Bürger kennen, der zu Besuch in Stuttgart weilte. Die Frucht dieser Begegnung war die Vertonung von Bürgers Ballade »Des Pfarrers Tochter von Taubenhayn«. Es folgten »Die Entführung«, »Das Lied von der Treue« und 1797 »Leonore«. Mit diesen Kompositionen beschritt Zumsteeg neue Bahnen, schuf eine neben dem Lied stärker differenzierte Form und wurde zum eigentlichen Begründer einer Kunstgattung, der durchkomponierten Ballade, die später von Schubert und Loewe weiterentwickelt wurde. 1791 übernahm der schwäbische Tondichter als Nachfolger Schuberts die Leitung der deutschen Musik am Hoftheater und 1792, nach dem Weggang des Italieners Poli, dessen Amt als Hofoperndirektor. Aber seine ganze Liebe galt Mozart, den er einmal in einer kritischen Betrachtung »Mozart den Einzigen« nannte. Voller Begeisterung setzte er sich nun für die Aufführung der Meisteropern des jungverstorbenen großen Kollegen ein, war es doch die Welt Wolfgang Amadei, die Sprache seines Herzens, hinter dessen Heiterkeit sich ein leiser Schatten von schmerzlicher Melancholie verbarg, die ihn in frühen Jahren zu seiner Oper »Armida«, dem Singspiel »Lottchen am Hofe« und dem »Tartarischen Gesetz« inspiriert hatte.

1793 starb Herzog Karl Eugen, und Zumsteegs Vater, der nach seiner Verabschiedung aus dem Militärdienst – er hatte es bis zum Oberwachtmeister gebracht – Kammerdiener des Herzogs geworden war, zog sich »bei der Überführung der Leiche des Landesherrn von Hohenheim nach Ludwigsburg eine »schwere Erkältung mit einem Geschwür im Schlunde zu«. Er kam zu liegen und nach anderthalbjährigem Leiden erlöste ihn am 25. Mai 1795 der Tod.
Im Hause des Hofkapellmeisters rief der Tod des alten Zum Steeg äußerlich keine großen Veränderungen hervor, denn die Bindungen zum Elternhaus waren – da der Vater kurz nach dem Tode der Mutter Johann Rudolfs zum zweiten Male geheiratet hatte – nicht sonderlich stark mehr gewesen. Aber Johann Rudolf war doch tiefer erschüttert, als er sich anmerken ließ. Er hatte Mühe, sich im Gleichgewicht zu halten; schließlich waren es die Musik und die Versenkung in die Welt der Harmonie, die ihm wieder Festigkeit gaben. Mit feinem Verständnis nahm Frau Luise an dem Schaffen des Gatten teil und war stets eingeweiht in all seine Arbeiten. Sie verstand es aus dem natürlichen Empfinden für das Echte, Ratschläge zu geben, die sich oft erfolgreich auswirkten. Sie sorgte weiblich, wohlwollend für den Gatten, und ihr begütigendes, ausgleichendes Wirken verhalf hinweg über die Knappheit der Verhältnisse, die durch stete Geldsorgen und nicht zuletzt durch den Verlust des Postens

# Hoch über der Tauber

... liegt die Gamburg, Beschützerin der gleichnamigen Gemeinde. Das mächtige Bauwerk stammt aus der zweiten Hälfte des 13. Jahrhunderts und wurde immer wieder erweitert. Zentrum ist der quadratische Bergfried, das älteste Element der Burganlage. Hier hinein retteten sich in kriegerischen Zeiten die Menschen. Architektonisch besonders gelungen ist der Renaissancegiebel des Langhauses, das im 16. Jahrhundert errichtet wurde. Im Dreissigjährigen Krieg wäre die Gamburg um ein Haar der Zerstörung anheimgefallen, hätte nicht im letzten Augenblick Götz von Berlichingen eingegriffen und sie vor der Brandschatzung bewahrt.

als Lehrer an der Musik- und Mimikschule – nach Aufhebung der Karlsschule – entstanden waren. Zu allem Überdruß stellte Ludwig Eugen, der Nachfolger Karl Eugens, der für das Theater wenig Interesse zeigte, den aus Bayreuth stammenden Musikdirektor Distler ein. Luise tröstete den Gatten und gab ihm zu verstehen, daß große Enttäuschungen oft die Möglichkeit der inneren Bereicherung in sich trügen, man müsse nur richtig hinter die Dinge sehen. Das Bewußtsei einen Menschen zu haben, der ihn voll und ganz verstand, gab Johann Rudolf wieder Mut und Auftrieb. Ein Heft mit »Liedern und Balladen« entstand, Opernstoffe geisterten in seinem Kopf herum, eine Reihe Kantaten für Chor und Orchester wurden vollendet, und die Arbeit, das Komponieren, ging bald in alter Gewohnheit weiter.

Der Winter verging und das Jahr 1796 stellte sich mit einem bezaubernden Frühling ein. Die Luft war voll flimmernder Unruhe, der Duft des frischen Grüns, der Geruch schwellender Knospen betäubte die Sinne. Man spürte das Gären und Werden, das nach Ausbruch drängte, das die Sehnsucht wachrief. Die Amsel sang immer hingegebener und süßer, Ströme voll Wohlgeruch erfüllten Gärten, Parks und Straßen, und Luise gestand ihrem Manne, daß sie sich Mutter fühle. Das erste Kind, das am 9. Dezember 1796 zur Welt kam, wurde von Mozart gesegnet, denn der Vater, der glühende Verehrer des Salzburger Meisters, war in jenen Monaten mit den Studium der Partitur zu Wolfgang Amadeus' letzter Oper »Die Zauberflöte« beschäftigt. Immer neue Stellen entdeckte er, die »einfach himmlisch und göttlich« klangen, er mußte sie Luise vorspielen und sie genaß an der reinen Schönheit dieser Musik. Die Freude über die Tochter, die sie Emilie nannten, war groß, und selbst das Kindergeschrei war für den glücklichen Vater eine Quelle schöpferischer Gestaltung. Denn um den kleinen Unrast zu beruhigen, schrieb er eine Reihe Wiegenliedchen, die nur so im Sechsachtel-Rhythmus dahinplätscherten und die kleine Emilie zeigte schon in den ersten Monaten besondere Empfänglichkeit für die zarten Schwingungen des Klanges. Nirgends fühlte der junge Kapellmeister sich wohler als im Kreise seiner kleinen Familie.

*Das schöne Külsheimer Fachwerk-Rathaus mit Marktbrunnen*

*Einer der zahlreichen Wasserspender in Külsheim*

Auch Johann Wolfgang Goethe machte am 3. September 1797 seinen Besuch in der Wohnung Zumsteegs. Der Herr Geheimrat aus Weimar hatte auf seiner dritten Reise in die Schweiz für kurze Zeit Aufenthalt in der schwäbischen Hauptstadt genommen. Einen ganzen Abend weilte er im Kreise des bescheidenen Ehepaares, deren Herzen »vor Freude und Stolz pochten, als sie dem berühmten Manne gegenübersaßen, dessen Person unerreichbar schien«. Goethes liebenswürdige Fähigkeit, bei eigener Lebendigkeit auch das Beste aus seinem Gesprächspartner hervorzulocken, ließ die Unterhaltung der kleinen Gesellschaft zu angeregter Wechselwirkung werden, und ein warmer Strom geistiger Anregung floß in das Haus. Zumsteeg spielte dem hohen Gast die Vertonung seiner »Colma« vor, und Goethe schrieb darüber in sein Reisetagebuch: »Abends bei Herrn Kapellmeister Zumsteeg, wo ich verschiedene gute Musik hörte. Er hat die Colma nach meiner Übersetzung als Cantate, doch nur mit der Begleitung des Klaviers, componiert. Sie tut sehr gute Wirkung und wird vielleicht für das Theater zu arrangieren seyn…« In einem späteren Brief an Zumsteeg dankt Goethe für den »schönen Abend« und kam seinem Versprechen nach, ihm ein Gedicht, daß sich zur Vertonung eignete, zu schicken.

Das Jahr 1798 brachte die Erstaufführung von Zumsteegs bester und bekanntester Oper »Die Geisterinsel«, dessen Textbuch Gotter nach Shakespeares »Sturm« bearbeitet hatte. Sie wurde nicht nur ein Repertoirestück des Stuttgarter Theaters, das damals an den Leutnant und Auditor Haselmaier verpachtet war, sondern fand auch großen Beifall in Wien, Frankfurt und Königsberg. Mozartscher Hauch war in den Arien, Kavatinen, Duetten und Ensemblesätzen spürbar, aber schon klangen kühnere Harmonien auf, das musikalische Kolorit war mannigfaltiger geworden, von blühender Farbengebung; das Orchester malte, und leise kündete sich schon die romantische Oper an. Es war das Jahr, in dem Josef Haydn im Alter von mehr als 65 Jahren seiner schöpferischen Vollendung entgegenschritt. Sein Oratorium »Die Schöpfung« erlebte am 29. April im Palais des Fürsten Schwarzenberg eine begeisterte Erstaufführung, Mozarts »Zauberflöte« beglückte schon sieben Jahre die Herzen, und diese späte Anerkennung sollte die bittere Undankbarkeit vergessen machen, die eine brutale Welt an dem Lichtgenius Wolfgang Amadeus begangen hatte, Ludwig van Beethoven erhob sein Titanenhaupt, rüttelte an überlieferte Formen. Seine Klaviersonaten op. 10 ließen neue Gedanken erkennen, sie weiteten sich zu Seelenbekenntnissen aus. Franz Schubert, das 15. Kind eines armen Schullehrers, hüpfte in sein erstes Lebensjahr hinein, ahnte noch nichts von seinem tragischen Schicksal und daß er einmal der unsterbliche Schöpfer des deutschen Liedes werden sollte, der alles mit einem melodischen Blütenregen übergoß. Mit 12 Jahren hatte Karl Maria von Weber, der 23 Jahre später mit seiner Oper »Der Freischütz« in die Tiefen der deutschen Volksseele drang, seine noch ganz aus klassischem Geist geschaffenen Fughetten und Klaviervariationen herausgegeben.

Zumsteegs »Geisterinsel« sollte auch in Paris zur Aufführung gelangen, aber die politischen Ereignisse ließen es nicht dazu kommen. Trotzdem war Johann Rudolf über den Erfolg seiner Oper und die Anerkennung, die ihm zuteil wurde, erfreut, und sein Glück wurde noch erhöht, als Luise ihm einen Sohn schenkte, dem sie den Namen Gustav Adolf gaben. Aber mit der Freude geht auch das Leid. Ein »hitziges Schleim- und Gallenfieber« hatte den Komponisten bei der Arbeit an der Partitur zur »Geisterinsel« so gequält, daß er längere Zeit der Erholung bedurfte. 1799 stellten sich wieder »heftigste Schmerzen« ein. Aber rastlos schaffte Zumsteeg Lied um Lied, Ballade um Ballade, eine neue Oper entstand, »Das Pfauenfest«.

Trotz blühender Melodik konnte sie sich nicht durchsetzen, man nahm Anstoß am Textbuch, eine Hoffnung schwand dahin. Im Juli 1801 beendete der fleißige Musikschöpfer den Monolog aus »Maria Stuart«, schrieb zwei Kantaten und begann mit der Komposition seines letzten, später so beliebt gewordenen Singspiels »Elbondokani«.

In den letzen Januartagen des Jahres 1802 konnte er der Schlußseite seiner Partitur die Initialen seines Namens J. R. Z. und ein bedeutungsvolles »Finis« anfügen. Eine Aufführung dieses heiteren und ansprechenden Werkes, das in seinem Handlungsablauf Boildieu's 1800 erschienener Oper »Der Kalif von Bagdad« ähnelt, sollte Zumsteeg nicht mehr erleben. Kaum auf des Lebens Höhe angelangt, nahm der Tod ihm die Feder aus der Hand.

Der Abend des 26. Januars hatte Zumsteeg noch – nach dem Besuch eines Konzerts in fröhlicher Runde mit Freunden und Gönnern gesehen. Am Morgen des 27. Januars um 7 Uhr rief er seine Gattin zu sich und klagte über heftige Schmerzen in der Brust. Der sofort herbeigerufene Arzt kam zu spät, er fand die Gattin in Tränen aufgelöst. Der Tod hatte seine kühle Hand auf sein Herz gelegt.

Wenn man den Nachlaß des Meisters aus Sachsenflur sichtet, so ist es unverständlich, daß so ein reiches Schaffen in Vergessenheit geraten konnte. Zumsteeg war zweifellos eine der bedeutendsten Persönlichkeiten seiner Zeit und als Mensch wie als Künstler hochgeschätzt. Goethe und Schiller stehen in der Reihe der großen Dichter, die ihn ehrlich bewunderten. Friedrich Haug nennt ihn in einem Schreiben an den Bildhauer und Freund Dannecker den »Mozart Wirttembergs«. Lenau sah in ihm den Goethe der Musik, und Schubert äußerte seinem Freunde, Graf Spaun, gegenüber, der ihn 1811 im Musikzimmer des Konvikts zu Wien tief versunken musizierend fand, daß »er tagelang in den Liedern Zumsteegs schwelgen könne«. Auch Karl Löwe, dessen Hauptdomäne später die von Zumsteeg begonnene Form der durchkomponierten Ballade war, fühlte »tiefes Ergriffensein bei den Kompositionen des zu Unrecht zurückgestellten großen Meisters«. Aber Zumsteeg hatte das nicht seltene Schicksal, Zeitgenosse großer Meister zu sein und über ihnen vergessen zu werden. Sein Nachruhm verblaßte neben dem leuchtenden Dreigestirn Haydn, Mozart und Beethoven.

# Im grünen Taubertal

... liegt die Eulenscherbenmühle, ein schöner Renaissancebau mit Volutengiebeln, Treppenturm und prächtigen Erkern. Fast geheimnisvoll liegt sie in der Stille des Tales. Wenn die Stufen der Wendeltreppe bis hinab in den Mühlbach führen, so nimmt es nicht wunder, daß Sagen und Märchen die Mühle umweben. Bachnixen, hübsche Taubertöchter, sollen über diesen geheimnisvollen Aufgang aus dem Wasser hinauf in die Mühle geschlichen sein und die Müller verzaubert haben. Eine Inschrift an der Hauswand zeigt von vergangenen Teuerungen. Eine, die noch gut lesbar ist, lautet: »Im Jahre 1817 hat das Malter Korn 36 und der Kern 50 Gulden gekostet. Jonn Josph Müller«. Sieben Jahre später war der Preis für das Korn auf 20 Gulden gesunken.

*Wilhelm Fuchs*

# Der erste Raketenflieger

Ee für allemal ghört si des klargstellt. Der örschte Raketenflieger vo der Walt war e Schweinfurter! Da beißt die Maus kenn Faden nit roo. Mitten auf en Marktplatz steht sei Denkmal, wer amal hiekummt. Da hockt'r droum auf sein Sassel scho siebzig Jahr, unner Friedrich Rückert. Freili! Des war der örschta, wo nauf die Stratosphäre gflougn is. War'sch nit gläbbt, kann's nachgelaas. In seiner Bücher steht's schwarz auf weiß:

> »Ich stand auf Bergen hoch
> und übersah die Erde,
> die so gedrückt vom Joch,
> geschlagen so vom Schwerte.«

Noja, wager dera Übersicht hätt' natürli gar nit örscht auf'n Berg nauf gebraucht. Des siecht mehr scho hunten. Wie'rer no ganz jung war, so achtezwanzig velleicht, is'r halt naufgekraxelt und hat sie ümgaguckt.

> »Ich sah den blut'gen Greu'l,
> der lag auf ihren Tiefen,
> und hörte das Geheul
> und hörte das Geheul
> der Stimmen, welche riefen.«

Des war vor jetz bald hunnertfuchzig Jahr und war dazermal scho nit annersch wie heut. Mir hör'n und sahn im 20. Jahrhunnert die Greul'l in alle Winkel zwar no viel, viel besser, sagor in Schlappen derhemm auf'n Kanapee, weil mir en Fernsäher ham, und dar is auf Draht. Bloß hörn mir natürli kee Geheul mehr und kee Stimmen a nit. Des mecht si schlacht im Radio und drüm blasen mir lieber aweng Mussik und die klingt schönner und gäht zu een Ohr nei und zum annern widdr naus.

> »Ich sprach: O wär' ich doch
> all dieser Not entrücket!«

Des hätt'r fei nit sag söll! Denn scho is auf eemal e Raketen kumma und hat unnern Rückerts Fritz im Hendümdrehn mitgenumma.

> »Da ward vom Berg auf hoch
> ich in die Luft gezücket.«

Sichst und sou is'r nacher geflougn. Hoch droum aufn Bärg muß mer halt a die Raketenabschußbasis naufn Mond und drüber naus hiemach.

> »Aufschwebt' ich durch die Luft,
> und hört' und sah noch immer.
> Zuletzt verschwamm in Duft
> das Blut und das Gewimmer.«

Exakter hätt des heut kee Raketenfahrer könn schilder. Auf een vo uns is halt Verlaß. Mir hörn und sahn a ümmer alles, wos mer gar nit sah wölln.

Und je weiter eener wäg is, desto wenger sicht'r. Von Blut, meen i. Und hört'r. Vom Gewimmer. Is des klar? Dafür hat'r wos annersch gsahn, paß auf:

> »Und als ich niedersah
> aus allerhöchster Ferne,
> da sah ich schimmern, da!
> Den schönsten aller Sterne!«

Nä, sou was! Drüm verlohnt sie freili es Raketenfahrn. Möcht'n ihr nit a emal nauf und den schönsten vo aller Stern sah? Unnern Fritz hat da die Neugier wia nit gscheit geplagt undsa fröigt'r und war do gar keener zu fröign da:

144

> *»Was dort im hellen Licht*
> *ist das für eine Sphäre?«*

Die Sunna hat drauf gschiena und der Mond scheints a und gaglenzt hat alles, nit ze sagen! Und scho is e Engela naber na hargflougn und hat'n Bescheid gabm:

> *»Da ward mir der Bericht,*
> *daß es die Erde wäre.«*

Sichsta?! Örscht fliegt mer nauf, däß mer vo dara lumperta Erden wag is und vo dan Blut und dan Gewimmer, und wos entdeckt mer droum? Die Ardn! Den schönsten vo aller Stern'. (Wenn halt nit die Leut drauf wärn!)

> *»Der Engel sprach zu mir:*
> *Es ist dir hier verschwunden,*
> *was einzeln drunten dir*
> *den wirren Blick umwunden.«*

Natürli! Den klößköpferten Nachber sicht mer nixmer aus dara Höh und nit die annere Sprüchbeutel und was sünst no rümläfft; die sin viel zu klee vo da droum. Und was sa für Drackbatzen über den eiserna Vürhang nüber und rübersmeißen, däß een angst und bang wörd, manchsmal in Papier eigewickelt, däß weng schönner aussieht. Und was sa no für Prügel harrichten, däß der annere drüber stolpert. Aber dar Engel hat na richti aufgeklärt:

> *»Du hat die Höh' erreicht,*
> *wo dir erscheint das Ganze;*
> *und deine Erde weicht*
> *hier keinem Stern an Glanze.«*

Wahr und wahrhafti! Kee Starn is sou schö! Auf dera Höh müsset mer amal alle nauffahr. Höcher braucht's gar nixmer, bis »wo dir erscheint das Ganze«. Nacher sahn se, wenn sa nit blind sin: die Ardn is doch e schönner Stern. Und wer na verreckt mecht, dan sölleten die Ratzen beiß! Des Engela naber dera Himmelsraketen hat alle zwä Hend zamgaläigt und gemeent:

> *»Die Erd', in ihrem Kern*
> *von Wunden so durchwühlet,*
> *sieh, wie vorm Blick des Herrn*
> *sie sich genesen fühlet!«*

Unnern Rückerts Frieder is derbei ganz feierlich worn in seiner Raketen. Und er hat derzu geknaukt und gsagt:

> *»Der Ruf des Wehs verschwimmt;*
> *tu auf dein Ohr und höre,*
> *wie hell ihr Loblied stimmt*
> *in ihrer Schwestern Chöre.«*

Des Lied müsset mer halt hunten a sing könn! Nacher trägt si es Raketenfahrn a aus. Aber da gibt's fei gar kenn Zweifel, der örschte, wo des ghört hat, war unner Friedrich Rückert! Und's schadet nix, wenn no viel auf dera Höh nauffliegetn. Und amol roogucketn. Und sehn den schönsten aller Sterne: die Ärden! Und passen nacher auf, däß nix drauf passiert!

*(Verse von Friedrich Rückert)*

*Hermann Fischer*

# Ein Graf geht zur Kur

Auf der dem Grafen Georg Ernst gehörenden Burg zu Henneberg herrscht heute große Aufregung. War schon in den vergangenen Wochen der gnädige Herr recht ungnädig gewesen, so scheint heute das Donnerwetter gar ausgebrochen zu sein. Und schuld daran war gewiß nichts anderes, als ein wohlversiegelter Brief, den ein reitender Bote gestern noch zu sinkender Nacht ins Haus gebracht hatte.

»Ich kann Euch nur sagen«, tuschelt eben eine der Kammermägde, »daß die gnädige Frau Gräfin mit ihren beiden Jungfern in der Kemenate sitzt und ganz verweinte Augen hat.« Und der Kellner, der eben einen frischen Humpen Wein zu holen hatte, läßt sich dazu vernehmen: »Eben ist der Predikant ins Herrengemach gerufen und der Junker Jörg zum Doktor geschickt worden.« »Wird ihn halt wieder das Zipperlein recht arg am Bendel haben«, mischt sich der Barbierer in das Gespräch ein, indes der Hofnarr das neueste Spottliedchen summt, das von Hammelburg über Kissingen her gedrungen war.

> »Die gut Arzney kan heilen recht
> Allerley Krankheit Art und Geschlecht.
> Das Podagra und Venus Spiel
> Allein den Arzt nicht dulden will.«

Wofür er von dem etwas hochnäsigen und eben hinzugetretenen Herrn Lakai eine kräftige Maulschelle einstecken muß. »Hat aber vielleicht doch nicht so Unrecht«, sucht die alte Gret zu beschwichtigen, »der gnädige Herr müßte halt wieder mal nach Kißge gehen und dort den Zauberbronnen gebrauchen; der hat ihm noch immer so recht gut getan.«

Inzwischen sitzt der Herr Sekretarius und Schreiber im Herrenhaus am schweren Eichentisch des Grafen und schneidet bereits den vierten Federkiel zurecht, weil sich dessen Vorgänger den allzu kraftvollen Worten des hennebergischen Antwortschreibens recht ungemach entgegengespreizt hatten, so daß sie nur noch mit einem ausgiebigen Klecks ihre schwarzen Seelen besiegeln konnten.

»Wenn Euer Gnaden gestatten wollten«, meint nun der Schreiber, »so erlaube ich mir untertänigst zu bemerken, daß auch dieser dritte Brief, den mir soeben Euer Gnaden zu diktieren geruhten, nicht den Absichten und dem Willen seiner hochfürstlichen Gnaden zu Würzburg dienen möchte, so daß – mit Verlaub zu sagen – Euer Gnaden in Ungnaden erkannt . . .« – »Zum Teufel auch!« – fährt da der Graf in die Höhe, um gleich mit einem schmerzhaften Stöhnen in die Kissen seines Sessels zurückzusinken, »schreibt was Ihr wollt und laßt mich mein Siegel daruntersetzen, damit ich den Kerl da draußen nicht mehr sehen muß, der mir diesen vermaledeiten Wisch anhergebracht hat.«

So kam dann jenes Schreiben zustande, dessen Originalkopie ebenso wie alle noch folgenden von mir zitierten Briefauszüge im Henneberger Archiv zu Meiningen heute noch zu sehen ist.

»... wenn dann so, dann also, da der Sauerbrunnen gefaßt oder sonsten verbaut werden sollte, und es etwa mißlingen, daß es nicht geriete und nicht rechte erfahrene Wasserkünstler und -fasser darbei wären... dieser Sauerbrunnen hierdurch wandelbar werden möchte..., zudem wir selbsten von Alten zu Kissingen gehört, dieser Bronn, wenn das Wasser aus dem Fluß darüber gegangen und wieder gefallen, daß sich der Bronnen wieder erholt, kräftiger sei denn zuvor.«

»... ob es aber mit dem Bauern bis wir gebadet, etwan bis Viti angestellt werden könnt... und so lange warten möchte.«

Datiert ist der Brief vom Jahre 1576. Das Antwortschreiben ist uns nicht bekannt. Jedenfalls aber hat unser schwer verärgerter Graf zu Henneberg es vorgezogen, im Jahre 1577 nach Ems zu reisen, obwohl der Weg dahin wohl sechsmal weiter war als der nach Kissingen. Seinem Vetter Valtin von Münster, dermalen Amtmann zu Kissingen, schrieb er am 7. April 1577:

»... bedacht, im Namen Gottes uns in das Emser Wildbad zu begeben, damit wir verhoffentlich solchen Podagra auf eine Zeit lang steuern, wehren und abbrechen können...«

Der gräfliche Schreiber liefert uns dazu ein »Verzeichnis, wie Mein Gnädiger Fürst und Herr, der von Henneberg, einlogieret worden ist. Erstlich auf dem mittleren Gang nach dem Berge zu 1 Stüblein, darin 3 Tisch und Bänke. Item eine Kammer daran mit 2 Betten und 1 Kamin und Tisch vor Meinen Gnädigen Fürsten und Herrn von Henneberg und einen Gang aus der Kammer ins Bad zu gehen. Item vor der Stuben eine Kammer mit 3 Betten und Tisch, darin Fräulen Sophien und Frauenzimmer. Item noch eine Kammer auf dem Gange an der Stiegen vor gemelte Stuben, darin 2 Betten, 1 Tisch und Kamin vor Doktor Orttlauff, Predikant, Sekretarius und Kopist.«

Auf dem obersten Gange über diesen Gemachen 1 Kammer auf der rechten Hand an der Stiegen, darin 2 große Betten vor Edelknaben, Schneider und Lakaien. Hieran noch eine Kammer mit 3 Betten vor den Marschalk und 4 Junker, 5 Tisch und Bänke.

Unten an dem Bad auf der Erde das kleine Stüblein, worin 1 Bettlein, da sich fürstliche Gnaden abtrocknen und ausziehen soll.

Eine Stube und Kammer, davon mit 2 Betten vor den Küchenschreiber, Keller und Barbierer.

*Portal ams Alten Schloß in Hammelburg*

Der Keller an der Pforten auf der linken Hand, wo man in Borchets Bad zu der Pforten eingehet.
Auch 5 Pferd, Stallung vor dem Bad in des alten Voigts Stall. Noch 1 Pferdstallung an Borchets Bad.
Im Dorf des Voigts Keller vor den Wein, so hier liegen soll.
Auf einem Beiblatt zählt der Schreiber dann noch die Personen auf, welche hier auf engstem Raum zusammengepfercht zu hausen hatten:

»Mein gn. Fürst und Herr
Seine Gemahlin
2 Jungfrauen
2 Kammermägde
2 Frauenzimmer Jung
1 Marschalk
4 Junker
3 Kammerbuben
1 Doktor
1 Predikant
1 Schreiber
1 Küchenschreiber
1 Kopist
2 Barbierer
1 Schneider
2 Koch und Junge
2 Kellner
1 Parierer
1 Lakei
1 Knecht im Stall
1 Trosser
1 Junker Jung
1 Marschalkjung.«

Insgesamt sonach 34 Personen.

Es ist uns nicht hinterlassen, wie der Gnädige Fürst und Graf von Henneberg mit seiner Emser Kur zufrieden war. Jedenfalls fragte er am 3. März anno 1578 recht bescheiden bei dem Herrn Amtmann in Kissingen an: »Unseren Gruß zuvor, bester lieber Getreuer, wir geben Dir hiemit gnädiger Meinung zu verstehen, daß unseres leibs Gelegenheit halber wir vermittelst göttlicher Verleihung bedacht seint, dieß Jahr wiederum den Kissinger Sauerbronnen zu gebrauchen und ungefähr um Philippi Jakobi damit anzufahren und bis in den Juneum ein 8 Tag über alles damit anzuhalten . . .«

Es folgt die Bitte um Überlassung der schon wiederholt zur Verfügung gestellten Behausung und das Versprechen, etwaigen Schaden zu erstatten. Zuvor hatte der Graf sich schon erkundigt, wen er wohl zu seiner Zeit in Kissingen als Gäste antreffen werde.

Am 28. Februar 1578 kam die Antwort: ». . . und kann hierauf . . . auf deroselben gnädiges Sinnen in Untertänigkeit mit verhalten, daß ich noch zur Zeit weder von meinem Gnädigen Fürsten und Herrn von Würzburg, noch von meinem Vetter Eyring von Münster oder jemandem andern vom Adel vernommen, des Sauerbronnens heuer zu gebrauchen, allein als ich deucht, daß Haus von Bibra und (unleserlich) allhier und selbigen gebrauchen wollen.«

Es ist nicht uninteressant hier zu erfahren, daß man vor bald 400 Jahren auch schon zur Winterzeit Gäste zur Kur in Kissingen hatte. 1581 erhielt der Graf überdies von Fürstbischof Julius Echter auch die Erlaubnis, während seines Aufenthaltes zu Kissingen in der Umgebung die Jagd ausüben zu dürfen.

So war denn unserem ehrenwerten »von Gottes Gnaden Georg Ernst Grafen und Herrn zu Henneberg« trotz aller Schwierigkeiten und Umständlichkeiten dennoch das Glück beschieden, noch manches Jahr »nach gebrauchtem Kissinger Sauerbronnen auf eine Zeitlang solchem Podagra gesteuert und gewehrt« zu haben und wieder »vermittelst göttlicher Verleihung« einigermaßen aufgerichtet auf seine Burg zu Henneberg zurückkehren zu können.

*Blick auf die Burg Saaleck*

*Hermann Gerstner*

# In der Stadt der Märchenerzähler

*Die Gebrüder Jakob und Wilhelm Grimm*

Es war einmal – so beginnen die Märchen. Wir haben sie alle als Kinder gelesen. Wir nehmen sie wieder in die Hand, wenn wir selbst in die Jahre gekommen sind. Denn die Märchen sind nicht nur von der Phantasie der Jahrhunderte geformt, sie bergen auch uralte Weisheit. Einer von den Orten, wo man die Märchen noch leibhaftig zu sehen glaubt, ist das Städtchen Steinau. Gar nicht weit von den Marken Unterfrankens entfernt, liegt der Ort im Hessischen an der Kinzig, die bei Hanau in den Main mündet. Es ist die Landschaft eines Ulrich von Hutten, der sich wiederholt seiner fränkischen Art rühmte, es ist die Gegend, wo Grimmelshausen herstammte, in dessen »Simplicissimus« sich mancher Anklang an das Fränkische findet.

Zwischen den waldreichen Ausläufern von Spessart, Vogelsberg und Rhön gelegen, ist das trauliche Steinau von Unterfranken aus nicht schwer zu erreichen. Wer von Würzburg aus mainabwärts fährt und dann in das Sinntal einbiegt, durchquert herrliche Wälder und erreicht alsbald den gerühmten Ort Steinau. Trotz mancher Neubauten hat der Platz, der schon in vorgeschichtlicher Zeit besiedelt war und jetzt an die 4000 Einwohner zählt, mit Mauern, Toren, Türmen und anderen ehrwürdigen Bauten sein altertümliches Gesicht bewahrt. Wer aus Franken dorthin einen Abstecher macht, wird reich belohnt. Es ist ein heimatlicher Klang, der den Zureisenden berührt – und vor allem sieht man viele Erinnerungsstätten von Jakob und Wilhelm Grimm, die dort ihre Jugend erlebt haben. Die unsterblichen Brüder, denen wir die Märchenbücher verdanken, haben in ihren empfänglichsten Jahren die Märchenstimmung dieses Ortes in sich aufgenommen. Wenn man Steinau sieht, begreift man, daß die Brüder Lust bekamen, die Märchen zu sammeln, man versteht auch, daß sie nach solchen Jugendjahren den rechten herzhaften Ton fanden, der immer aufklingt, wenn einer anfängt zu erzählen: »Es war einmal ...« Wollen wir heute dieses Städtchen betreten und es mit den Augen der Brüder Grimm anschauen?

Wir haben die Spessartwälder durchfahren und halten auf der letzten Höhe an. Dort unten zieht sich durch das Kinzigtal der alte, viel benützte Verkehrsweg von Frankfurt nach Leipzig. »Steinau an der Straße« nennt man daher die Siedlung im Tal. Wir schreiben das Jahr 1791, in dem sich links des Rheines die französische Revolution austobt. Eine Postkutsche holpert durch den Frühlingstag, die Wiesen neben der rauschenden Kinzig sind wieder frisch ergrünt, am Rain blühen Weißdornhecken. Die Sonne steht über den Häusern, ein paar hohe Türme werfen ihre Schatten auf rote Dächer, feiner Rauch weht aus den Schornsteinen. Wir müssen uns eilen, um zu sehen, wer da mit der Postkutsche in das Tor einfährt.

Am Amtshaus hält das Fahrzeug. Vom Hof aus können wir das Gebäude betrachten. Es macht einen stattlichen Eindruck. Im 16. Jahrhundert wurde es errichtet. Eine hohe Linde steht vor dem Treppenturm. Fest aus Stein gemauert breitet sich das Erdgeschoß mit seinen Bogenfenstern. Das erste Stockwerk ragt mit seinem Fachwerkmuster etwas darüber hervor, es wird von verschiedenartig gearbeiteten Konsolen getragen. Der Bau war von den Grafen von Hanau zum Sitz ihrer Amtmänner bestimmt worden. Er sieht in seiner behäbigen Würde heute nicht viel anders aus als anno 1791, als jene Postkutsche hier im Hof einfuhr.

Es ist der neue Amtmann Philipp Wilhelm Grimm, der aus Hanau hierher versetzt wurde und der nun mit seiner Frau Dorothea und fünf Buben Einzug hält. Seine beiden Ältesten sind mit ihren sechs und fünf Jahren die in Hanau geborenen Jakob und Wilhelm Grimm, die man später gemeinhin die Brüder Grimm nennt.

Trotz der Versetzung kommt man nicht in eine fremde Stadt, denn hier in Steinau ist der Amtmann selbst geboren. Fünf Jahre wird dieses Haus die Familie Grimm beherbergen, eine lange, in vielem bestimmende Zeit! Wie vergeht so ein Tag im Amtshaus? Jakob und Wilhelm, die von Jugend an unzertrennlich sind, erwachen in ihrer hellgrün gestrichenen Kammer. Während sie aufstehen, braust nebenan die Teemaschine. Vor dem Frühstück liest der Vater das Morgengebet, hinterher raucht er noch im Schlafrock seine Pfeife, während ein Bediensteter nach der Sitte der Zeit seinen Zopf flechten und pudern muß. Für Jakob und Wilhelm heißt's dann lernen, während der Vater sich in seine Amtsstube begibt und Verwaltungsarbeiten für die Stadt und die Dörfer der Umgegend erledigt. Der Amtmann ist sehr gewissenhaft und dabei recht freundlich zu den Leuten. Mittags kommt er leider oft zu spät zum Essen, das die gütige Mutter bereitet hat, da er immer noch amtieren muß. Endlich kann man die Suppe auftragen. Da in Steinau noch das Töchterchen Lotte geboren wird und außerdem die Schwester des Vaters, die Witwe Schlemmer, mit in das Amtshaus gezogen ist, sitzen bald neun Kostgänger am Tisch. Nach dem Mittagessen macht der Vater gern einen Rundgang durch den Garten. Wenn die Jahreszeit dafür geeignet ist, schneidet er Trauben zum Dessert ab, oder er untersucht die Hühner- und Entenställe, schaut auch als sorgsamer Hausvater bei Pferden und Kühen nach dem Rechten. Derweilen hat man oben die Stube aufgeräumt, der kleine Jakob hat für die Mutter den Kaffee gemahlen, die blauen Dresdner Tassen stehen bereits auf dem Tisch – man kann eine Schale Kaffee genießen – und dann geht der Vater wieder in die Amtsstube, während die älteren Söhne lernen müssen. Die Mutter eines so großen Haushaltes kann die Hände nicht in den Schoß legen. Da gibt's zu nähen, die Linsen für den nächsten Tag müssen ausgelesen werden, so vielerlei ist zu tun. Nur den Buben geht es nach der Schule besser, die dürfen im Garten oder im Hof spielen, dürfen Lämmchen, Schafen und Tauben zusehen, können mit den Kaninchen spielen oder zahmen Amseln und Hänflingen das Futter mit der offenen Hand hinhalten. Auch Hunde gibt es zum Vergnügen der kleinen Burschen, zwei braune Wallache, einen schwarzen »Engländer«. Das Abendessen vereinigt wieder die Familie – hinterher bleibt man noch zusammen am Tisch sitzen, der Oberförster Müller erscheint, der die Kinder auf seinen Knien reiten läßt, andere Freunde des Vaters finden sich zum guten Gespräch ein, die Männer rauchen, es gibt auch ein Glas Bier dazu.

*»Wie im Märchen« –*
*so sieht das Steinauer*
*»Amtshaus« aus,*
*in dem die Brüder Grimm*
*ihre Jugend erlebten*

*Steinauer Fachwerkhaus mit dem Turm der Rathauskirche*

Was diese alten Steine des Amtshauses, das in der Nähe der grauen Stadtmauern und dicht bei der rauschenden Kinzig steht, alles erzählen! Auf der Treppe neben unserer Linde, wo wir verweilen, stand oft der Amtmann Grimm in seinem blauen Frack, der mit goldenen Achselstücken verziert und mit einem rotsamtenen Kragen versehen war. Dazu trug der Amtmann lederne Beinkleider und Stiefel mit silbernen Sporen, wenn er ausritt. Bewundernd blickten dort aus dem Eckfenster die Buben Jakob und Wilhelm, wenn sie ihren Vater in dieser prächtigen Uniform oder auch im grünen Jagdrock sahen. Er war schon ein würdiger, angesehener Herr, dieser Amtmann. Besondere Gäste empfing er droben in seiner vornehmen Visitenstube, die mit kostbaren Staatssesseln ausgestattet war. Unter den Vorgängern gab es nicht lauter so wohlangesehene Leute, einer von den Amtmännern muß sogar zur Strafe für seine Untreue noch heutigentags um Mitternacht im Haus als ruheloser Geist umgehen. Ja zur Untreue darf man sich nicht verleiten lassen, man muß mit dem Geld sparsam umgehen, das wissen die rechtschaffenen Eltern Grimm, die jeden Kreuzer dreimal umdrehen, bevor sie etwas Neues anschaffen. Wenn etwa für die größer gewordene Familie eine ergiebigere Zinnschüssel erworben werden muß, damit zum Mittagessen mehr Erbsen hineingehen, so ist das schon eine Sache, die genau zu überlegen ist.

Aber bei aller Sparsamkeit ist dieses Haus mit dem Ehepaar Grimm, den Kindern, dem Kutscher und der Magd Marie ein harmonisches Haus, das neben dem Alltag auch seine Feste kennt, etwa wenn es an Geburtstagen eine blinkende Medaille als Geschenk gibt oder wenn gar Weihnachten gefeiert wird. Da stehen die Kinder am Heiligen Abend vor dem Gabenzimmer, dem mysteriösen Raum, abgesondert in einem Nebengemach. Sie lauschen – endlich schellt man zur Bescherung, die Türe öffnet sich, ein Christbaum steht behangen mit goldenen und silbernen Äpfeln und mit brennenden Lichtern im Weihnachtszimmer. Und da gibt es für jeden aus dem friedvollen Kreis einen gehäuften Teller mit Nüssen, mit Äpfeln – und als Besonderheit sogar noch eine glänzende Schaumünze!

Lange genug haben wir nun mit unseren Erinnerungen im Hof dieses Amtshauses verweilt. Gehen wir zur Stadtmitte, wo sich an erhöhter Stelle um den sogenannten Kumpen mit seinem plätschernden Brunnen Rathaus, Schule, Katharinenkirche und das alte Schloß gruppieren, lauter Gebäude, die auch seinerzeit die Grimms schon in dieser Form schauten.

Das Rathaus, das der Steinauer Meister Asmus im 16. Jahrhundert anstelle eines mittelalterlichen Kaufhauses errichtete, überragt als massiger Steinbau die Fachwerkhäuser der Umgebung. Es besitzt tiefe Weinkeller, im Erdgeschoß eine große Markthalle, die ehedem offen war, und im Obergeschoß verschiedene Versammlungsräume. Unzählige Male gingen hier die Brüder Grimm vorbei, um im Winter sich auf dem Platz mit Schneebällen zu bombardieren oder um in den schönen Jahreszeiten dem Storch zuzusehen, der da oben auf dem steilen Rathausdach in seinem Nest gravitätisch residierte.

Oft mag den lernbegierigen Buben das Herz heftiger geschlagen haben, wenn sie hier in ihren violetten Leinenjacken vorbeikamen. Denn in dem langgestreckten, mit Schindeln versehenen Gebäude, das sich an die Südseite des Rathauses anfügt, wohnte der strenge Präzeptor Zinkhan, der die Brüder Grimm jahrelang unterrichtete. Ihr Spätgeborenen, seid froh, daß ihr diesen Zinkhan nicht als Lehrer gehabt habt! Der gefürchtete Mann stand damals in den fünfziger Jahren, im Winter trug er einen schwarzen, im Sommer einen hellblauen oder violetten Anzug, aber die Farben waren durch das Alter schon ausgeblichen. Als ständige Attribute hatte der Schulmeister eine Brille, die an einem Faden baumelte, und ein derbes spanisches Rohr. Pfeiferauchend begann er den Unterricht mit Fragen aus der lateinischen Grammatik: »Des Deiwels! Wer kann sei Wörter?« Während er seine Weisheiten von sich gab, rief seine Frau von der Treppe herunter: »Was sollen wir kochen?« Zumeist antwortete der Lehrer: »Frau, koch Klöß!« Bis aber die Klöße fertig waren, mußten die mutwilligen Buben bestraft werden. Da wackelte die Perücke des Schulgewaltigen, wenn er die armen Schüler über den Stuhl legte. Nur der kleine Jakob Grimm mit seinen braunen krausen Locken wird besser weggekommen sein, denn er hatte von Jugend an eine »ungeduldige, anhaltende Lernbegierde«. Und auch der frohe Wilhelm mit seinen Dichteraugen hat in dieser strengen Schule gelernt, daß man mit Fleiß und peinlicher Aufmerksamkeit sogar die Stunden beim Präzeptor Zinkhan überstehen konnte.

Die Katharinenkirche gleich daneben war für die beiden Grimms wieder eine wundersame Stätte der Kindheit. Die Kirche wird schon im 13. Jahrhundert erwähnt, wurde dann von 1481 bis 1511 zu einer zweigeschossigen Hallenkirche umgebaut, auch der spitze Turm wurde im 16. Jahrhundert vollendet. Im Inneren zeigt man eine Grablegungsgruppe aus dem 15. und eine Orgel aus dem 17. Jahrhundert. In dieser Kirche wirkte der Großvater der Brüder Grimm, der reformierte Pfarrer Friedrich Grimm (1707–1777), fast 40 Jahre. Wenn der Geistliche in seinen späteren Jahren zur Kanzel hinging, schritt er über das Grab seiner eigenen Frau und die Grabsteine mehrerer seiner Kinder, die hier nahe beim Altar beigesetzt waren. So oft der Pfarrer Friedrich Grimm predigte, sprach er nicht nur zu den Lebenden, sein Wort klang auch zu den Toten hin.

Daß die Brüder Grimm an all das dachten, wenn sie

*Im 14. Jahrhundert schon hatten die Hutten das Spital in Steinau gegründet*

sich im roten Sonntagsrock mit den Eltern am Sonntag zur Kirche begaben, liegt bei ihrem lebhaften Familiensinn nahe. Wenn der Läuthannes, ein Steinauer Original, ein steifer Kerl, am Sonntag zur Kirche läutete, gab der Vater Amtmann den Kindern oft noch eine eingemachte welsche Nuß als Sonntagsgenuß, dann schritt man die Hauptstraße hinauf. In der Kirche selbst schlug Jakob für den Vater das Lied im Gesangbuch auf, man wartete auf den Klingelbeutel, in den man den Kreuzer des Vaters werfen durfte, und studierte auf der Bank die eingekratzten Anfangsbuchstaben des väterlichen Namens P. W. G. (Philipp Wilhelm Grimm). Die Sonne schien durch die hohen Kirchenfenster und beleuchtete die Grabsteine der hier bestatteten Verwandten. Derweilen rochen die Frauen an den mitgebrachten Blumen oder am Rosmarin – feierlich war das Lied, das da aufklang. Nein – hier hatte der Teufel, der einmal um eine Steinauer Seele geprellt worden war und deshalb vor lauter Wut Rillen in die äußere Kirchenmauer gekratzt hatte, nichts mehr zu bestellen.

Das schönste Erlebnis für Jakob Grimm, den ältesten der Brüder, war hier der Tag seiner Konfirmation. Er war sich bewußt, daß in dieser Halle sein Großvater ein Leben lang gewirkt und gepredigt hatte, er sah seine Mutter um den Altar gehen – o wie liebte er die stille milde Frau – und empfing das heilige Abendmahl. »Größere Andacht ist nie in mir entzündet worden«, schreibt Jakob zu diesem Tag. Es gibt noch ein zweites Gotteshaus in Steinau, die Reinhardskirche, die im 18. Jahrhundert von Graf Reinhard von Hanau als lutherische Kirche erbaut wurde. Es ist ein bemerkenswerter Barockbau mit ragendem Turm, der übereinander gestufte Laternen trägt. Für die Brüder Grimm freilich blieb die Katharinenkirche die Mitte ihres religiösen Lebens.

Von hier aus gingen sie oft nach dem Gottesdienst mit den Eltern durch das Schloß, das noch heute unversehrt steht und wie eine richtige Märchenburg mit seinen hohen Mauern, dem trockenen Graben und dem eckigen Turm, dem Wahrzeichen der Stadt, erscheint. Eine erste Burganlage wurde hier bereits um 1290 vom Grafen Ulrich von Hanau erbaut. Im 16. Jahrhundert wurde der Komplex durch den Architekten Asmus, der auch das Rathaus erstellte, im großen Stil umgestaltet. Die Gebäudegruppe wurde um einen fünfeckigen Hof geordnet, hohe Mauern und ein tiefer Graben umschlossen das Ganze, das zum Witwensitz für die Hanauischen Gräfinnen bestimmt wurde. Wie großartig dieser Hof, wie eindrucksvoll der über 30 Meter lange Saalbau! Da dämmern noch die geheimnisvollen Tore, da sieht man die Zugbrücken, hier ein spätgotischer Erker, dort eine Wand mit malerischem Efeu, hier eine Wetterfahne und darunter dunkel getöntes Maßwerk! Dort stößt ein Kapellenbau an, an den Ekken stehen wuchtig die Bastionen. Leider sieht man nicht mehr die zahmen Hirsche, die man früher zwischen den blühenden Holunderbüschen im Hirschgraben gehalten hat. Aber wenn man diese Türme und Giebel, diese Wappen und Gewölbe betrachtet, dann raunen die Geister der Vergangenheit aus allen lauschigen Winkeln. Hier müßte man die Geschichte vom »Dornröschen« erzählen!

Wenn die Kinder Grimm mit der Mutter in der feierlichen Stille des Sonntagvormittages am Schloßgarten vorbeigingen, hörte man die Posaunen von der Höhe des Turmes, der sich von dem reinen blauen Himmel deutlich abzeichnete. Dieser Bergfried wuchtet über alle anderen Türme des Städtchens hoch in den Himmel hinein. Glaubt man nicht heute noch dort von der Turmstube her den Stadtmusikus zu hören, der sich an den Feiertagen mit seinen Chorälen bemerkbar machte? Jetzt verwittern in den Schloßsälen die Wandbilder, die Kellergewölbe modern, das Mauerwerk blättert hier und da – aber man glaubt noch die Prinzen und Prinzessinnen, ja die Märchenkönige schreiten zu sehen, wie sie die Brüder Grimm in den Spinnstuben kennenlernten. Auch im Winter war hier Leben: Wenn der Schnee die steilen Dächer bedeckte, erscholl am Silvesterabend Posaunenmusik vom Turm herab, und lauter Trubel verjagte die bösen Geister, die sich in den Schloßgräben bemerkbar machen wollten.

Ein großartiges Schloß, eine Märchenburg! Zu seinem Bereich gehört auch der alte Marstall, der ehedem Pferde und Reiter beherbergte. Heute ist in den früheren Stall ein Marionettentheater eingezogen, das mit echter Puppenspielkunst die Märchen der Brüder Grimm darstellt.

Märchenhaft wie die ganze Gebäudegruppe am Kumpen ist aber auch die Hauptstraße mit ihren vielen Fachwerkhäusern, die sich größtenteils noch recht gediegen ausnehmen, manchmal aber auch schon etwas müd' geworden sich wie alte Menschen aneinanderlehnen. Hier in dieser Hauptstraße und den zahlreichen Nebengäßchen erfüllte sich der friedvolle Alltag der Brüder Grimm. Da lernten sie alle Gewerbe und Handwerkskünste kennen, die es in einer so umschlossenen Gemeinschaft, wie es das alte Steinau war, gab. Dort war der Bäckerladen, an dem die kleine Schwester Lotte in ihrem weißen Kittelchen oft frisches Milchbrot holte. Da holperten die Fuhrwerke vorbei, wenn sie von Frankfurt kamen und nach Leipzig weiter wollten. Hier bogen sie zur Rast in einen Wirtshof ein, vielleicht in den Gasthof »Zum Ochsen«. Da sah man auch die fahrenden Leute, die ihre Vorstellung gaben, die Seiltänzer und Bärenführer. Man grüßte die würdigen Bürger, den Herrn Apotheker, den Stadtschreiber, den Herrn Doktor Wagner. Man schaute dem Sattler zu, dem Schuster, Schneider, Metzger, Weber, dem Schmied, wie er den Amboß bearbeitete, man beobachtete die Gänsehirtin, den Schäfer und zog ehrerbietig vor dem Herrn Amtschirurgen Gottschalk die Mütze – sind das nicht alles Personen, wie sie in den alten Märchen erscheinen? Wunderbar war es, so einen Töpfer zu beobachten, er hatte seinen Ton im Keller aufbewahrt, damit er dort feucht blieb, nun holte er einen schweren Klumpen an seine Töpferscheibe und formte kunstvoll daraus einen vielbewunderten Topf. Welch eine wunderbare tätige Welt in diesen alten Fachwerkhäusern! Da konnte man als Bub wie Jakob und Wilhelm wohl Mund und Augen aufreißen, man schaute die Fülle des Daseins, wenn man von der Katharinenkirche oder dem Märchenschloß herabkam in die prachtvolle Straße, die wie ein altdeutsches Bild noch heute aussieht. Da konnte man auch mit den Jugendgespielen, ob diese nun Stöffelje oder Kläschen hießen, herumtollen. He, kommt einmal mit in dieses Seitengäßchen, dort unten an der Stadtmauer sieht man noch den Stadtborn: Zwei Quellen sprudeln heraus, im Winter fließen sie warm, im Sommer kalt, ein verwunschener Winkel, aus dem die Störche, wie die Steinauer erzählten, die Kinder holten. Die Quellen rauschen, Holunder duftet, vermooste Steine raunen alte Geschichten. He da, wieder zurück zur Hauptstraße! Erwartet man doch das Botenfuhrwerk von Hanau; es wird gewiß von den Großeltern, die erst zur Fastenzeit echte Hanauer Brezeln geschickt hatten, die ersten Kirschen bringen. Die liebevollen Großeltern vergessen das bestimmt nicht.

Wie wär's, wenn wir die Brüder Grimm, diese heranwachsenden kleinen Burschen, einmal in ihren eigenen Garten, den berühmten Biengarten, begleiten würden? Der Frieden der Welt gehört diesem Erdenfleck. Wir brauchen nicht weit zu gehen, da schauen wir jenseits der Steinauer Stadtmauern in die Umwelt der Wiesen, Felder und Äcker hinaus. Hier in der Nähe der rauschenden Kinzig lag dieser Bienengarten. Eine große Linde war dort, weiß blinkten die Steinpfosten, rot leuchtete das Gittertor. In der Mitte des Gartens lockte eine dichte Laube, dort standen ein steinerner Tisch und ringsum große Bänke. Auch vor der Hütte war eine Bank, Äste rankten sich darüber. An diesem Platz saß gewöhnlich die Mutter Grimm, von dieser Stelle aus konnte sie am besten den weiten Garten mit den Kindern übersehen. Die Brüder liefen einander nach. Das kleine Lottchen im weißen Kleid, das mit einem rosenroten Band verziert war, hüpfte dazwischen herum. Gemüse gab es hier, erlesene Kräuter, den ganzen Bedarf für das Haus zog man aus diesen Beeten. Der Garten war so groß, daß man mit dem Gras noch zwei Kühe ernähren konnte. War es nicht herrlich, da auf die Obstbäume klettern zu können! Goldlack und Levkojen leuchteten dazwischen. Ein alter tauber Gärtner bemühte sich um das Wachstum. Schon zur Osterzeit war der Garten herrlich, da man hier die in Gras und Sauerampfer versteckten Ostereier suchte. Wie duftete aber der Garten erst im Sommer! Da hörte man die Glocken von der Katharinenkirche her schlagen, man lugte nach dem Elsternnest auf der Linde, dort streunte das Hauskätzchen Gravus herum, da reiften die rotbäckigen Äpfel, jenseits der Wiesen sah man den Mauerring der vertrauten Stadt mit den Toren und Türmen – ach und da kam, um das Glück voll zu machen, die treue Magd Marie und brachte saure Milch und ein kerniges Brot in den Garten. Blickte man in die Weite, so standen droben auf den Hügeln die Säume der Forste, die mit ihren Geheimnissen lockten.

Auf Streifzügen in die naheliegenden Wälder erlebten die Brüder die Waldseligkeit junger Menschen. Da gingen Jakob und Wilhelm mit den Spielgefährten zum sonnigen Weinberg hinauf und schwärmten dann in der Waldeinsamkeit herum. Zwar hatten sie die Tropfsteinhöhle, die man heute als Steinauer Sehenswürdigkeit preist, noch nicht entdeckt, aber sie fanden dafür die Vogelstimmen von Spechten und Staren, und sie verstanden wie in den Märchen diese Vogelstimmen, sie lauschten den Meisen und Goldammern. Schlüsselblumen und Maiglöckchen dufteten, Thymian roch würzig. Raupen staunte man unter den Blättern an, Schmetterlinge suchte man zu erhaschen. Die Brüder legten sich als leidenschaftliche Sammler, die sie zeitlebens waren, schon damals bestimmte Sammlungen von allerlei Getier und Blumen an. Die dichtesten Wälder suchten sie zu erspüren, an Waldquellen rasteten sie, von Erdbeeren und Himbeeren naschten sie, dann wieder wurden sie vom schrillen Geschrei eines Hähers aufgeschreckt. Wenn später in ihren Märchen alle Waldstimmen raunten, so haben die Brüder diese zuerst hier in den Wäldern des Spessarts wahrgenommen. Im »Rotkäppchen« und hundert anderen Märchen der Brüder Grimm rauschen die Jugendwälder. Was für eine verzauberte Welt! Aber wie es in den Märchen neben den Friedenstagen auch Soldaten, Kämpfe und manche kriegerischen Verwicklungen gibt, so lernten die Brüder auch in ihren Steinauer Jahren den kriegerischen Alltag kennen. Während wir wieder durch die Steinauer Gassen mit den reizvollen Fachwerkhäusern schlendern, kehren wir mit unseren Gedanken in die neunziger Jahre des 18. Jahrhunderts zurück, in denen die französischen Revolutionsarmeen aufgebrochen sind. So erlebten die kleinen Burschen in Steinau diese Franzosenzeit: Sie legten ihre Ohren auf die Erde und glaubten anno 1793 den Donner der Kanonen zu vernehmen, als Mainz beschossen wurde. Wie oft zogen Soldaten auf dieser großen Heeresstraße, an der Steinau liegt, von Ost nach West und von West nach Ost! Franzosen und Österreicher, Holländer und Preußen, Mainzer und Hessen – eine bunte Vielfalt! Man war als Bub natürlich neugierig, obwohl Mutter Grimm bei solchen Durchzügen um die Ihren bangte. Denn viele Nachzügler der Soldaten waren betrunken, sie spießten das Brot mit ihren Säbeln auf, holten das Fleisch aus den Metzgerläden – andere wieder boten geplündertes Gut zum Verkauf, die Welt war aus den Fugen. Nachts, wenn die Brüder Grimm aus den Fenstern des Amtshauses sahen, erkannten sie draußen auf den Wiesen die brennenden Wachfeuer der Soldaten. Anderntags kam schon wieder eine neue Schar, die hatten durchlöcherte Laibe Brot an die Pferdeschwänze gebunden. Laut dröhnte dazwischen die Militärmusik, und dort fuhren die Marketenderwagen mit einer Fracht geschlachteter Ochsen und Schweine. Viele Soldaten waren verletzt, sie trugen ihren Arm in der Binde oder Tücher um ihre Kopfwunden. Kanonen mit zehn Bauernpferden rollten vorüber, es gab Viehseuchen, man mußte Heu und Stroh für die Soldaten hergeben, Stühle und Bänke schleppten die Krieger rücksichtslos aus den Wohnungen zu ihren Wachfeuern. Eine heillose Welt, die da den staunenden Brüdern gezeigt wurde und die sich auch in den Märchen wieder offenbart – wenn auch in den Märchen anders als in der Wirklichkeit sich alles zu einem harmonischen Ende fügt ...

Das Leben selbst war damals auch für die Brüder Grimm weit von einer harmonischen Lösung entfernt. Während wir noch einmal zum Amtshaus zurückkehren, sehen wir hier in unserer Vorstellung ein trauriges Bild. Um die Jahreswende von 1795 auf 1796 erkrankte Vater Grimm an einer Lungenentzündung. Während Jakob, der nun elf Jahre alt ist, wie ein Erwachsener dem Großvater nach Hanau berichtet und noch voller Hoffnung ist, naht der Tod dem Krankenlager. Am 10. Januar 1796 stirbt der Justizamtmann Grimm überraschend schnell. Er ist nur 44 Jahre alt geworden und läßt seine Frau mit sechs Kindern allein auf dieser Welt. Blicken wir noch einmal hinauf zu diesem Fenster! Dort lag der Tote in seinem Sterbezimmer! Der kleine Jakob eilt, nur mit dem Nachthemd bekleidet, im Morgengrauen an die Türe zum väterlichen Zimmer und öffnet sie einen Spalt. Da arbeitet der Schreiner gerade beim Kerzenlicht und nimmt Maß für den Sarg. Jakob hört, wie der Handwerker zu einem Gehilfen sagt: »Der Mann, der da liegt, verdient einen Sarg von Silber.« Am 12. Januar morgens sieht Jakob von seinem Fenster aus, wie ein paar Träger, die gelbe Zitronen und Rosmarin in ihrer Hand halten, den schwarzen Sarg aus dem Haus und Hof hinaustragen. Der Vater, der ein echter Volksfreund gewesen und allseits beliebt war, ist nicht mehr. Es hat nichts geholfen, daß man ihn fünfmal zur Ader gelassen hat. Nun muß Jakob in die Familienbibel eintragen, daß der Vater tot ist. Wie ein Familienoberhaupt muß der Elfjährige die Verwandten benachrichtigen. Die Akten auf dem Schreibtisch droben wird der Amtmann nie mehr berühren, er wird einem nie mehr über das Haar streichen.

Folgen wir dem Weg, den seinerzeit der Leichenwagen mit dem toten Vater Grimm einschlug. Der Fried-

*Alter Brunnen in Steinau*

*Vor den Mauern des Schlosses der Hanauer Grafen*

hof liegt ein paar hundert Meter vor den Mauern des Städtchens. In seiner Mitte zwischen den Kreuzen steht die sogenannte Welsberg-Kapelle, die man im 17. Jahrhundert über der Gruft des Amtmannes Kaspar Rudolf von Welsberg wölbte und die jetzt renoviert ist. In der Nähe dieser Kapelle bereitet man dem Amtmann Grimm seine letzte Ruhestätte. Man findet sein Grab nicht mehr, es wird dicht bei dem Grab seines Vaters, des Pfarrers Friedrich Grimm, gewesen sein. Der Grabstein mit der ausführlichen Inschrift, die diesem langjährigen Prediger von Steinau galt, ist noch jetzt nahe der Kapelle zu sehen. Der Friedhof mit den Familiengräbern galt den Brüdern Grimm immer als eine verehrenswerte Stätte. Leise weht der Wind von den Märchenwäldern herunter über die Wiesen und Fluren hin, die diesen Gottesacker umgrenzen.

Nach dem Tode des Amtmannes mußte die Witwe Grimm mit ihren Kindern das geliebte erinnerungsreiche Amtshaus räumen. Die Verwaisten zogen für kurze Zeit in das ehemalige Huttische Spital, das bereits 1384 von Amtmann Friedrich von Hutten gestiftet worden ist und das mit einem altersgrauen runden Turm und der ehrwürdigen Fachwerkgestaltung (aus dem 16. Jahrhundert) als das älteste erhaltene Haus von Steinau gilt. So reizvoll und romantisch dieses Gebäude heute dem Betrachter erscheint, so eng war hier seinerzeit die Mietwohnung für die große Familie Grimm. Darum kaufte schon nach wenigen Monaten Mutter Grimm einen Hausanteil an der sog. Alten Kellerei, die trotz der Renovierung den früheren Charakter bewahrt hat und als Grimmhaus denkwürdig ist. Hier wohnte die Mutter Grimm von 1796 bis 1805. Während wir vor dem Fachwerkgiebel stehen, blenden wir noch einmal in jenes Jahr 1796 zurück. Es war für die Grimms ein böses Jahr. Denn bald nach dem Tode des Vaters, im Dezember, stirbt nun auch dessen Schwester, die Tante Schlemmer, eine resolute Frau, die bisher mitgeholfen hat, die Sorgen zu tragen. Nun steht Mutter Grimm mit den unmündigen Kindern allein da. Kein Wunder, daß sie von Sorgen gebückt wird, daß ihr feines Gesicht mehr und mehr von Blässe gezeichnet ist. Ihr Leben geht für die Kinder auf. Es ist für sie überaus schmerzlich, als 1798 die Steinauer Jahre für die Brüder Jakob und Wilhelm zu Ende gehen. Die beiden können nun in Steinau bei dem alten Präzeptor Zinkhan nichts mehr lernen, sie sollen in Kassel das Lyzeum besuchen. Im September 1798 sitzen die beiden Dreizehn- und Zwölfjährigen in der Kronenwirtskutsche, noch einmal blicken sie zum Biengarten zurück, sehen dort die weißen Steinpfosten und das rote Gittertor, sehen zwischen den Apfelbäumen den Nebel aufsteigen und sind voll von wehmütigen Gedanken an die vielen Stunden in ihrem Kindheitsparadies. Eine große Kluft scheint sich aufzutun, eine Kluft, die die Brüder von ihrer Jugend abschneidet. Die Mutter weint beim Abschied... Elf Monate lang ersehnt sie das Wiedersehen. Jedesmal in den Herbstferien kommen die Brüder für einige Wochen heim in die »Alte Kellerei«. Auch zu diesem Grimmhaus gehören Ställe, Scheune, ein kleines Gärtchen und ein wenig Landwirtschaft. Die Mutter läßt jahrein, jahraus ein Schwein schlachten, es gibt Hühnerchen, wenn die beiden Buben aus Kassel kommen, die Mutter blüht in diesen paar Wochen auf. Abends zündet sie die selbstgegossenen Kerzen an und läßt die Söhne von der Schule erzählen. Und Jakob und Wilhelm fühlen sich wieder so recht zu Hause, sie kümmern sich um die Fortschritte der jüngeren Geschwister, sprechen mit ihren Jugendgespielen, streifen durch die Steinauer Gassen, die ganze märchenhafte Umgebung lebt wieder vor ihnen. Auch als Studenten in Marburg (1802–1804) vergessen die Brüder nicht, ihre Ferien im alten Steinau zu verbringen. Sie sehen stattlich aus in dem scharlachroten Frack, den ledernen Beinkleidern und den glänzenden Kanonenstiefeln. Man schaut ihnen in der Hauptstraße nach, wenn sie all die Stätten ihrer Jugend aufsuchen und sich dann hinauf zu den endlosen Wäldern wenden. Bis zum Jahre 1805 bleibt die Mutter hier wohnen. Dann beschließt sie, den Anteil an diesem Grimmhaus, vor dem wir innehalten, zu verkaufen und mit ihren Kindern in Kassel, wo die Zukunft ihrer Söhne zu liegen scheint, zusammenzuziehen. Freilich nur drei Jahre konnte sich die Mutter dort der Gemeinsamkeit erfreuen, als Zweiundfünfzigjährige stirbt sie im Frühling 1808 und muß die unversorgten Söhne und ihre Tochter Lotte allein lassen, in einer Welt, die von den Napoleonischen Kriegen verwirrt ist. Jakob steuert nun in der Zukunft das Schicksal der Geschwister. Er beginnt zusammen mit seinem Lieblingsbruder Wilhelm vom Jahre 1806 an, beeinflußt von den Romantikern und getrieben von der eigenen Freude am alten Volksgut, die Märchen aufzuzeichnen, die im Volk mündlich erzählt werden. Die Brüder Grimm schaffen mit ihrer Märchensammlung eines der verbreitetsten Bücher der Weltliteratur, sie haben das Verdienst, den Märchenschatz des deutschen Volkes für alle Zeit bewahrt und gleichzeitig die Märchenforschung auf der ganzen Welt begründet zu haben. Wenn nun in den Märchen von Hänsel und Gretel und vielen anderen der geheimnisvolle Wald lebt, wenn Gänsemägde unter finsteren Stadttoren stehen, wenn sprachenkundige Vögel durch alte Eichen schwirren, wenn selbst die Quellen zu reden anfangen und Könige in türmereichen Burgen und Schlössern hausen, wenn altdeutsche Häuser sich mit wunderlichen Schicksalen füllen, dann wird man immer wieder bei diesen Schauplätzen an das alte Steinau erinnert. Hätten die Brüder nicht die Märchenstadt Steinau, wie man sie nach den erhaltenen Baudenkmälern auch heute noch nennen kann, in ihrer Jugend mit empfindsamer Seele und allen ihren Sinnen in sich aufgenommen, wäre ihnen diese Welt nicht so innig vertraut geworden, so hätten sie kaum die wunderbare Atmosphäre der Märchen so treffen können. Hier haben sie die Soldaten mit den Ranzen gesehen, hier den Fuhrmann mit der Peitsche, die Mägde mit ihrem Putzeimer, den Müller mit seinem Sack – kurzum all die Handwerker und Gewerbetreibenden, die Bauern und Hirten, die Ärzte und nicht zuletzt auch die Tiere – all das haben sie in der vollkommenen Steinauer Welt geschaut – und ihre Begegnungen sind wieder lebendig geworden auf den

Seiten ihrer Märchenbücher. Nicht nur, daß eine ganze Anzahl der Märchen aus Steinau und dem Kinzigtal stammt, kennzeichnet diesen Ort als Märchenstadt – vielmehr ist Steinau zu diesem Rang erhoben worden, weil hier die märchenhafte Szenerie gegeben war. Diese Bilder prägten das Gemüt der Brüder Grimm, während sich ihr Genius entfaltete.

Wer mit offenen Augen durch Steinau heutigentags geht, glaubt bald die vertrauten Personen der Märchen hier aus den Häusern kommen zu sehen, er begegnet ihnen am plätschernden Stadtborn, am rauschenden Brunnen, in der strengen Katharinenkirche, am lauschigen Ufer der Kinzig, im sommerlichen Garten und nicht zuletzt in allen Gängen und Sälen des großartigen Schlosses. All diese Stätten fangen an zu erzählen: »Es war einmal...« Die ganze märchenhafte Stimmung, die hier in Steinau von den Brüdern Grimm erlebt worden ist, hat sie für die Märchen selbst aufnahmebereit gemacht. In dieser Stadt groß geworden, konnten die Erzähler später ihre Märchengestalten im heimatlichen Umkreis und im Schatten der Spessartwälder ansiedeln. Sie fanden dabei, ohne das Wesen des Gehörten zu verändern, mit dichterischer Sprachkraft den klassischen deutschen Märchenstil. Sie wurden mit den so schlicht und echt erzählten Märchen unsterblich.

Trotzdem ist nicht nur der Märchen wegen Steinau als Jugendheimat der Brüder Grimm von Bedeutung. Die guten Hausgeister unserer Nation, wie die Brüder Grimm mit Recht genannt werden, haben ihr Märchenwerk durch die »Deutschen Sagen« ergänzt, sie haben durch sprachliche und literarische Forschungen die Wissenschaft der Germanistik begründet, haben der Rechtsgeschichte den Boden bereitet und als mannhafte Professoren mit dem Protest der Göttinger Sieben sich auch in das Buch der Geschichte ehrenvoll eingeschrieben. Eine weitere Großtat: Sie haben das »Deutsche Wörterbuch« begründet, das nach mehr als hundert Jahren von ihren Nachfolgern und der »Deutschen Akademie der Wissenschaft« anno 1961 vollendet worden ist und mit 32 Bänden und ca. 66 000 Druckspalten eine monumentale Schatzkammer der deutschen Muttersprache darstellt. Die Brüder Grimm haben in ihren Steinauer Jugendjahren die Liebe zur Heimat gewonnen, die ihnen zeitlebens die Kraft gab, mit ihrem Werk der Heimat zu dienen. Sie gehören zu den Großen unserer Dichtungs- und Geistesgeschichte, so daß es auch aus diesem Grund reizvoll ist, auf den Spuren ihrer Jugendwege zu wandeln und zu sehen, aus welchen Anfängen sie zu ihrer bleibenden Leistung aufgestiegen sind. Die Quelle ihrer Kraft lag in ihrem Elternhaus, in jenem Amtshaus zu Steinau, in dem sie einige gesegnete Jahre empfingen. Man muß dem Schicksal dankbar sein, daß es trotz Brand und Krieg diesen romantischen, vom Geist der Märchen gezeichneten Ort unversehrt in unsere Tage bewahrt hat. Steinau an der Straße ist eine Kostbarkeit durch sein altes Stadtbild, eine Kostbarkeit auch als Jugendheimat der unvergänglichen Brüder Grimm.

# Schloß Mainberg

*Weil sich mit dem Main
der Weinberg,
mit dem Weinberg
schmückt der Wein,
darum heißt
die Stelle Mainberg,
schönster Berg-
und Stromverein!*

So deutete es Friedrich Rückert, der so gern mit Worten spielte. Die Geschichtsforscher erklären den Namen anders, indessen nicht weniger romantisch als der Dichter: Nach dem Monat Mai habe man, so wird vermutet, in der schwärmerischen Ritterzeit das Schloß benannt. Und das begreift sogleich, wer es einmal im Frühling erblickt. Inmitten der sich zart begrünenden Hänge erhebt es sich über dem Fluß, Morgendunst und Sonnenglast, Blütenflor und weißer Rauch aus den Schornsteinen des sich an den Schloßberg schmiegenden Dörfchens weben einen zarten Schleier um die gar nicht dräuenden, eher freundlichen Mauern. Wie von leichter Hand hingepinselt liegt es da oben, das nach Süden weithin offene, nur an einer Seite in Rebhängen sich steil erhebende Maintal in der Tat mehr schmückend als beherrschend. Es stammt von dem Baumeister Anton von Brun, der schon 1508 gestorben ist. Und damals, beim Umbau unter Gräfin Margarete von Henneberg, hatte das Schloß bereits gewichtige Jahrhunderte auf dem Buckel. 1245 wird es als Reichslehen erstmals urkundlich genannt. Nach wechselvoller Geschichte war es lange Zeit Sitz eines fürstbischöflichen Amtmanns. Später wurde eine Tapetenfabrik eingerichtet, der Philosoph Dr. Johannes Müller hatte hier seine »Freistatt persönlichen Lebens«, 1916 baute der Schweinfurter Großindustrielle Ernst Sachs das Schloß zu seinem Wohnsitz aus, und schließlich produzierte »Haarforscher« Heger in den Gemächern seine Tinkturen, bis er mit Millionenschulden bankrott machte, das Finanzamt Inventar und Kunstschätze versteigerte (und in alle Winde verstreute) und die Stadt Schweinfurt das Schloß erwarb – ohne so recht zu wissen, was sie mit den rund 200 leeren Räumen anfangen soll. Doch, ob dieser oder jener im Schlosse herrscht, die Schweinfurter pilgern wie eh und je am Wochenende hinaus nach Mainberg, um ihr Schöppchen zu trinken.

*Hermann Gerstner*

# Was die Schwalbe sang

*»Aus der Jugendzeit, aus der Jugendzeit
Klingt ein Lied mir immerdar;
O wie liegt so weit, o wie liegt so weit,
Was mein einst war!*

*Was die Schwalbe sang, was die Schwalbe sang,
Die den Herbst und Frühling bringt;
Ob das Dorf entlang, ob das Dorf entlang
Das jetzt noch klingt?«*

Wir wollen dem Dichter Friedrich Rückert, der einst diese Strophen geschrieben hat, darauf antworten: Die Schwalben singen noch immer in unseren fränkischen Dörfern. Und wir fügen hinzu, daß viele Gedichte des unermüdlichen Poeten ihren schönen Klang ebenso behalten haben. Die Kinder kennen die Mär, »vom Bäumlein, das andere Blätter hat gewollt«, in Lesebüchern und Anthologien stehen die Balladen »Barbarossa« und »Chidher«, in den Konzertsälen hört man in der Vertonung Schumanns den »Liebesfrühling« und gar mancher sucht auch heute noch den Weg zur »Weisheit des Brahmanen«.

Friedrich Rückert ist einer der großen fränkischen Autoren geblieben. Dem Frankenland entstammend, hat er seiner Heimat zeitlebens die Treue gehalten, auch wenn ihn das Schicksal auf Jahre in die Fremde geführt hat. Die Stadt Schweinfurt nennt mit Stolz den Dichter ihren Sohn. Dort ist Rückert vor 200 Jahren am 16. Mai 1788 als Sohn eines Advokaten zur Welt gekommen. Am Marktplatz, wo das Rathaus aus der Renaissance steht, befindet sich auch sein Geburtshaus. Unweit davon sein Denkmal, das von den Münchner Künstlern Friedrich Thiersch und Wilhelm Rümann geschaffen wurde. Die Sockelfiguren zeigen Gestalten aus Rückerts Dichtungen, während er selbst von der Höhe aus das Treiben zu seinen Füßen betrachtet. Hier im Umkreis des Marktplatzes hat der kleine Friedrich seine ersten Lebensjahre verbracht. In den Gärten vor der Stadt lernt er aber auch beizeiten die liebliche Mainlandschaft kennen, hier nascht er von den großmütterlichen Bäumen die Kirschen, hier erlebt er den Segen und die Süße der Weinlese. In Schweinfurt besucht der Heranwachsende von 1802 bis 1805 das Gymnasium. Schon damals kündigte sich der spätere Sprachkünstler an. Mit Leichtigkeit prägt er sich in der Woche zweihundert lateinische Verse ein. In den Zimmern der angesehenen Schule legt er den sicheren Grund für seine klassisch-humanistische Ausbildung. Noch heute bewahrt das ehemalige Alte Gymnasium, das jetzt als Städtisches Museum eingerichtet ist, im »Rückertzimmer« die Erinnerung an den Dichter.

Auch das nahe der Stadt Schweinfurt gelegene Schloß Mainberg hat es dem schönheitstrunkenen Poeten angetan:

*»Dir im Scheiden einen Gruß,
Mainberg, dessen Zinne blinket
Golden überm Silberfluß.«*

Im Jahre 1805 schreibt sich der Siebzehnjährige in die Matrikel der Universität Würzburg ein: »Friedrich

Rückert aus Schweinfurt, der Rechtsgelehrsamkeit beflissen.« Nur von einem kurzen Heidelberger Zwischenspiel unterbrochen, studiert er fast vier Jahre in Würzburg. In den ersten beiden Semestern quartiert er sich in der Kapuzinerstraße »bei der Witwe Goedeck« ein, später wohnt er in der Plattnersgasse »beim Herrn Hofgerichtsrat Merk«, dann in der Sanderstraße und endlich im Kürschnerhof »im Hause des Lizenziaten Braunwart«. Seinem phantasiereichen Genius genügen bald die juristischen Vorlesungen nicht mehr, er belegt daneben Kollegien über Horaz und die hebräische Sprache, und vor allem hat es ihm der Philosoph Johann Jakob Wagner mit seinen Ausführungen über griechische Mythologie, Naturphilosophie, Staatswissenschaft und Weltgeschichte angetan. Nach den Vorlesungen trifft er sich als Verbindungsstudent gern mit gleichgesinnten Freunden. Darunter leidet aber sein Eifer nicht. Voll Stolz schreibt er einem Schweinfurter Mitschüler, daß er seine Bibliothek um die Werke des Rufus, Plautus und Terenz bereichert hat. Noch nach Jahren gesteht er dankbar, daß man ihn auf der Würzburger Universität »denken gelehrt« habe. Wie oft mag ihn das ehrwürdige Gebäude der »Alten Universität« aus dem Ende des 16. Jahrhunderts als emsigen Studenten gesehen haben!

Im Jahre 1813 kehrt Rückert noch einmal nach Würzburg zurück. Diesmal als junger Privatgelehrter! So hat er in einem wichtigen Lebensabschnitt Jahre hindurch die Mainlandschaft und Würzburg erlebt, die von einem Zeitgenossen mit folgenden Worten geschildert wird:

»Vom Steinberg aus sieht man die in hohen Wällen eingeengte Stadt mit unzähligen Kirchtürmen, ihre über sie emporragende Beschützerin – die Festung Marienberg und den belebten Mainfluß. Die auf den Landstraßen fahrenden Last- und Reisewagen, die auf der Chaussee am Glacis herumreitenden oder spazierengehenden Personen sowie die in den Weinbergen beschäftigten Winzer und die Fischer im Main geben der Gegend viel Lebhaftigkeit. Malerisch sind die Partien von Mühlen, Gärten und Lusthäusern.« Freilich, Friedrich Rückert hat nicht nur die alte Bischofsstadt in frohen Stunden geschaut, hier spricht man auch über die ernsten Tagesereignisse, wie Napoleon seine Schlachten bei Jena und Auerstedt schlägt und wie sich später in der Rhön und im Spessart die Bauern zusammenrotten, um sich gegen die Truppen des Korsen zu wenden. Aus der Erregung der Zeit entsteht Rückerts »Lied eines fränkischen Jägers«, das als erstes ge-

*Rückerts Geburtshaus in Schweinfurt*

drucktes Gedicht des Dichters in der Würzburger Zeitschrift »Aurora« 1813 erscheint.

Schon in seinen Kinder- und Jugendjahren lernt Rückert neben der Schweinfurter und Würzburger Umwelt mehrere kleinere fränkische Städtchen und Ortschaften mit ihrer anmutigen ländlichen Umgebung genauer kennen. Es sind Orte, in die sein Vater als Beamter versetzt wird und die dadurch auch dem Sohne Friedrich zur Heimstätte werden. In dem unterfränkischen Oberlauringen (Landkreis Haßberge) ist der Vater von 1792–1802 Rentamtmann. Heute steht von dem Rückertschen Wohnhaus nur noch der Türstock, den man mit einer Gedenktafel ausgestattet hat. Im

*Das Gutshaus Rückerts in Neuses bei Coburg*

Jahr 1807 ist der Vater als Territorialsekretär in Seßlach bei Coburg. In dem altertümlichen Städtchen, das mit einer wuchtigen Wehranlage ausgezeichnet ist, findet die Familie ihren Wohnsitz im Amtskeller, dem nachmaligen Amtsgericht. Und zwei Jahre später, 1809, sehen wir Rückerts Vater als Amtmann im unterfränkischen Ebern, das mit seinen Befestigungstürmen, einer spätgotischen Pfarrkirche und den nahen Burgruinen Altenstein und Lichtenstein eine besondere Zierde des freundlichen Baunachgrundes ist. Eine Erinnerungstafel über dem Eingang des Finanzamtes besagt: »Hier lebte und hier schuf unsterbliche Werke im Frieden des Elternhauses 1809–1821 Friedrich Rückert, der große Dichter und Meister der deutschen Sprache.« Eine Bronzetafel bewahrt auf einem Denkmal die edlen Züge des Dichters.

Zu diesem Dreiklang fränkischer Orte, die Friedrich Rückert in der Geborgenheit der Familie erlebt und die er inmitten der Wiesen und Fluren mit Fachwerkhäusern, ragenden Kirchen und harten Wehrmauern in ihrem Wachstum begriff, gesellen sich noch zwei andere Gegenden des Frankenlandes, zu denen Rückert durch seine Freunde geführt wird. In den Jahren 1813 und 1814 wird er wiederholt auf die Bettenburg eingeladen, die nur wenige Kilometer von Hofheim entfernt auf der Höhe der Haßberge liegt. Dort residiert ein Schloßherr, der als wahrer Mäzen häufig eine Tafelrunde von Musenfreunden und Wissenschaftlern um sich versammelt. Wie die Dichter Heinrich Voß, Jean Paul de la Motte-Fouqué und Gustav Schwab, so gehört auch Friedrich Rückert zu den Auserwählten. Er preist die »edle, hochgebaute Burg«, die »in waldiger Mitte von vergangener Herrlichkeit berichtet«, er rühmt zugleich in einem ausführlichen »Idyll« das oberfränkische Städtchen Rodach, wohin er von einem Mitglied der erlauchten »Bettenberger Tafelrunde« eingeladen wird.

Ereignisreiche Jahre für den Dichter, in denen er Freundschaft, »Liebesglück und Liebesleid« kennenlernt, in denen er auf der Suche ist nach einem festen Beruf und doch immer wieder von seiner dichterischen Berufung überwältigt wird. Die Kreise seiner Gedichte wachsen. Und in viele seiner Verse gehen die Bilder aus der fränkischen Heimatlandschaft ein:

> »Ich stand auf Berges Halde,
> Als heim die Sonne ging,
> Und sah, wie überm Walde
> Des Abends Goldnetz hing.«

*Rückerts Arbeitszimmer in Neuses*

Nach langen Wanderjahren, die den jungen Gelehrten und Dichter aus der Heimat oft genug fortführen, wird Friedrich Rückert Ende 1820 in Coburg seßhaft. Ein Jahr darauf vermählt er sich mit seiner Braut Luise und zieht in ein Haus nahe dem Schloßplatz (heute Rückertstraße 2), wo er als Privatgelehrter bis 1826 wohnen bleibt. Wie oft benutzt er in dieser Stadt mit den verträumten Gassen und der ragenden Veste die gerühmte Bibliothek! Mehr und mehr dringt er in die Geheimnisse der orientalischen Sprachen ein. Bilderfülle und poetischer Glanz der Lyriker und Fabulierer des Ostens entzücken ihn in gleicher Weise, begierig greift er nach diesen Schätzen, die für das Abendland neu zu entdecken sind.

Verdientermaßen beruft man den Sprachkundigen, der sich bei der wachsenden Familie nach einem sicheren Brotberuf umschauen muß, 1826 als Professor an die fränkische Universität Erlangen, wo er bis 1841 orientalische Sprachen lehrt. Eine Gedenktafel an einem Haus in der Südlichen Stadtmauerstraße erinnert an jene Jahre, da Rückert in den würdigen Hörsälen den Sprachklang und den dichterischen Zauber des Morgenlandes erweckt. In jene Jahre fallen freilich auch die schmerzlichsten Erlebnisse des Familienvaters. Bei einer Scharlachepidemie 1833/34 sterben kurz hintereinander zwei seiner Kinder. Die unvergeßlichen »Kindertotenlieder« bewahren noch heute die Trauer des Dichters:

> *»Du bist ein Schatten am Tage*
> *Und in der Nacht ein Licht;*
> *Du lebst in meiner Klage*
> *Und stirbst im Herzen nicht.«*

Im Jahre 1841 folgt Friedrich Rückert einem Ruf an die Universität Berlin. Aber die Sommertage verbringt er immer auf seinem Gutshof in Neuses, das nur eine halbe Stunde von der Altstadt Coburg entfernt ist. Als »indischer Brahman, geboren auf der Flur«, liebt er die freie Landschaft in ihrem Jahresablauf mehr als die steinernen Alleen der Städte. Im turbulenten Jahr 1848, da Berlin unter der Märzrevolution erzittert, läßt sich der Weltflüchtige in den Ruhestand versetzen und kehrt ganz in das kleine Haus nach Neuses zurück. Hier lebt er fortan für Familie, Wissenschaft und Dichtung. Tag für Tag füllt er die Blätter mit seinen Strophen. Das erhaltene Arbeitszimmer zeigt die beschauliche Welt des alternden Dichters. Schreibtisch, Stehpult, Folianten, Federkiele und an der Wand die Familienbilder sind noch so lebensnah, als müßte gleich der Fleißige durch die Türe hereintreten. Wollen wir des Nachmittags seinen Schritten folgen, so wenden wir uns zum Gartenhaus auf dem Goldberg. Noch manches Jahr geht Rückert sinnend und reimend über die heimatlichen Wege. Am 31. Januar 1866 entschläft er wie ein Weiser, nachdem er kurz zuvor noch im Hafis gelesen hat. In der fränkischen Erde des Friedhofes von Neuses bettet man ihn an die Seite seiner Frau, die ihm im Tod vorausgegangen ist. Sein dichterisches Dasein aber ist in den zwölf Bänden der »gesammelten Werke« bewahrt. In der Überfülle der Verse finden sich Zeilen wie diese, mit denen sich Friedrich Rückert wenige Tage vor seinem Tod gleichsam selbst die Grabschrift geschrieben hat:

> *»Verwelkte Blume*
> *Menschenkind,*
> *Man senkt gelind*
> *Dich in die Erde hinunter;*
> *Dann wird ob dir*
> *Der Rasen grün,*
> *Und Blumen blühn,*
> *Und du blühst mitten darunter.«*

## Das Würzburger Tor in Uffenheim

*Man weiß es nicht so genau, ob der Name Uffenheim auf den Merowinger »Uffo« zurückzuführen ist, der hier einen Salhof besaß, oder auf Hoveheim. Der Fuldaer Mönch Eberhard erwähnt jedenfalls urkundlich schon um das Jahr 1000 Hoveheim in einem Schenkungsverzeichnis der Gräfin Reginsumt an Bonifatius. Die amerikanischen Bomben und Granaten im Frühjahr 1945 haben viel Not und Tod in die Bevölkerung der Stadt gebracht. Die Stadtkirche, das Rathaus und viele andere bedeutende und schöne Gebäude wurden ein Raum der Flammen. Trotzdem ist Uffenheim auch heute wieder eine der lieblichen Kleinstädte Frankens. Unser Bild zeigt einen Blick auf eines der schönen Fachwerkhäuser Uffenheims. Es ist das Burkerter Erkerhaus und das Würzburger Tor.*

Wilhelm Fuchs

# Der Teufel im Schnepperle

Den Teufel freute es immer, wenn er einem Grettstädter einen Schabernack spielen oder gar einen aus der Gegend als Beute in sein höllisches Reich mitnehmen konnte. Oft saß er zu diesem Zweck lauernd in einem Versteck auf dem Hexenhügel zwischen Gochsheim und Grettstadt und wartete, bis drüben am Schnepperle, am Rande der Untereuerheimer Flur, einer am Galgen hing.

»Schnepperle« ist heute der Name eines Wäldchens bei Ober- und Untereuerheim, wie daneben das »Karlsloch« und der »Karlesgraben«. In alter Zeit tagte am Schnepperle das Zentgericht der früheren Zent Karlsberg, und das Schnepperlein war der Schnellgalgen, an dem mancher Gauner sein Leben büßen mußte, bevor er in die Hölle fuhr. Das Dorf Karlsberg, zur Karolingerzeit aus dem Karlshof entstanden, ist längst untergegangen, und heute findet man an jenem Platz eben nur ein paar kleine Waldungen und keinen Galgen mehr. Zuweilen entdeckt man in dem tiefgründigen Boden noch behauene Steine und Mauerreste als letzte Zeugen des verschwundenen Dorfes Karlsberg. Und weil der Galgen nicht mehr steht, muß sich der Teufel auf andere Art bemühen, bis er ein Opfer findet. Mitten im Schnepperle steht heute ein Bildstock mit dem Bild des heiligen Cornelius. Dort hat es der Teufel einmal versucht. Es ging da ein Jäger im Wald spazieren. Er hatte etwas zu viel Zielwasser ge-

*Aus dem 13. Jahrhundert stammen die Kirchgaden von Gochsheim*

trunken und redete leicht angeheitert laut vor sich hin. Schließlich fing er an zu schimpfen und zu fluchen. Das hörte der Teufel und glaubte seine Zeit für gekommen. Mit einem Male saß er dem unvorsichtigen Jäger auf dem Rücken. Das war gerade an jener Stelle, wo heute das Marterl steht. Der Teufel ritt und zwickte ihn und war nicht herunterzuschütteln. Um den bösen Gesellen loszuwerden, rief der Jäger voller Angst alle Heiligen an. Er flehte zu ihnen um Hilfe und siehe, schon war der Teufel verschwunden. Aus Dank wurde dann das Marterl mit dem Bild des heiligen Cornelius aufgestellt.

Mehr Glück hatte der Teufel ein andermal am Rande des Wäldchens bei Obereuerheim nach Weyer zu. Da saß ein Mann auf dem Anstand, und das ist auch schon lange her. Der Teufel merkte gleich, das war nicht der rechtmäßige Besitzer der Jagd, denn er hatte sein Gesicht mit Ruß geschwärzt.

Den kriege ich, dachte der Teufel. Nicht lange saß der Mann auf dem morschen Baumstumpf, da wechselte etwa 80 Gänge vor ihm ein Reh aus dem Walde, äugte vorsichtig ringsum und begann dann im fetten Klee zu äsen. Der Wilderer legte seine alte Flinte an und drückte ab. Es krachte und das Reh verschwand mit einigen flinken Sätzen im Wald. Es war anscheinend vollständig gefehlt. Darüber ärgerte sich der Schütze gewaltig. Als gerade höchstens 20 Schritte vor ihm ein Hase aus dem Wald hoppelte, murmelte er voll Ingrimm in den struppigen Bart: »Wenn ich den wieder fehle, soll mich der Teufel holen.« Der Schuß krachte und – der Hase lief gesund und heil in das Gebüsch zurück. Im selben Augenblick stand aber auch der vor dem Schützen, den man sonst nicht gerne an die Wand malt. Er hatte ihn ja selbst in freventlicher Weise herbeigewünscht. Der packte den vor Schreck völlig Regungslosen und drehte ihm kurzerhand das Genick um. Dann verschwand er wieder.

All das hat nur wenige Sekunden gedauert. Nur der Fährmann drunten am Main hatte den Schuß gehört und gleich darauf den gräßlichen Schrei vernommen. Er dachte nicht anders, als es sei ein Mensch erschossen worden. Andern Tags fand man die Leiche, die im Gesicht ganz verbrannt war und entsetzlich nach Schwefel roch. Man grub den Wilderer nahe der Friedhofsmauer in ungeweihte Erde. Da er aber doch ein Christenmensch gewesen, setzte man später ein Steinkreuz an die Stätte seines Endes.

Dem Teufel begegneten ein andermal auch Grettstädter Bauern, als sie gerade mit Pferden Stämme aus dem Wald holten. Da geschah es, daß sie einen Stamm nicht vom Platz brachten, obwohl sie die vier stärksten Pferde des Dorfes davorspannten. Es war wie verhext. Der Stamm rührte sich nicht vom Fleck, so sehr sie sich auch mühten. Nun war es jedem klar, der Teufel hockte auf dem Baumriesen. Ein mutiger Grettstädter nahm aber seine Peitsche, knallte dreimal laut schallend über den Baumstamm hin und rief: »Wenn der Teufel draufsitzt, dann soll er in Dreiteufelsnamen herunter!« Zwei andere griffen die Pferde am Zaum, noch ein Peitschenknall und siehe, die Pferde konnten sogleich den Stamm ziehen, als wäre nichts gewesen.

Seit jener Zeit übrigens wagt sich der Teufel nur noch mit aller Vorsicht nach Grettstadt hinein.

# Fürstliche »Jagd«

*Blick vom Burkarder Tor zur Festung Marienberg. Bis hier herunter an die Ufer des Mains reichten die Vorwerke der Festung. 1725 veranstaltete der Fürstbischof Christoph Franz von Hutten zum Vergnügen der durchreisenden Erzherzogin und niederländischen Statthalterin Elisabeth von Österreich eine Wasserjagd. Vor dem Burkarder Tor wurde ein künstliches Wäldchen errichtet und, dreifach abgegrenzt, für Wildschweine, Edelhirsche, Dam- und Rehwild ein Gehege gezogen. Bei lautem Musikgedröhne wurde das verängstigte Wild in den Main und vor die schußbereiten Jagdflinten der Fürstlichkeiten getrieben. Diese unwaidmännische Jagd war ein typisches Vergnügen der Rokokozeit, an dem man viel Spaß hatte.*

*Wilhelm Schmerl*

# Die Schöne Pforte

Drei Kirchen hat das Mainviertel, die älteste Vorstadt Würzburgs. Die Deutschherrnkirche, heute kurzweg Deutschhauskirche genannt, ist die mittlere dieser alten Kirchen. Sie wurde vor 1288 von dem Deutschherrnorden erbaut und wird in alten Urkunden halb stolz, halb schmerzlich ein opus splendidum ac sumptuosum (ein glänzendes, aber teueres Werk) genannt. Wie Einzelheiten des Baues beweisen, haben die Bauherrn nach einem fröhlichen Fortissimo während des Baues in ein etwas gedämpfteres Forte umgeschaltet. Der Schmuck wurde einfacher. Ein fröhliches Fortissimo aber ist noch das Eingangstor, die Schöne Pforte. Beobachtungen an der Wand, die innen dem Eingang gegenüberliegt, lassen es zum mindesten als nicht ganz unwahrscheinlich erscheinen, daß diese Kostbarkeit ursprünglich wegen der Unbilden der Witterung im Innern der Kirche stand, wofür auch die Tatsache spräche, daß die Schöne Pforte nicht mit der Kirchenmauer verbunden, sondern an die Mauer angeklebt worden ist.

Dieses wundervolle Gebilde ist leider im Laufe der Jahrhunderte von der Witterung stark mitgenommen worden. Der weiche fränkische Sandstein ist nicht wetterfest. Weiterer Zerstörung zu wehren hat man vor etwa drei Jahrzehnten der Pforte ein Schieferdach aufgesetzt, und der Bescheid von Fachleuten lautete ziemlich melancholisch, es bleibe nichts anderes übrig, als dieses Kleinod in Schönheit sterben zu lassen.

Da kam unerwartet eine Rettung. Ein neuer Baustoff, »Mineros«, dem Sandstein wesensverwandt, ermöglichte abgefressene oder abgestoßene Architekturteile so zu ergänzen, daß der Eindruck des Ursprünglichen entsteht. Ein bewährter Künstler, Bildhauer Örtel aus Rothenburg ob der Tauber, hat sich dieser heiklen Arbeit mit großer Sorgfalt angenommen. Er wurde dabei unterstützt durch vorhandene Gipsabgüsse und große Lichtbilder aus einer Zeit, in der die Zerstörung noch nicht so weit vorgeschritten war.

Die Schöne Pforte hat im Gegensatz zu anderen späteren gotischen Portalen (etwa der Marienkapelle), abgesehen von zwei kleinen Masken, keinen figürlichen Schmuck. Fein profiliert umsäumen die schlanken gotischen Dienste die leicht getönten Flächen. Wie Silberfiligran wirken die zarten Reliefhöhungen. Wie kostbares Spitzenwerk erscheinen die strengen Schmuckformen des die Pforte bekrönenden Giebels, der Pfeiler und der Verblendung des Tympanon. Fla-

*Der Baumeister
der Deutschhauskirche
im Schlußstein des
Kreuzgewölbes*

che Steinstufen aus der Barockzeit führen »wie ein ornamentales Präludium« empor zur Pforte, die heute wieder in erlesener Schönheit den herben frühen Stil jener uns so fernen Zeit verkörpert.

Die Schöne Pforte ist schon sehr oft gemalt, radiert, gezeichnet und photographiert worden. Das allerschönste Bild aber, das wir kennen, wurde in einer Mondnacht im Mai mit der Kamera aufgenommen. Da scheint das ganze hehre Kunstwerk wie aus Silberfäden des Mondes gewoben.

Wer die Schöne Pforte an der Deutschhauskirche in Würzburg einmal aufmerksam betrachtet und sich in sie vertieft hat, wird diesen Eindruck nicht mehr vergessen. Aus ihr schaut uns die fromme deutsche Seele mit ihren tiefen Augen an.

Erbaut ist die Kirche, wie schon ihr Name sagt, vom Deutschen Orden, der im Frankenlande zahlreiche Niederlassungen gegründet hatte. In Würzburg faßte er im Anfang des 13. Jahrhunderts Fuß. Zuerst besaß er das »Sternhöfchen« an der Domstraße, um bald darauf ein eigenes Ordenshaus zu bauen, da, wo es jetzt noch steht, am heutigen Schottenanger. Im Jahre 1288 war der Bau schon sehr weit gediehen, und an das Ordenshaus sollte sich die Kirche anschließen. Aber da stellte sich ein Hindernis ein, an das man zunächst nicht gedacht hatte. In einiger Entfernung weiter westlich stand, 100 Jahre zuvor erbaut, das Schottenkloster mit der St.-Jakobs-Kirche. Durch die neue Deutschhauskirche wäre der Weg »Zu den Schotten« verbaut worden. Erst nach langen Streitereien, in die sogar König Rudolf eingriff, und die zuletzt Bischof Mangold schlichtete, einigte man sich dahin, daß der Schwibbogen eingebaut wurde, der heute noch steht und durch den sich der Verkehr »zu den Schotten« und ebenso zu den dort später erbauten Kasernen abwickeln konnte.

Der an der einen Seite des Schwibbogens hochsteigende, zum Teil romanische Turm, ist wohl ein Überbleibsel aus der Zeit Kaiser Friedrich I. und gehörte zur »curia regia«, dem Königshof, den Bischof von Lobdeburg dem Deutschen Orden 1219 schenkte.

Über 100 Jahre klang von dem Gotteshaus keine Glocke. Vom Dezember 1805 bis August 1806 hatten die Franzosen die Deutschordenskirche als Kriegslager benutzt. Im September 1806 wurde der Gottesdienst wohl wieder eröffnet, aber schon nach ein paar Wochen, am 2. Oktober, wurde die Kirche als Brot-Niederlage für die Festung beschlagnahmt und am 24. Oktober als Nachtlager für 300 gefangene Preußen. Vom 16. November 1806 bis zum 24. April 1809 durfte sie abermals als Gotteshaus dienen, um dann wieder von den Franzosen als Depot benutzt zu werden. Bei der 1806 erfolgten Aufhebung des Deutschen Ordens durch Napoleon und in Anbetracht der Kriegszeit wurden alle Geräte und Paramente in Sicherheit gebracht, um nie mehr in die Kirche zurückzukehren. Erst im Jahre 1923 wurde die Kirche wieder in einen würdigen Zustand versetzt und wird seitdem von der protestantischen Gemeinde verwandt.

*St. Christophorus in der Deutschhauskirche*

# Das Deutschordenshaus in Würzburg

wurde im Jahre 1219 zum ersten Male erwähnt. Im gleichen Jahre übergab Bischof Otto den Deutschherrn ein Gebäude, das vorher Eigentum Kaiser Friedrichs I. war und jenseits des Maines beim Schottenkloster lag. Ob die Ritter schon vorher in der Stadt ansässig waren, weiß man nicht genau. Jedenfalls wird 1226 die Einweihung einer Kapelle für die Deutschherrnritter an der dortigen Stelle gemeldet, und dies ist vermutlich der Beginn der Baugeschichte der Deutschhauskirche in Würzburg.

*Die Schöne Pforte*

*Kurt Harz*

# Die Sache mit dem Aberglauben

Ich glaube nicht an Gespenster, aber bei Nacht fürchte ich sie«, sagte einmal der Dichter Heinrich Zschokke. Mit diesem Satz ist die wesentlichste Ursache fast jedes Aberglaubens umrissen: die Angst vor etwas Bösem, sei es nun Gespenst, Hexe, Nachtalb oder sonst etwas.

Wenn wir uns zurückversetzen in Zeiten, in denen man noch nichts von Bazillen und Viren wußte, in denen man Naturerscheinungen, wie etwa Blitz und Donner, unwissend gegenüberstand, kann man diese Angst vor unsichtbaren Mächten verstehen und wie man auf deren Abwehr sann. Wenn liebe Menschen plötzlich von einer Krankheit niedergeworfen wurden, in der Blüte des Lebens ohne sichtbare Verletzung starben, so mußte doch eine böse Gewalt die Ursache sein. In manchen Bezeichnungen, etwa dem »Hexenschuß«, blieb dieser Dämonenfurcht von Bewohnern unseres Erdteiles ein Denkmal gesetzt. Wir brauchen aber gar nicht über die Gespensterfurcht jener Tage zu lächeln, denn manch einem von uns sitzt sie noch in abgeschwächter Form im Nacken trotz unseres so aufgeklärten Zeitalters, in dem wir schon künstliche Monde zum Himmel schicken und die Hand erheben, um sie nach den Sternen auszustrecken.

Wie geht es Ihnen? Gut? Das freut mich sehr. Aber warum haben Sie jetzt dreimal auf die Tischplatte geklopft? Nun, sie wollten Ihre Gesundheit, Ihr Wohlsein nicht »berufen«, meinen Sie, man tue dies in solchem Falle. Man soll also auch heute nicht den Neid der Götter erwecken? »Teu, teu, teu« (man kann auch »toi, toi, toi« sagen, es kommt auf eins heraus), sagen Sie? Ist das nicht eine Anrufung des Teufels? Ja, freilich, Sie sind ein guter Christ, ich weiß schon, mit Satanas, dem Geschwänzten, wollen Sie wahrlich nichts zu tun haben! Das haben Sie nur so gedankenlos gesagt. Aber wie steht's mit der Katze, die von links nach rechts über den Weg läuft, wie mit den Zahlen 7 und 13, wie mit dem Freitag?

Fast jeder von uns hat irgendeinen kleinen Aberglauben, den er in unbewußter Dämonenfurcht mit sich herumschleppt. Wir wollen uns deshalb auch nicht erhaben dünken über das, was vor 30 Jahren noch Großmütter im Frankenland ihren Enkeln erzählten, wenn es draußen früh dunkel wurde und der Sturm um das Haus heulte. Manches von dem, was ich hier mündlicher Überlieferung gemäß erzähle, wird heute noch ausgeübt. Wir müssen dabei bedenken, daß die Landbevölkerung, die zuweilen noch so alten Gepflogenheiten folgt, viel mehr als wir Menschen anderer Berufe von den Kräften der Natur abhängt, von Sonne, Regen und Schnee, die ausschlaggebend sind für den Erfolg ihrer mühevollen Arbeit, und daß auch die Gesundheit und die damit verbundene Leistungsfähigkeit ihres Viehs ungemein wichtig für sie sind. Den Bauer erwartet kein festes Gehalt am 1. oder 15. jeden Monats: was ihm zufällt als Lohn, entscheidet der Kreislauf des Jahres mit günstigen oder ungünstigen Bedingungen, und deshalb fleht er auf Bittgängen durch die Flur zum Himmel, deshalb malt er am Dreikönigstag mit Kreide in großen Buchstaben †C†M†B† an seine Stalltür und bittet um den Schutz dieser Heiligen. Und nebenbei kann es nicht schaden, wenn er ein bißchen überliefertes Brauchtum anwendet, das oft noch in der Vorstellungswelt der alten Germanen oder des Mittelalters wurzelt.

Legt ein Huhn ein kleines Ei ohne Dotter, so muß dieses »Unglücksei« vernichtet werden, um Unheil zu vermeiden. Man darf es aber nur über ein Dach werfen. Sollen die Hühner fleißig legen, so ist ihr Stall nur bei zunehmenden Mond zu reinigen, haben sie hingegen Läuse oder Flöhe, dann ist ihre Behausung bei abnehmenden Mond zu misten, weil dann mit ihm die unangenehmen Untermieter vergehen.

# Die Volkacher Pfarrkirche St. Bartholomäus

*»Im Jahre des Herrn 1413 wurde der Bau dieses Chores am Tage Petri Stuhlfeier zu Ehren des heiligen Apostels Bartholomäus und des Kriegers Georg begonnen.« Mehrere Baumeister haben fast 100 Jahre lang an dieser Kirche gearbeitet. Für den Bau des Turmes hatte sich der Rat der Stadt Volkach den Würzburger Dombaumeister Hans Bock aus Ochsenfurt geholt.*

Da wir schon bei Ungeziefer sind: Bevor das DDT aufkam, erwischten Kinder oder auch Erwachsene zuweilen einmal eine Kopflaus. Die vermehrte sich dann prächtig auf dem Denkgehäuse. Waren die Läuse rot (wenn sie voll frischgesaugten Blutes waren), dann waren sie angehext. Wie damals, kann man auch heute noch folgendes dagegen tun. Man fängt drei Stück der rötlichen Krabbeltiere, steckt sie in einen Federkiel, verschließt ihn und geht nun zum Hause der vermutlichen Anhexerin. Dort wirft man den Federkiel über den Kopf hinein, dreht sich dann um und geht rückwärts schreitend zur Tür heraus. Durch dieses einfache Mittel ist man die Läuse los, und der andere hat sie.

Ja, diese Hexen, als feurige Kugeln fahren sie zum Schlot herein und bringen Unglück über Mensch und Vieh! Wer anders als sie könnte den Gäulen im Stall die Mähne hinter verschlossenen Türen flechten, daß sie vor Angst schäumen? Wenn kleine Enten oder Gänse sterben und die Beine von sich strecken (dies ist das untrügliche Erkennungszeichen!), dann wurden sie sicher behext, und wenn die Kühe wenig Milch geben, wer anders kann daran Schuld sein als eine Hexe? Wenn sie Tiere verderben, so gibt es ein ausgezeichnetes Mittel sie abzuschrecken. Man nimmt einen Sack, läßt die Kuh oder das sonst geschädigte Tier ein kleines Geschäftchen hinein verrichten und prügelt dann den Sack windelweich. Wenn nun jemand kommt und sagt, man solle von dem unsinnigen Tun ablassen, so ist das niemand anders als die oder der Bewußte, welche die Prügel am eigenen Leibe spüren. Von Menschen sind am meisten kleine Kinder durch Hexen gefährdet; bei Ausfahrten schützt sie ein Gebetbuch im Wagen, auch ein Büschel Rainfarn unter dem Kissen soll zuweilen schon genügen. Schreit ein Kind drei oder mehr Nächte lang, dann ist es behext. Man nimmt es in diesem Falle, schiebt es dreimal durch eine mit einem Kreuzknoten geschlossene Schlinge und betet dazu jeweils ein Vaterunser, worauf der böse Geist weicht.

Aber auch Erwachsene müssen auf der Hut sein. In dem kleinen Dörfchen X lebte noch vor 20 Jahren eine richtige Hexe. Mußte man in ihrem Haus vorübergehen, bestand Gefahr der Behexung. Als Gegenzauber bewährte sich jedoch stets ein sehr schnell aneinandergereihtes »Sau, Sau, Sau...«, das man leise vor sich hinmurmelte, solange man im Bereich des Gebäudes war. Fast noch besser ist es, in solchem Falle das bekannte Götz-Zitat im gleichen raschen Tempo wiederholt herunterzuhaspeln. Aber nicht etwa in der Form »Du kannst mich...« sondern gleich im Imperativ! as hilft auch heute noch hundertprozentig gegen Behexung. Bekommt man jedoch von einer Hexe etwas zum Essen geschenkt, so muß man es mit jemand teilen oder drei Bröcklein davon wegwerfen, wenn es nicht Unheil bringen soll.

Will man sich darüber unterrichten, wer in der Bekanntschaft eine Hexe ist, so legt man den Brotlaib immer so in die Schublade, daß die angeschnittene Seite nach hinten zeigt. Eine eingetretene Hexe kann dann den Raum nicht mehr verlassen, bevor das Brot umgedreht wurde, und wird wohl früher oder später darum ersuchen oder danach trachten, es auf andere Art zu bewerkstelligen.

Das Feldmannstreu mit seinen vielen Stacheln wird mit der Wurzel nach oben als »Unruh« zur Hexenabwehr im Stall, im nördlichen Mittelfranken auch in Stuben aufgehangen. »Unruh« heißt es, weil sich die trockene Pflanze beim kleinsten Luftzug bewegt.

Neben Hexen gibt es aber auch noch genug andere Bösewichte, die einem das Leben sauer machen können. Auch Gespenster gehören dazu. Ich will schweigen von den Feuermännern im düstern Wald, durch die man Schätze erlangen kann, denn wir haben ja ein Zahlenlotto und Fußballtoto. Aber wie steht's mit einer geheimnisvollen weißen Ziege, die am Diebach zwischen Junkershausen und Wülfershausen geistert? Noch nie kam ein Hund zurück, der dieser »Tibich-Gäs« nachjagte. Wenn schon so prosaische Lebewesen wie Ziegen spuken, wer sollte da noch Zweifel daran hegen, daß auch Menschengeister umgehen? Und jener schwarze Hund, der sich am Galgenberg bei Saal nachtsüber umhertreibt? Und was manche sonst in dunkler Nacht erlebten! Wir wollen darüber schweigen, um dem lieben Leser keine schlaflose Nacht zu bereiten.

Den alten Germanen war Frau Holle, die milde Göttin des Hauswesens, heilig. Jetzt spukt sie nur noch als »Hullefraa« in der Gefolgschaft des Christkindls und ängstigt böse Kinder. Aber ganz ausrotten ließ sich der Glaube an Holla nicht, das sieht man an der Verehrung, die noch immer dem Holunder, dem Baum der Holla, gezollt wird. Wehe dem Bauern, der Holunder verbrennt! Er wird dauernd Unglück mit seinem Vieh haben. Und in den 12 Nächten nach der Wintersonnwende, den »Raubnächten«, in denen der alte Gott Wodan als wilder Jäger mit seinem Gefolge die Luft durchrast, darf keine Wäsche im Freien zum Trocknen aufgehängt werden. Wer so etwas tut, hängt Viehhäute auf, das will heißen, der Bauer wird im Laufe des Jahres Vieh verlieren.

Zum Abschluß dieser kleinen Blütenlese fränkischen Aberglaubens (den es aber auch anderswo in ähnlicher oder anderer Form gab und gibt!) noch zwei sinnvolle Bräuche. Ein Mädchen, das geheiratet hat, darf 6 Wochen nicht zu ihren Eltern gehen, sonst wird sie das Heimweh nicht los, und eine Frau, die einem Kind das Leben schenkte, darf 6 Wochen lang kein Wasser vom Brunnen holen und ebensowenig Sauerkraut oder Pökelfleisch aus dem Keller, weil sonst alles verdirbt. Bevor sie nicht in der Kirche war, soll sie überhaupt nicht über die Dachtraufe hinausgehen. Diese Gepflogenheiten haben praktischen Wert. Ein Mädchen wird sich rascher in die neuen Verhältnisse einleben, wenn es sechs Wochen ununterbrochen in der neuen Umgebung tätig war, und hat dann auch das Heimweh nach dem Elternhaus überwunden. Natürlich wird das Wasser nicht schlecht, das eine Wöchnerin vom Brunnen holt, aber wie leicht kann sie sich selbst beim Tragen der schweren Eimer schaden und ebenso, wenn sie im Keller die schweren Steine aufhebt, die auf den Fässern mit Sauerkraut und Pökelfleisch liegen. Es gibt also auch Aberglauben »mit Verstand«.

*Irm Schneider-Schaulys*

# Der alte Klosterschatz

Sicher ist Ebrach, der kleine Ort mit dem großen Kloster (heutiges Gefängnis) an der Bundesstraße 22, manchem Autofahrer bekannt. Es halten ja täglich Omnibusse und Autos in großer Zahl dort, man besichtigt die Basilika, bestaunt die uralten Meßgewänder, gruselt sich ein bißchen beim Anblick der Knochen in der Michaelskapelle und den Würzburgisch-Fürst-Bischöflichen Herzen in den Kammern des Hauptaltars. Man zieht Vergleiche zwischen dem Klosterbau Balthasar Neumanns und der Residenz in Würzburg. Dann fährt man weiter, überzeugt, daß man ja hier alles gesehen hat. Aber zu Ebrach gehört der Wald! Er war es, der es den Mönchen im 12. Jahrhundert ermöglichte, die Klosterkirche mitten im Sumpf zu errichten. (Denn nach Brauch der Zisterzienser mußte das Kloster am tiefstgelegenen Punkt des Ortes entstehen.) Sie mußten erst viele hundert Eichenstämme in den Grund rammen, ehe sie mit dem eigentlichen Bau beginnen konnten. Der Wald war es

auch, der durch Jahrhunderte die Existenzgrundlage für Generationen darstellt, bis auf die heutige Zeit, da gleich daneben ein Furnierwerk entstand. Der Wald aber ist es auch, der Ebrach mit seinem herrlichen Grün erst den Rahmen gibt, es von allen Seiten umschließt und zu einsamen Wanderungen und Spaziergängen einlädt. Irgendwo in diesem Wald soll auch der große Klosterschatz verborgen sein.

Am schönsten ist der Wald natürlich früh am Morgen, wenn die Vögel noch munter singen und die Wiesen und Bäume ihren unvergleichlichen Duft ausströmen. Wenn man da zum Dreiherrenbrunnen geht, am kleinen Bächlein entlang, findet man unter den hohen Buchen kaum die alten Steintische, die Bank und die Quelle! Nach kurzer Rast führt der Weg über eine kleine Höhe zur Wechselbank. Nach alter Sage soll dort ein Bauer betrogen worden sein, weil er den Wert der Null für Null hielt, auch am Ende einer größeren Zahl. Er unterschrieb einen Wechsel, obwohl einige Nullen mehr drauf waren, als vorgesehen.

Kaum einem Menschen begegnet man, wenn man weiter geht bis man das Handtal erreicht und an einigen kleinen Fischweihern vorbei zurück nach Ebrach findet.

Am Abend ist es hier aber ein bißchen unheimlich. Man erzählt sich, daß das »Huhmännle«, das am »Steinernen Kreuz« wohnt, durch das Tal kommt und schon mit manchem »Spätheimkehrer«, der seinen »Stollburger« getrunken hat, seinen Schabernack getrieben haben soll. Außerdem kommt auch manchmal der »Ratsteinreiter« herunter, der auf einem dreibeinigen Schimmel herumklappert und den Kopf unterm Arm trägt.

Ja, Geschichten gibt's da viele, die sich zwischen Dämmern und Mitternacht zugetragen haben sollen.

Eine möchte ich hier erzählen.

Der kleine Waldweiher, bei dem der Ebracher Klosterschatz verborgen sein soll, liegt immer noch unberührt im »Schmerber Gründle«, obwohl es gar nicht weit ist bis zum neuen Furnierwerk Eberau. Zwei alte Ebra-

*Die frühere Klosterkirche von Ebrach*

cher, denen das Brot sauer zu verdienen war, denn es gibt hierzulande viel Holz, aber wenig Ackerland, wollten sich einst diesen Klosterschatz holen. Streng nach Vorschrift handelnd, gingen sie in einer Vollmondnacht am 3. Sonntag im Juni, schweigend (denn das war das Wichtigste, es durfte nicht gesprochen werden) zur »Dritten Bruck«, bogen links in den Wald ein und schlichen bis zum schwarzgrünen Weiher.

Um 23 Uhr begannen sie zu graben. Aber der Klosterschatz wurde bewacht. Das sollten sie bald merken. Das gegrabene Loch war noch gar nicht groß, da kam plötzlich ein weißgekleideter Mönch mit einer brennenden Kerze in der Hand und ritt auf einem Fußschemel. Immer näher kam er, und plötzlich rief er mit fürchterlicher Stimme: »Was sucht ihr hier!?« Gräßlich hallte es vom Wald zurück! Den beiden trat der Angstschweiß auf die Stirn, aber sie hielten tapfer aus und gruben weiter. Da kamen aus allen Teilen des Waldes viele Nonnen auf Fußschemeln gerutscht, auch sie hatten Kerzen in den Händen und zogen einen Kreis um die Grabenden. Der Kreis wurde enger und enger, und sie stellten vielerlei Fragen, aber die beiden Männer ließen sich nicht ablenken und gruben in ihrer Angst immer eifriger. Plötzlich war der ganze Spuk verschwunden und tiefe Stille herrschte im Wald.

Mittlerweile war die Grube so groß geworden, daß auf ihrem Grund ein fester Gegenstand wie ein großer Kistendeckel sichtbar wurde. Die Männer freuten sich ihres Erfolges, und es dauerte nicht lang, so hatten sie eine große, mit schweren Eisenriegeln beschlagene Kiste freigeschaufelt. Da klapperte Hufschlag vom nahen Schmerb her und ein Reiter hielt auf sie zu. »Geht es dort nach Ebrach?«, fragte er und wies mit der Hand nach Osten. »Nein, Ihr müßt nach Westen halten«, antwortete der eine Ebracher diensteifrig. Aber da tat es einen fürchterlichen Donnerschlag! Die beiden saßen auf einem Erdhaufen vor einem leeren Loch und starrten sich an. »Ach du Esel!«, rief der andre. »Hostn du net gseng, daß des der Ratsteinreiter wor, er hot doch sein Kopf unterm Arm ghaltn!« – »Jetz is alles umsonst gwesen!« Da kamen sie miteinander in Streit, schlugen aufeinander ein, und am Ende lagen beide tot am Platze.

Soviel ist gewiß: Seither hat es keiner mehr gewagt, den Klosterschatz im »Schmerber Gründle« zu suchen. Die Leute trösteten sich und meinten, vielleicht habe ihn gar Napoleon mitgenommen. Andre glauben, er sei in den dicken Wänden des Klosters eingemauert, man hört ja oft nachts ein Stöhnen, das seien die armen Seelen, die ihn bewachen müßten. Aber ich denke, da haben sie nur die alte Eule gehört, die auf dem Kirchturm haust – und über den Platz vom Klosterschatz da schweigt sich der große Wald aus.

*Einer der beiden kunstvollen Erker an der Straßenfront des ehemaligen Klosters Ebrach*

*Heinrich Fuß*

# Originale aus »Bischeme«

Zu allen Zeiten hat es sie gegeben, jene Rauhbeine mit dem Herzen auf dem rechten Fleck, die mit derben Späßen, Redensarten und schlagfertigen Antworten das Gelächter und manchmal auch den Spott der Mitmenschen hervorriefen. Es gibt sie heute noch, diese sonderbaren, im weltfrohen Volkstum beheimateten Käuze. Mögen sie auch zuweilen ein wenig laut und poltrig sein, so sind es doch prächtige, im Grunde ehrliche Leutchen, die den Erscheinungen und Begebenheiten der Tage auf ihre Art ein »I«-Tüpfelchen aufsetzen, und ihre humorigen Äußerungen – aus dem Augenblick geboren – leben oft Jahrzehnte weiter. Sie sind weder gut noch schlecht, sondern einfach notwendig, denn sie sprechen das unbekümmert aus, was andere nur still zu denken wagen. So ist mancher zu ungewollter Berühmtheit gelangt, wie etwa der alte Zugelder, ein knorriger Taubertäler, der in den 48er Jahren das Wahrzeichen Tauberbischofsheims, den Türmersturm, rettete, und dem zu Ehren die dankbaren Stadtväter rund hundert Jahre nach seiner mutigen Tat ein bescheidenes Sträßlein benannten.

Als der alte Zugelder sich schon anschickte das Himmelstor zu durchschreiten, ließ sich – im März 1882 – in Tauberbischofsheim ein Tierarzt nieder, der wegen seines Könnens sich schnell allgemeine Achtung erwarb. Das Schalksteufelchen saß ihm im Nacken, und mit den Jahren entwickelte er sich zu einem »tollen Bomberg« im kleinen. Frohe Laune, munterer Scherz und beißende Ironie waren seine steten Begleiter. Im persönlichen Umgang oder in lustiger Gesellschaft zeigte er sich als ein urgemütliches, lustiges Original. Das war Dr. August Mock, ein kleines Männchen mit einer weithin sichtbaren, in allen Farben glänzenden, großen Nase, die ihm manche spöttische Bemerkung eintrug – ein richtiger »Zinkenmichl«, wie der Bischemer zu sagen pflegte. Aber daraus machte er sich rein gar nichts. Der Doktor, der dem Wein genau so wie dem »schwachen Geschlecht« zugetan war, hatte schon manchen Bürger ganz hübsch ins Bockshorn gejagt. Nun beschlossen einige, ihn auch einmal gehörig auf die »Schippe zu nehmen«. Man kam überein, dem Alten nächtlicherweise einen »Geist« zu präsentieren. Dunkle Nacht. Der Doktor schwankt, aus dem »Straußen« kommend, über den Dittigheimer Weg seiner Wohnung zu. Da, aus dem Nebel der Wiesen steigend, stellt sich ihm eine weiß vermummte Gestalt in den Weg. Schauerlich und tief brummt eine Stimme: »Ich bin ein Geist!« Doch Mock ließ sich nicht ängstigen und sagte: »Wenn due oan Moa bis, scher di weg, doch bis due oa Menscher (Weibsbild), kumm mit!« – und ließ den verblüfften Geist stehen. – Würzburger Studenten, die ihn vor dem »Badischen Hof« trafen, hielten ihn an, weniger um Auskunft über die Sehenswürdigkeiten der Stadt zu erhalten, als ihn wegen seines Gesichtserkers zu frotzeln. Mock merkte es sofort

und sagt zu ihnen auf den Kirchturm weisend: »Do is die Käärch, do druff is oan Göcker, denn könnt ier nid – aber mi könnt er.« – Als unser Medikus auf dem Sterbebett lag, besuchte ihn auch ein Gastwirt, bei dem er häufig seine Abend- und Nachtstunden absaß. Dem sagte er, als dieser sich nach seinem Befinden erkundigte: »Du hoast mir sicher oft statt Wej Wasser gebb. Dovuo hoan iech jetzert de Wassersucht.« Die Antwort des Wirtes ist nicht bekannt.

Ein weiteres Original war der »Schüttinges-Säbb«. Von Beruf Zementier, versah er später – etwa zehn Jahre lang – das Amt des Totengräbers. Den »Säbb« hatte man einmal schwer mit dem »Ümgehner auf dem Friedhof« hochgenommen. Eine trinkfeste Rotte soll ihm da einen »zünftigen Geisterspuk« vorgeführt haben, so daß er lange Zeit geschunden und zerzaust herumlaufen mußte. Dafür schwor er dem »Hoase-Franz«, den er als den Urheber dieses Scherzes erkannt hatte, Rache. Der Franz – ein Altwarenhändler – suchte hin und wieder auf dem Friedhof herumliegende Drähte, Eisenabfälle und was es da sonst noch zu finden gibt, zusammen. – Die Sonne schien schon schräg und matt durch die Bäume, als er mit einem großen Sack unter dem Arm durchs Friedhofstor trottete. Ein bißchen gruselig war ihm heute zumute, denn man erzählte sich, es sei seit einiger Zeit nicht ganz geheuer dort oben. »Quark«, denkt der Franz, »Geischter gib's nimmeh; un wenn dr Deibel selbs kumme sold, i nem ihn bei dere Hörner.« Er torkelt durch die Gräberreihen, findet hier und da etwas, und es dunkelt sich so langsam ein. »Kreuzsabberment, hoat's do nid gebrummt: Uhua«. Ihm wird mordsmäßig unbehaglich. Und wieder »Uhua«; dem Franz rollen die ersten Schweißtropfen von der Stirn; ihm fallen alle seine Sünden ein: daß er geradezu übernatürlich säuft, ihm Bier lieber ist als der Weihwasserkessel, daß die Ehe mit dem Mariele stark gebogen ist, und er geht zum Friedhofstor zurück, um schnellstens dem Geisterbereich zu entkommen. Da, er stößt an ein frisch aufgeschaufeltes Grab, eine schauerliche Gestalt erhebt sich und brüllt: »Loaß mi mei Ruh!« Nun ist es mit seiner Fassung ganz aus. Er schmeißt den Sack fort, wirft die Fersen hoch und rennt, als säße ihm der Teufel selbst im Nacken. Hinter ihm bellt es kräftig: »Huhuhu! Haheha!« Er erreicht das nächste Wirtshaus, reißt die Tür auf und schreit: »Männer! Der Ümgehner is doa!« – Eine halbe Stunde später kommt der »Schüttingers-Säbb« in die Wirtschaft. Da klärt sich die Sache auf: er selbst war es, der sich in das halbfertige Grab gelegt, dem Franz aufgepaßt und ihm den Schrecken eingejagt hat. Der saß schwer angeknackt in einer Ecke und soll bald Gelbsucht vor Wut bekommen haben.

Am 30. Juli 1952 starb Franz Josef Englert, ein echter Bischemer, der unter dem Namen »Hoase-Franz« im Landkreis wohlbekannt war. Er war der älteste gebürtige männliche Einwohner des Städtchens und von Beruf Tüncher. Jedoch im Laufe der Jahre begann er einen schwunghaften Handel mit allem, was irgendwie kaufenswert war. Nach dem Ersten Weltkrieg besaß er eine richtige Altwarenhandlung mit fester Niederlassung in der Blumenstraße. Die Fülle von Streichen, die er aushekte, sind heute noch in aller Munde, und immer hatte er die Lacher auf seiner Seite. – Liegt er da im Fenster seiner Hütte, schmaucht sein Pfeifchen und frotzelt die Leute. Läuft einer durch die Gasse dem Marktplatz zu. Der Franz ruft: »Wohie sou schnell?« – gibt der andere zurück: »Zum Dukter, mei Bawett is nid guet, sie g'fallt mir nid richtig.« – Antwortet der Franz: »Waat ej bißche, i goa mid, mei g'fallt mir schoo loang nimmeh!«

Mit einem hübschen Affen war der Hoase-Franz in der Morgenfrühe nach Hause gekommen. Um die Mittagszeit, die Sonne schien schon recht hell vom Himmel, trat das Mariele, seine Frau, zu dem Saufaus ans Bett und sagte ziemlich erbost: »Noa, do hoast'd joa wiedr n' schöö Rausch mid hoam broacht!« Sagt der Franz: »Noa des freut mi, doas der dir aa g'fallt!« – Der Redakteur der damals einzigen Zeitung im Städtchen hatte einmal im geselligen Kreise – man sprach über die bevorstehende Gemeinderatswahl – geäußert: »Stadtrat werde ich nicht, eher Scherenschleifer«. Nun, der Redakteur, sonst ein kluger Kopf, lag diesmal mit der Beurteilung des Ausgangs der Gemeinderatswahl vollkommen schief. Er wurde Gemeinderat. Hoase-Franz, der von dem Tischgespräch erfahren hatte, nahm einem zufällig auf der Straße hantierenden Scherenschleifer das »Gefährt« weg, raste damit zum Zeitungsgebäude, stellte sich, lustig die Kurbel des Schleifsteins drehend, unter das Fenster des Redaktionsbüros und rief: »Scherenschleifer! Scherenschleifer!«

Diese Dinge brachten ihn in dauernde Berührung mit dem Schöffengericht. Beleidigungsanklagen waren an der Tagesordnung; ganz besonders, als er einmal für die Herausgabe einer Karnevalszeitung verantwortlich zeichnete, in der es »dicke Brocken« hagelte. Der Richter verurteilte ihn zu zwei Wochen Arrest. Sagt der

183

*Das Mackertsche Haus in Tauberbischofsheim ist ein Beispiel stolzen Bürgersinns. 1744 wurde es erbaut*

## Das Rathaus in Grünsfeld

*Reich an Zeugen einer stolzen Geschichte ist das Badische Frankenland. In lieblichen Tälern, umrankt von bewaldeten Höhen, findet man manches Kleinod kirchlicher oder profaner Baukunst. Von schroffen Felsen grüßen in Grünsfeld die Burgruinen den Wanderer, den das gastliche Städtchen zum geruhsamen Verweilen einlädt. Die Grafen von Rieneck waren die ersten Besitzer dieser einst trutzigen Anlage, von deren Hauptbau heute noch der mächtige gotische Treppengiebel gegen Himmel strebt. Blickt man von der Höhe auf das Gewirr der Dächer, in die engzeiligen Straßen mit den spitzgiebeligen Häusern, dann fühlt man sich zurückversetzt in längst vergangene Zeiten. Um 1300 bekam Grünsfeld das Stadtrecht. Die alte Handelsstadt am Zusammenfluß von Wittigbach und Grünbach war Jahrhunderte hindurch Sitz eines fürstbischöflich-würzburgischen Amtes. 1659 ließ Bischof Philipp von Schönborn das im Dreißigjährigen Krieg zerstörte Langschiff der heutigen Stadtpfarrkirche im Barockstil neu errichten. Stolz aber zeigen die Grünsfelder ihr Renaissance-Rathaus aus dem Jahre 1579. Es ist nicht nur das schönste aller alten Häuser des Städtchens, es ist eines der prächtigsten Rathäuser weit und breit. Ornamente, Fratzen, Ortswappen und reiches Schnitzwerk zieren das Fachwerkobergeschoß. Den malerischen Treppenturm umzieht in halber Höhe des Erdgeschosses ein gotisches Gurtgesims. Bekrönt wird das Treppenhaus von einer Haube mit einem kleinen Helm darauf.*

Franz: »Die sitz ieh uff oaner O... backen oab.« Doch er hatte nicht mit der Schlauheit des Richters gerechnet, der ihm für einen weiteren Fall ebenfalls zwei Wochen aufbrummte, »damit er wieder gerade sitzen könne.«

Damit ist die Reihe der Originale und der Anekdoten über sie keinesfalls vollständig. Sie würden ein kleines Buch füllen. Mag auch manches im Laufe der Jahre von den Erzählern mit eigener Phantasie ausgeschmückt worden sein, der Kern der Begebenheit ist sicher echt. Manch nettes Geschichtchen, das heute noch im Volksmund lebt, könnte schließlich doch mit den Jahren in Vergessenheit geraten, wenn es nicht festgehalten wird. Und es wäre schade, wenn die Erinnerung an diese schrulligen Käuze, die nun schon längst alle unter der Erde ruhen, verblassen würde. Sie sind es wert, in der Überlieferung als populäre Gestalten weiterzuleben.

Unter den Barockhäusern, wie sie am Marktplatz und auch schon in der Unterstadt zu finden sind, ist das Mackertsche Haus das stattlichste. Es mutet an wie ein patrizisches Stadtschloß und ist ein schönes Beispiel behaglichen Bürgerstolzes. 1744 erbaut, war das Gebäude lange Zeit Eigentum der angesehenen Kaufmanns- und Patrizierfamilie Bögner. Alte Urkunden aus dem Jahr 1722 nennen die Bögners schon »unter denen Guttätern, durch deren Beiträge das hl. Kreutz am Markt aufgerichtet wurde«.

Es war jene Zeit, in der Bischofsheim noch seine doppelten Mauern hatte und der Hexenturm den Vorübergehenden geheimen Schauder einflößte. Die Stadttore wurden damals noch abends geschlossen und die Schlüssel dem regierenden Bürgermeister übergeben. Der Türmer blies vom hohen Turme noch die Nachtstunden an, und die Zünfte hielten unter der althergebrachten Frömmigkeit ihre regelmäßigen Zusammenkünfte. Auf dem mit Zierbäumen geschmückten Marktplatz hielt die Schützengilde ihre Parade ab. Die Hauptstraße, durch welche sich damals der große Verkehrsstrom von Frankfurt nach Augsburg bewegte, belebte zahlreiche Gasthäuser. Die Burg war noch ein vollständig abgeschlossener Herrensitz, und die Gärten bis zum Bach bildeten einen gepflegten Park. An gewissen Tagen war der Schloßgarten für die Bürger geöffnet. Eine Buchdruckerei oder eine Zeitung gab es noch nicht.

Heiter und lebensfroh war der damalige »Bischemer«, und der Wein war gut und billig. Das Jahr hindurch gab es viele Festlichkeiten. Im Tannenwald fanden Waldfeste statt, und am Herrentisch mitten im Tannengrün tranken sich die Ratsverwandten so fröhlich zu, daß »um alle Fährlichkeiten des Heimwegs zu vermeiden, der Rat der Stadt den Weg verbreitern und dessen Böschung erhöhen ließ«. So war die Zeit, als Franz Xaver Bögner seine Kontore inspizierte und Gulden auf Gulden häufte. Jedoch nach großem Anlauf fiel das Unternehmen später immer mehr zurück. Kriege und Mißjahre brachten empfindliche Rückschläge. Handel und Verkehr waren »ganz gelähmt«, und später verkaufte ein Enkel Bögners das Anwesen an den Weinhändler Strauß. Wilhelm Mackert, der Großvater des heutigen Besitzers, erwarb es dann um die Jahrhundertwende. Er war es auch, der den alten Charakter dieses stattlichen Patriziergebäudes wiederherstellte. Denn er ließ die Auferstehungsgruppe, die das mit reichem plastischem Schmuck ausgestattete Portal krönte, vor dem Ersten Weltkrieg durch den Tauberbischofsheimer Bildhauer Ziegler erneuern. Die Originale aus dem Jahre 1744 hatte in den 90er Jahren des vorigen Jahrhunderts Weinhändler Strauß an die Kirche in Schönfeld verkauft, wo sie noch heute von vielen Besuchern bewundert werden. Diese Standbilder, die zum zweiten Male aus dem dauerhaften Krensheimer Muschelkalk hergestellt wurden, zieren das Portal des Mackertschen Hauses.

*Wilhelm Fuchs*

# Lora, ein Schweinfurter Exot

Bevor die lustige Geschichte von dem Schweinfurter Exoten erzählt sei, wollen wir eines Mannes gedenken, der zwanzig Jahre seines Lebens reich an Erfolgen und Ehrungen in Afrika zugebracht hat. Wenn heute alle Welt die Entwicklung im ehemals dunklen Erdteil mit Interesse verfolgt, erinnern sich wohl wenige, daß auch ein Schweinfurter als Vizegeneralgouverneur des damals anglo-ägyptischen Sudans an seiner Erschließung beteiligt war. Es war Giegler-Pascha, der sich in einem überaus verdienstvollen Wirken diesen orientalischen Ehrentitel ehrlich erworben hat. Wer in Schweinfurt mit der Eisenbahn vom Stadt- zum Hauptbahnhof fährt, sieht heute noch auf halber Strecke neben der alten Realschule das Haus, das er sich zum Ruhesitz erbaute und wo er vor 40 Jahren – am 31. August 1921 – im Alter von 77 Jahren starb. Die anschließende kleine Anlage neben dem Haus wird von den alten Schweinfurtern immer noch »Pascha-Wäldchen« genannt.

Karl Giegler wurde am 4. Januar 1844 in der Brückenstraße 10 zu Schweinfurt als Sohn des Buchbindermeisters und späteren Magistratsrates Friedr. Kaspar Giegler geboren. Er besuchte nach der Volksschule die damalige Gewerbeschule am Spitaltor und lernte in seiner Vaterstadt als Uhrmacher. Mit 17 Jahren ging er dem Brauch der Zeit entsprechend, auf Wanderschaft nach Heidelberg, Dresden, Hamburg und schließlich nach London, wo er einfacher Arbeiter bei dem Kabelwerk von Siemens wurde. Von der Uhrmacherei zur Feinmechanik übergewechselt, zeigte er so bedeutende Fähigkeiten, daß er rasch von Stufe zu Stufe emporstieg. Als die ägyptische Regierung die ersten Telegraphenleitungen im Sudan einrichtete, kam er als Ingenieur 1873 nach Khartum. So gelangte er in Länder, wo weite Strecken nie zuvor eines Europäers Fuß geschritten war. Das erste Kabel legte er von Berber nach Khartum, das zweite ostwärts nach Kassala am Atbara und 1875 drang er mit seinen Linien bis Kordofan vor. Er erhielt dafür den Titel eines höheren Beamten und durfte sich Biegler-Bei (türk. Herr) nennen. Es war die Zeit, als Ismail Pascha in Ägypten regierte und der Engländer Sir Samuel Baker und nach ihm Charles Gordon als Generalgouverneur im Sudan walteten. Letzterer suchte die Sklaverei und Steuerbedrückung abzuschaffen und mußte wie Ismail Pascha 1879 nach großen Schwierigkeiten sein Amt niederlegen. Giegler wurde von Ismails Sohn Taufik, dem neuen Khedive von Ägypten, schon am 10. 3. 1879 im Zusammenhang mit dem Rücktritt Gordons und auf dessen Empfehlung zum Pascha und Vize-Generalgouverneur des Sudans ernannt. Er vertrat den Nachfolger Gordons, den wenig fähigen Raouf Pascha, wenn dieser abwesend war, und ebenso die in vielen Intrigen rasch wechselnden Gouverneure Abd el Kadr Pascha und Allah en Din, eine vollkommene Null, der den englischen Oberst a. D. Hicks zum Lenker der militärischen Operationen machte. Giegler-Pascha war bis 1882 rein technisch und administrativ tätig gewesen. In den Kämpfen des Mahdi zur Befreiung des Sudans und mit anderen Aufrührern mußte er verschiedene Expeditionen ausrüsten, eine außergewöhnliche Aufgabe für den nicht militärisch ausgebildeten Zivilbeamten. Mahdis Heer war noch mit Speeren, Schildern und Schwertern bewaffnet und verschmähte damals die modernen Waffen.

In allen diesen Wirren hatte sich Giegler-Pascha nach Kräften bemüht, aufgrund seiner umfassenden Kenntnis von Land und Leuten der Schwierigkeiten Herr zu werden und die Regierung in Kairo richtig zu beraten.

Da aber fortgesetzt gegen seine Ratschläge gehandelt wurde, ließ er sich 1883 nach Kairo berufen, um dort Bericht zu erstatten. So entging er dem Schicksal Hicks, wie des zur Rettung des Sudans wieder eingesetzten Gordon und vieler anderer und ebenso der Gefangenschaft als Sklave des Mahdi und seines Nachfolgers. Der Sudan war bis zu Lord Kitcheners Zeiten für Ägypten verloren.

Da Giegler-Pascha damit sein bisheriges Tätigkeitsgebiet verschlossen war, wurde er Bevollmächtigter der ägyptischen Regierung beim 1865 eröffneten Suezkanal und wohnte jahrelang in Ismailia, wo er mit seiner aus Schweinfurt stammenden Gattin eine Familie gründete. 1893 nahm er nach 20jähriger Tätigkeit im Dienste Ägyptens seinen Abschied und zog in seine Vaterstadt, die er schon vorher immer wieder bei seinen Europaurlauben aufgesucht hatte. Damit beginnt die eigentliche Geschichte von dem Schweinfurter Exoten. Giegler-Pascha hatte aus dem Sudan vielerlei Erinnerungsstücke, interessante Waffen und andere Gegenstände, mitgebracht. Einigen seiner Freunde hatte er schon vorher auf seinen Urlaubsreisen solche übergeben. Auch seiner Schule, der heutigen Oberrealschule, schenkte er in alter Anhänglichkeit eine hochinteressante Sammlung von exotischen Gegenständen. Wie er nun sein Haus einrichtete, kamen selbstverständlich sudanesische Waffen, Speere, Schilde und andere Dinge vor allem in den Flur, an die Wände und in alle möglichen Winkel der Zimmer. Wer in das Haus trat, fand sich erstaunt wie in einem seltenen afrikanischen Museum; aber es waren doch tote Dinge und es fehlte ihnen etwas Leben. Nun hatte zu jener Zeit der Maurermeister H. in der Hadergasse einen bunten Papagei, der hätte in einem prächtigen Käfig die nötige Unterhaltung und exotische Stimmung unter all den interessanten Krimskrams bringen können. Giegler hörte davon, und bei einem so bedeutenden Mann wie ihm wurde man schnell handelseinig und der Papagei siedelte in die neue Umgebung über. Zufällig war gerade Empfangsabend bei Gieglers für etliche Honoratioren der Stadt und deren hochwohlgeborene Damen, die sich hier außerordentlich geehrt und wohl fühlten. Natürlich wurde auch der Papagei gehörig bestaunt, den die hohe Gesellschaft selbstverständlich bei dem biederen Handwerksmeister in der Hadergasse nie besucht hätte, denn das wäre kaum standesgemäß gewesen.

Die Frau Doktor und die Frau Professor bemühten

sich, den exotischen Vogel zum Sprechen zu bringen, wofür ja so ein Tier bekannt ist. Aber der Papagei in seinem Käfig beäugte nur die illustre Gesellschaft, wiegte den Kopf hin und her, sträubte ab und zu die Federn und gab keinen einzigen Laut von sich. Da besann sich die Frau Professor der leichtesten Frage an einen Papagei und hub an: »Wie heißt du?« Überrascht hob der Vogel den Kopf und hörte wieder: »Nun sag' einmal schön, wie heißt du?« »Lora«, entgegnete das Tier, und noch einmal: »Lor«. Stolz über diesen Erfolg versammelten sich alle um den Käfig und wollten noch mehr hören. Der Herr Professor versuchte sofort sein Sprachtalent und redete auf den Papagei ein: »Sag' einmal: Guten Abend, Pascha! Guten Abend Pascha!« Der Vogel stutzte, denn diesen Satz hatte er noch nie gehört. Wieder vernahm er: »Guten Abend, Pascha! Guten Abend, Pascha!« Lora saß ruhig da und wiederholte kein einziges Wort. Da drängte sich die Frau Professor vor und wollte es mit einem anderen Satz probieren: »In Schweinfurt ist es schön. In Schweinfurt ist es schön. In Schweinfurt...« Nun war es dem Papagei doch zu viel, er wandte sich der Dame zu und schnurrte einen Satz herunter, den er längst ausgezeichnet konnte. »Draaksau, wasch dei' Bee oo!« Und gleich noch einmal, daß sie es auch richtig verstand: »Draaksau, wasch dei' Bee oo!« Wenn die hohen Herrschaften sich auch sonst nur der klassischen deutschen Sprache bedienten, so viel verstanden sie doch vom Schweinfurter Dialekt, was damit gemeint war. In diesem Idiom war nämlich der Papagei aufgezogen worden und dafür konnte er ja nichts. Bei jenem biederen Maurermeister in der Hadergasse hatte er oft an den Sommerabenden gehört, wenn die Maurerskinder vom Spiel oder Klettern an der nahen Reichsstadtmauer in die saubere Stube gekommen waren: »Draaksau, wasch dei' Bee oo!« Weil sich in den nächsten Tagen herausstellte, daß der Papagei in reinstem Schweinfurter Deutsch gut bewandert und man deshalb vor ähnlichen Überraschungen nicht sicher war, blieb Giegler-Pascha nichts anderes übrig, als den Kauf rückgängig zu machen und den Schweinfurter Exoten in die ihm gewohnte Welt der Hadergasse zurückzubringen. Dort hat er dann auch schließlich das Zeitliche gesegnet, denn sonst müßte dieser prächtige Schweinfurter ja heute noch leben, auch wenn er es nicht bis in die vornehme Gesellschaft geschafft hat. Die Maurersbuben von damals sind aber trotz allem noch angesehene Bürgersleute geworden.

*Friedrich Wencker-Wildberg*

# Florian Geyers Ende

Die Nachwelt hat den »schwarzen Ritter« zu einer Heroengestalt von wahrhaft mythologischer Größe verklärt, und Dichter und Schriftsteller haben die Legende noch weitergesponnen und den Florian Geyer zu einem Nationalhelden erhoben. Als solcher lebt er im Bewußtsein des Volkes fort, wie Wilhelm Tell und der Schmied von Kochel. Während der Befreier der Schweiz vor dem nüchternen, jeder Romantik abholden Historiker sich ins Schattenreich der Sage verflüchtigt und die Zeitgenossen mit keinem Wort des tapferen Verteidigers bayerischer Freiheit und Selbständigkeit gedenken, dessen Namen und Taten ein volles Jahrhundert nach jener blutigen Mordweihnacht auf dem Sendlinger Friedhof zum erstenmal erwähnt werden, gehört die von tragischer Größe umwitterte Gestalt des fränkischen Ritters unzweifelhaft der Geschichte an.

Die Geyer waren ein altes Adelsgeschlecht, das seinen Stammsitz auf der Burg Goldbach im Taubertal hatte. Im Verlauf des 14. Jahrhunderts wurden sie in Giebelstadt ansässig, wo sie vom Stift Neumünster in Würzburg ein Lehen besaßen. Das Schloß wurde von den Rothenburgern bei einer der vielen Fehden zwischen Rittern und Städten belagert und zerstört, es war aber wieder aufgebaut, als dort zwischen 1490 und 1496 – das Jahr steht nicht genau fest – Florian geboren

wurde. Er war der jüngere Sohn, wurde aber nach dem 1514 erfolgten Tod seines älteren Bruders Erbe des Familienbesitzes. Als solcher war er wohlhabend und konnte in Not geratene Standesgenossen mehrfach mit ansehnlichen Darlehen aushelfen. Es geschah also kaum unter dem Druck wirtschaftlicher Bedrängnis, sondern eher aus Abenteuerlust, daß er Kriegsdienste nahm. So finden wir ihn 1519 als Landsknechtshauptmann im Feldzug des Schwäbischen Bundes gegen den aus Hauffs Erzählung »Lichtenstein« bekannten Herzog Ulrich von Württemberg. Nach diesem Krieg trat Florian in den Dienst des Markgrafen Kasimir von Ansbach, der den erprobten Feldoffizier zu seinem Bruder, dem Hochmeister Albrecht von Hohenzollern, nach Preußen sandte. Dieser beauftragte den wendigen und wohl auch gebildeten jungen Mann als Diplomat zu wichtigen geheimen Verhandlungen mit dem Kaiser – es war Karl V., der damals sich in Brüssel aufhielt. In gleicher Eigenschaft kam er auch an den französischen und an den englischen Königshof. Danach begleitete Florian Geyer den Hochmeister auf dessen Reise ins Reich, die ihn auch nach Wittenberg führte. Dort war er bei der entscheidenden Aussprache seines Herrn mit Luther zugegen und machte sich mit den Zielsetzungen der Reformation vertraut. Das geschah im November 1523. Das folgende Jahr verbrachte Florian auf seinen Besitzungen in Franken, wo er sich an den ritterschaftlichen Bestrebungen beteiligte.

Was mag wohl den reichen und weitgereisten Edelmann, der im Kriegs- und Fürstendienst hochgekommen war, veranlaßt haben, sich den aufständischen Bauern, den geschworenen Todfeinden des Adels, anzuschließen und zum Vorkämpfer der Rebellen gegen seinen eigenen Stand zu werden? Vielleicht wurde dieser Entschluß durch seinen eigenwilligen Charakter bedingt. Denn der fränkische Ritter war wie sein Zeitgenosse, der märkische Roßkamm Michael Kohlhas, ein Querulant und Rechtsfanatiker. Nach dem Tod seines Bruders weigerte er sich hartnäckig, den fälligen Zins für sein Lehen zu zahlen. Das Stift drohte mit Kirchenstrafen, ja sogar mit der Exkommunikation, aber der streitbare Ritter ließ sich dadurch keineswegs einschüchtern, sondern strengte einen ebenso kostspieligen wie langwierigen Prozeß an, der erst 1539 – also volle vierzehn Jahre nach seinem Tod – durch einen Vergleich zwischen seinen Erben und den geistlichen Gläubigern beigelegt wurde.

Daß er sich wie Götz von Berlichingen, der Graf von Wertheim und andere vom Adel unter dem Druck der Drohung mit dem Niederbrennen seiner Schlösser den Bauern Gefolgschaft leistete, geht aus der Überlieferung nicht hervor. Er nahm vielmehr aus eigenem Antrieb Verbindung mit den Aufständischen in Württemberg und Franken auf, und zwar mit der Absicht, eine vermittelnde Rolle zwischen ihnen und den Fürsten zu spielen, wozu Geyer in seiner Eigenschaft als Freund des Markgrafen Kasimir, des grimmigsten Feindes der Bauern, wie als erfahrener Diplomat allerdings wie kein zweiter berufen war. Einen militärischen Rang als Oberster des Haufens oder als Anführer der »Schwarzen Schar«, wie die Legende behauptet, hat er niemals bekleidet. Er war lediglich Mitglied des Bauernrates, ohne dabei eine wirklich führende Stellung zu haben. Dagegen schickten sie ihn häufig zu Verhandlungen nach Kitzingen, Würzburg und Rothenburg, um diese Städte für die Sache der Bauern zu gewinnen.

Als Landsknechtshauptmann wie auch später auf seinen Reisen hatte Florian Geyer die wirtschaftliche Notlage des gemeinen Mannes kennengelernt, und er wußte, wie schwer das Landvolk unter den Privilegien des Adels zu leiden hatte. So fühlte er sich gewissermaßen als Sozialreformer, der diese Mißstände beseitigen und einen gerechten Ausgleich der beiden sich feindlich gegenüberstehenden Gesellschaftsklassen schaffen wollte. Das Studium der Bibel und der Lehre Luthers bestimmte ihn, sich für die Gleichheit aller Christen, ohne Ansehen des Standes, einzusetzen. So müssen wir uns Geyer als ideologischen Individualisten vorstellen, der freilich keine aktiv schöpferische Führerpersönlichkeit gewesen ist, »kein Treiber der Zeit, sondern ein von der Zeit Getriebener«, wie ein moderner Historiker behauptet, keineswegs aber die überragende Gestalt, zu der ihn die Legende im Widerspruch mit der geschichtlichen Wahrheit erhoben hat.

Der eigentliche Führer und Kopf des Bauernheeres war nicht Florian Geyer, sondern sein Standesgenosse Götz von Berlichingen, gegen den er in den Reihen des Schwäbischen Bundes einst selber im Feld gestanden hatte. Der Götz war nicht der ideale Vorkämpfer für deutsche Freiheit, den Goethe in ihm sah, auch verbanden ihn weder Sympathie noch Mitgefühl mit den Bauern, denen er sich lediglich aus politischen Zweckmäßigkeitsgründen angeschlossen hatte. Als die Fürsten zum Gegenschlag ausholten und die Niederwerfung des Aufstandes nicht mehr aufzuhalten war,

## Wie ein Felsklotz

*liegt das Schloß Rimpar am Eingang zum Gramschatzer Wald. Ein Bächlein, die Pleichach, umfließt an zwei Seiten die trutzige Burg. Zwei Rundtürme flankieren das Einfahrtstor, dessen Zugbrücke 1790 abgebrochen wurde. Die Herren von Grumbach aus der Familie Wolfskeel saßen hier bis 1593, als Schloß und Dorf Rimpar von Bischof Julius Echter in Eid und Pflicht übernommen wurde. Hier wohnte einst der wilde und gewalttätige Ritter Wilhelm von Grumbach, dem man auf dem Marktplatz von Gotha am 18. April 1567 den Kopf abschlug, das Herz aus dem Leibe riß und ihn zum Schluß vierteilte. Jetzt wurde das mächtige Schloß mit erheblichem Aufwand saniert und innen völlig restauriert.*

gab Götz seinem Roß die Sporen und kehrte den Bauern den Rücken.
An der verhängnisvollen Schlacht bei Königshofen an der Tauber, wo Graf Georg von Truchseß-Waldburg das führerlose Bauernheer am 2. Juni 1525 vernichtete, nahmen weder Götz noch Florian Geyer teil.
Noch befand sich Franken in der Hand der Bauern. Nachdem der Odenwälder Haufen zu ihnen gestoßen war und sie Verstärkungen aus Thüringen und Schwaben erhalten hatten, besetzten sie Würzburg. Am 7. Mai ritten die Bauernhauptleute unter Führung Florian Geyers in die Stadt ein und nahmen Magistrat und Bürgerschaft in ihren Bund auf. Bischof Konrad von Thüngen hatte sich in die Feste Marienberg zurückgezogen, die die Bauern vergeblich berannten.
Auf die niederschmetternde Kunde von der Niederlage ihrer Genossen bei Königshofen, die die Hauptleute vergebens zu verheimlichen suchten, herrschte Panikstimmung im Lager der Bauern vor Würzburg. Wer flüchten konnte, entfernte sich und suchte in den Wäldern Schutz vor den Verfolgern. Immerhin waren es noch etwa 5000 Bauern, die am 4. Juni dem anrückenden Heer des Truchseß zum letzten Kampf entgegenzogen. Auf der Hochebene zwischen Würzburg

und Ochsenfurt, zwischen den Ortschaften Ingolstadt, Sulzdorf und Giebelstadt, hatten die Bauern eine Wagenburg gebildet. Der Truchseß war erstaunt, vor Würzburg noch Widerstand zu finden. Als aber die ersten Schüsse fielen, ließen die Bauern Geschütz und Wagenburg im Stich und rannten samt ihren Führern in wilder Flucht davon. Sie kamen nicht weit. Das flache Feld bot keine Deckung, und so wurden sie von den verfolgenden Reitern fast bis auf den letzten Mann niedergemacht.

Nur ein Häuflein tapferer Landsknechte – es mögen an dreihundert gewesen sein – schlugen sich nach Ingolstadt in Florians Schloß zurück, das plündernde Bauernhaufen schon vorher niedergebrannt hatten. Sie verschanzten sich in den Ruinen und wehrten sich ihrer Haut. Der erste Sturm wurde abgeschlagen, dann aber drang der Feind durch eine Bresche ein. Im erbitterten Nahkampf Mann gegen Mann fielen die Tapferen gleich den dreihundert Spartanern des Leonidas bei Thermopylä. Der bischöfliche Sekretär und Chronist Lorenz Fries zählte 253 Tote unter den Trümmern. Die Legende läßt Florian Geyer an der Spitze der Schwarzen Schar in den Ruinen seines eigenen Schlosses heldenmütig kämpfen. In Wirklichkeit hielt er sich zur gleichen Zeit, als sich in seiner Heimat das Schicksal der Bauern entschied, in Rothenburg auf, wo er mit dem ihm befreundeten Markgrafen Kasimir verhandelte – wohl in eigener Sache, um sich rechtzeitig ein Alibi zu verschaffen. Das scheint ihm indes nicht geglückt zu sein, denn nach der Niederlage der Bauern verließ Geyer die Reichsstadt und suchte auf Umwegen nach Rimpar zu gelangen, wo seine Frau bei seinem Vetter Wilhelm von Grumbach Unterkunft gefunden hatte. Unbehelligt war er bis über Würzburg gekommen und ritt in der Nacht zum Pfingstsonntag durch den Gramschatzer Wald. Noch eine halbe Stunde Wegs, dann war er bei Weib und Kind hinter den Mauern des Rimparer Schlosses in Sicherheit. Da aber ereilte ihn das Verhängnis. Ein Knecht seines Vetters erblickte den einsamen Reiter und stach den Ahnungslosen nieder. Der Mörder beraubte den Toten und entfloh.

Florians Kinder bauten das zerstörte Schloß wieder auf und erwarben das Dorf Ingolstadt vom Bistum Würzburg zu eigen. Noch nahezu zwei Jahrhunderte blühte das Geschlecht der Geyer von Giebelstadt zu Ingolstadt. Es erlosch 1708 mit Florians letztem männlichen Nachkommen, Heinrich Wolf, den Kaiser Leopold I. 1685 in den Reichsgrafenstand erhoben hatte.

## Der Wein als Schicksal

*Sommerach stellt sich zwar von außen noch weitgehend im alten Gewand dar, wenn man beispielsweise den Blick vom Gerlachshäuser Tor auf die Hauptstraße und die Kirche (unser Bild) genießt. Hier zeigt sich noch ein wenig das historische Gesicht mit Wirtshausschild, Weinstöcken an Häusern, die ein Walmdach schützt, und kleinen Fenstern, buckliges Pflaster auf der Straße, um zu vertuschen, daß der Gang am späten Abend nicht mehr ganz gerade ist ... Doch dahinter verbirgt sich ein fleißig Völkchen, das seit Jahrhunderten auf seine Rechte stolz ist und sie zu wahren weiß. Die Beliebtheit des bekannten Tropfens zeigt der Kampf um Besitz in der Gemeinde, denn die Herren wollten »an der Quelle« sitzen. Erstmals im Jahre 1075 erwähnt, kommt Sommerach bald zum Kloster Schwarzach, dessen Brüder hier den ersten Weinstock gepflanzt haben sollen und das seit jeher die größten Besitzungen dort gehabt haben dürfte. Die übrigen Besitzer wie das Hochstift Würzburg, die Grafen Castell, die Freiherrn von Milchling und der Markgraf von Brandenburg besaßen Rechte und Güter, die immer wieder wechselten, ebenso wie Gerichtsbarkeit und Schultheißen, die jeweils den Herrn, der sie einsetzte, treulich vertraten.*
*Heute ist alles anders, wenn auch nur in anderer Form. Der Wein mundet wie einst, Fröhlichkeit und Geselligkeit erfreuen die Herzen, und die Arbeit ist geblieben, um dem Leben »Süße« zu geben. Die Zeit hat sich geändert, die Technik manche Umwälzung gebracht, doch der Mensch hängt nach wie vor am Da-sein, von dem er sich in dieser Umgebung nur schöne Stunden erhofft.*

*Maya Gaßner-Hügel*

# Rebenblüte im Frankenland

*Durch die herrliche Juninacht
Zieht berauschender Dufthauch:
Zieht dein Atem, o Rebenblust...*

*Felix Dahn*

Die letzten heißen Sonnentage haben die Blütenstände der Reben wachgeküßt. Keine strahlenden Sterne im schimmernden Gewande, sondern ein winziger, grünlicher Kelch mit zierlichen Staubfäden zusammen mit noch vielen seinesgleichen bilden die Blüte der Rebe. Mit schützenden Armen umfängt der Rebstock sein köstlichstes Kleinod. Im grünen Blättermantel versteckt hält die scheue Blüte ihren Hochzeitstag. Er dauert genau 24 Stunden. Bei heißem Sommerwetter blüht die ganze Traube fast gleichzeitig. Die einzelne Knospe öffnet sich nicht, sondern die kappenförmig eingebogene Blumenkrone wird durch die nachdrängenden Staubfäden gelöst und als sogenanntes Mützchen oder Käppchen abgeworfen. Die Blüte kann sich nun frei entfalten und der leiseste Windhauch überschüttet die Fruchtnarbe mit dem befruchtenden Blütenstaub.

Rebenblüte im Frankenland! Kraftstrotzend steigen die Wengert hinauf in seidig-blaue Höhen. Ein süßes Geheimnis halten sie verborgen! Glückseligen Auges schaut der Häcker seine Lieblinge. Geheiligt sind ihm seine Berge zur Zeit der Blüte... Nach alter Häckersregel hat man früher besonders Laubarbeiten während der Rebenblüte vermieden, um sie in ihrem Blütenrausch nicht zu stören. Die Blüte hat sich nämlich die günstigste Stellung zu ihrer Entfaltung herausgesucht. Die Veränderung der Lage des Blütengescheins kann zu einer teilweisen Unfruchtbarkeit führen. Aus diesem Grunde unterläßt man auch in der Blüte das Spritzen gegen die Peronospora, um ja keine Störung herbeizuführen.

Der fränkische Häcker hält an einer uralten Prophezeiung fest: Wenn der Lauer singt, dann blühen die Wengert. – Der Käfer kommt nur in ausgesprochen sonnigen Lagen vor, während man ihn in Weinbaugebieten mit mehr nördlichen Lagen nicht kennt. Der Volksmund erzählt sich folgendes: Aus einer Ortschaft, die auch Weinbau treibt, deren Rebenhänge aber keine ausgesprochene Südlage haben, fuhren sie nachts mit dem Schelch über den Main und holten sich einen Lauer, »weil die Rebe nur blüht, wenn der

Lauer singt...«. – Am nächsten Morgen war er verschwunden. In der kommenden Nacht holten sie sich wieder einen Lauer und banden ihn an eine schwere Kette, mit der Hoffnung, daß er dableibt und singt! ... Aber siehe da! Der Käfer sprengte seine Fesseln und floh wieder in die sonnige Heimat zurück. Das Symbol der Rebenblüte ist der Lauer!

Rebenblüte im Frankenland! Wenn des Abends die verzehrende Sonnenglut sich wandelt in gütige Milde, wenn ein zärtlicher Wind mit Blatt und Blüte spielt, dann laßt zu Hause alles, was euch drückt und ängstigt, und geht vor die Tore eurer Stadt mainauf- oder -abwärts, und wo die Reben grünen am Hang, da verweilet etwas! Wie eine zarte Welle wird es euch umschmeicheln, wie ein köstlicher Hauch, so fein und lieblich, Rebenblüte im Heimatland! – Sucht sie nicht, die Blüte, sonst verschließt sie scheu ihren köstlichen Duft, streift wunschlos am Rebenhang vorbei, und sie wird euch umfächeln mit dem ganzen Zauber ihrer Süßigkeit...

*Das Ochsenfurter Tor in Sommerhausen*

*Sommerhäuser Prachtstück – das alte Fachwerkhaus am Plan aus dem 15. Jahrhundert*

# Ein Prunkstück fränkischer Weinkultur

*ist der gläserne Pokal des Würzburger Dompropstes Karl Friedrich Voit von Rieneck. Er war Dompropst und Propst zu St. Burkard sowie Domherr zu Bamberg (1642–1703). Das dekorative Glas, eine hervorragende Arbeit eines Nürnbergers aus dem Jahre 1700, ist mit ungewöhnlich reichen Schmuckformen ausgestattet und trägt dazu Namen, Titel, Wappen und Ahnenwappen des 58jährigen Dompropstes, dem dieses einzigartige Prunkstück als Ehrengeschenk überreicht wurde, nachdem Kaiser Leopold I. im Jahre 1700 den fränkischen Prälaten in den Reichsgrafenstand erhoben hatte. Karl Friedrich Voit von Rieneck wohnte als Dompropst im Hofe Sternberg, auf dem Gelände der heutigen Paradepost. Der Glaspokal befindet sich im Mainfränkischen Museum zu Würzburg.*

*Georg Guske*

# Der Main hält alle fest

Man kann nicht von der Stadt Kitzingen sprechen ohne den Main zu erwähnen, der ihre Lebensader ist, seit im Jahre 745 das Kloster erbaut wurde und die erste hölzerne Brücke entstand. Der erste handwerkliche Berufsstand aber neben den Bauern und Häckern waren die Fischer. Über 1000 Jahre besteht urkundlich nachweisbar in Kitzingen eine Fischerzunft, die sich bald eine Ordnung gab, die nicht nur die Berufsausübung in allen Einzelheiten regelte, sondern auch tief in das private Leben der ehrsamen Fischer und Schiffer eingriff. Nachdem durch eine Feuersbrunst am 5. Januar 1672 »die Laden samt der Ordnung völlig verbrannt« waren, ging man sofort daran, die Ordnung zu erneuern und niederzulegen. Stadtvogt Johann Carl Vogell bestätigte diese Ordnung.

*Der bekannte »Falterturm« in Kitzingen mit seiner schief geratenen Kappe – Wahrzeichen der alten Handelsstadt. Es beherbergt das Deutsche Fasnacht-Museum*

Es gab damals in Kitzingen vier Fischermeister: Johann Fettler, Johann Rückert, Johann Georg Sauer und S. Conrat Frentzinger. Die Ordnung schreibt genau vor, wie es gehalten werden soll, wenn einer Meister werden will oder als Lehrjunge in die Zunft aufgenommen oder angelernt wird. Wenn etwa ein Meistersohn Meister wurde, so mußte er auflegen: 3 Gulden in die Laden, 4½ Batzen »Gebott-Geld«, dazu 3 Kupferstücke zu zwei Bartüchern, 2 Viertel Wein, für 24 Pfennig Brot, 40 Pfennig Schreibgeld und 6 Ellen Meistergarn. Heiratete ein Meister eine Frau, die nicht zum Handwerk gehörte, und brachte diese einen Stiefsohn mit, der das Fischerhandwerk lernen sollte, so mußte dieser erst ein Jahr wandern oder, falls er Meister werden wollte, für das ausgefallene Wanderjahr extra 10 Gulden erlegen. Die Bestimmungen für Fremde waren schwer; man wollte unter sich bleiben und verlangte von Fremden Bürgen.

Streng waren aber auch die Bestimmungen für die Ausübung des Berufes. An Sonn- und Feiertagen durfte nachts nicht gefischt werden, außer in der Fastenzeit. Auch Reusen durften in dieser Zeit bei Strafe weder gelegt noch gehoben werden. Wurde ein Fremder außerhalb der gewöhnlichen Tage (Dienstag, Donnerstag und Samstag) beim Fischen auf Kitzinger Gemarkung ergriffen, so mußte er gar 6 Reichstaler erlegen. Sowohl in Albertshofen als auch in Hohenfeld wurde das »auf dem Rathaus ordentlich verkündigt«. Ein Fremder, der mit falscher Waag' oder falschem Gewicht auf dem Kitzinger Markt aufkreuzte, mußte gehörige Strafen bezahlen. Außerdem durften Fische auf dem Markt im Sommer erst ab 7 Uhr und im Winter erst ab 8 Uhr feilgeboten werden. Wer Lehrlinge anlernen wollte, mußte vorher ein ganzes Jahr Meister sein. Zur Anfertigung des Meisterstücks standen nur 14 Tage zur Verfügung. Man achtete aber auch peinlich auf die Wahrung der äußeren Form. Wer bei offener Lade einen Schwur tat, oder fluchte, oder auf den Tisch schlug, mußte ein Viertel Wein bezahlen, die gleiche Strafe erhielt jeder, der den anderen einen Hund hieß. Streng verboten war das Fischen mit unfairen Mitteln.

Durch Jahrhunderte haben sich diese Bestimmungen erhalten. Zum Teil, soweit es die Zeiten des Fischfangs, die Art der Fische und die Beschaffenheit der Fanggeräte betrifft, hat Obermeister Julius Ziegler in seiner Koppelordnung vom Jahr 1955 sie in modernisierter Form übernommen. Kommt der Fischerei auf dem Main auch heute bei weitem nicht mehr die wirtschaftliche Bedeutung jener Jahre zu, so muß man doch staunen, wieviel Kraft in diesem uralten Berufsstand steckt und mit wieviel Energie man um die Wahrung seiner Rechte kämpft.

Zur Fischerzunft gehörten auch seit ältesten Zeiten die Mainschiffer. Ihre höchste Blüte erlebten sie in Kitzingen als »Rangschiffer« im 19. Jahrhundert. Ein Adreßbuch der Stadt Kitzingen aus dem Jahr 1835 verzeichnet 8 Rangschiffer in der Stadt und weitere 3 in der Vorstadt Etwashausen.

Der bedeutendste unter ihnen, die mit ihren stolzen Kähnen den Warenbedarf weithin deckten, war Bernhard Kraus. Im Jahre 1842 war er der erste Kitzinger, der mit seinem Schiff, genannt »Ludwig I.«, König von Bayern, die Fahrt von Volkach nach der holländischen Seestadt Rotterdam wagte. 2925 Zentner konnte sein Schiff laden. Das Handlungshaus Lülsdorf und Pans in Würzburg verschaffte die Talladung, welche in 912 bayer. Schäffel Korn oder 2852 Zentner Zollgewicht bestand. Am 9. März verließ das Schiff Volkach; in Kitzingen begleitete Kanonendonner die Abfahrt; Handelsvorstand E. Leo hatte den herzlichen Abschied veranstaltet. In einem Tagebuch schildert Bernhard Kraus die erlebnisreiche Fahrt. Schon am 14. März war man in Offenbach und Frankfurt. Das Wetter war unfreundlich; Regengüsse und Stürme wechselten. Am 3. April wurde Rotterdam erreicht. Von den 23 Tagen war das Schiff 12 Tage gefahren; an 11 Tagen lag es der Stürme wegen still. Geschäfte halber

# Der Marktplatz und sein Kiliansbrunnen

*Der Marktplatz in Kitzingen mit seinem Kiliansbrunnen ist von schönen Bürgerhäusern umgeben. An ihm liegt auch das Rathaus. Über dem rundbogigen Portal zum Stiegenhaus stehen zwei Inschriften auf dem Gesims. Die eine davon lautet: »Anno Domini 1561 haben Burgermeister und Rhath alhie dieses Rhathauß von newem bawen lassen. Gott allein die ehr durch Christum. Amen.«*

199

besuchte Bernhard Kraus Amsterdam und Haag und sammelte hier denkwürdige Eindrücke. Besonders betont er in seinen Aufzeichnungen, daß die Seefische nicht nur nicht salzig schmecken, sondern einen viel milderen und besseren Geschmack haben als die Stromfische. Entsetzt war Bernhard Kraus, der Vertreter der Segelschiffahrt, von den vielen Dampfbooten in Holland und auf dem Rhein. Er empfiehlt am Ende seines Büchleins den Segelschiffern, sich zur Erhaltung ihrer Existenz wieder auf den Main zurückzuziehen, »wo die Natur Eingriffe und Concurenz durch Maschinen durchaus nicht gestattet«. Die am 6. Mai angetretene Rückfahrt dauerte bis 7. Juli. Kraus hatte im Auftrage von Handlungshäusern in Marktbreit, Marktsteft, Kitzingen und Würzburg für die Bergfahrt Kaffee, Zucker und Gewürz geladen. Das Schiff wurde, wie seinerzeit üblich, von Pferden gezogen. Die Folgen der drohenden Vernichtung der Segelschiffahrt malt Kraus in den schwärzesten Farben. Er gibt am Schluß der Hoffnung Ausdruck, »daß die Segelschiffahrt von unserem geliebten und gerechten Monarchen gleichmäßig mit der Dampfschiffahrt behandelt werden möge. Hierdurch würden gewiß manche unersättliche, mißgünstige Menschen in die Schranken der weltlichen und geistlichen Ordnung zurückgeführt und manche sorgenvolle Familie beruhigt werden.«

So war die Reise von Bernhard Kraus letzten Endes doch die bittere Erkennntnis des nahenden Endes der Segelschiffahrt auch auf dem Main. Und so haben alle Menschen, die auf dem Main werken, ihre Sorgen durch die Jahrhunderte getragen. Was den Rangschiffern vor über 100 Jahren drohte und Wirklichkeit wurde, zeichnet sich für unsere Fischer im Zeichen der Staustufen heute ab. Irgendwie aber wird der Main doch ihre Werkstätte bleiben und sei es auch, daß sie ihm als Sandschöpfer seine Gaben entreißen, Boote verleihen oder Campingplätze errichten. Die Entwicklung läßt sich nicht aufhalten, aber Geschlechter, die durch Jahrhunderte mit dem Main verbunden sind, kommen nicht von ihm los und werden irgendwie immer zu ihm zurückkehren.

## Hoch über Frickenhausen

*Die Valentinskapelle in den Weinbergen über Frickenhausen trägt ihren Namen, weil Valentin Zang die Kapelle 1699 aufgrund eines Gelübdes, das er gegeben hatte, erbauen ließ. Ein steiler Pflasterweg führt zwischen den Weinbergsmauern zu ihr hinauf, und von dort oben genießt der Beschauer einen Blick weit über die alten Steildächer von Frickenhausen das Maintal hinauf und hinab. Zwischen dem türmereichen Ochsenfurt und dem Main liegt die Zuckerfabrik Ochsenfurt. Während der »Kampagnezeit«, da die Zuckerrüben angeliefert werden, steht das Werk sichtlich unter Hochdruck. Weiße Dampfschwaden türmen sich zu riesigen Kumuluswolken, einen süßen Ertrag verheißend. Dieser Blick von der Valentinskapelle ist unzählige Male von Künstlern gefeiert worden, er ist aber auch einer der schönsten, den man im mainfränkischen Gebiet finden kann.*

Es mußten meine Schuh' den Tau
Von vielen Gräsern streifen,
Im Frankenland ließ unterdes
Gott still die Trauben reifen.

Ach würden meine Sorgen doch
Zu güldenen Dukaten.
Mir wär damit im Herbst nicht bang.
Ich wüßt mir wohl zu raten.

Ich ließ zu einem blanken Wein
Juchhei, sie alle gehen!
Du, lieber Gott, ich bitte Dich,
Ein Wunder laß geschehen.

WILHELM SCHULZ
(aus dem Simplizissimus um 1905)

# Geh aus, mein Herz

Paul Gerhardt † 1676

Joh. Bapt. Weinig (gefallen 1916)
Satz: Jos. Gg. Weinig

1. Geh aus, mein Herz, und suche Freud' in dieser schönen Sommerszeit an deines Gottes Gaben! Schau an der schönen Gärten Zier, und siehe, wie sie mir und dir sich ausgeschmücket haben!

2. Die Bäume stehen voller Laub,
   das Erdreich decket seinen Staub
   mit einem grünen Kleide;
   Narzissen und die Tulipan,
   die ziehen sich viel schöner an
   als Salomonis Seide.

3. Die Lerche schwingt sich in die Luft,
   das Täublein fliegt aus seiner Kluft
   und macht sich in die Wälder;
   die hochbegabte Nachtigall
   ergötzt und füllt mit ihrem Schall
   Berg, Hügel, Tal und Felder.

4. Ich selber kann und mag nicht ruhn;
   des großen Gottes Tun
   erweckt mir alle Sinnen;
   ich singe mit, wenn alles singt,
   und lasse, was dem Höchsten klingt,
   aus meinem Herzen rinnen.

# Inhaltsverzeichnis

# Ins Land der Franken fahren
## Band 2

| | |
|---|---:|
| Ein Buch der Heimatliebe | 5 |
| Das Maintor | 6 |
| Die Stadt und ihr Dichter | 9 |
| Als der Thespiskarren kam | 17 |
| Geh aus, mein Herz | 22 |
| Im Banne Japans | 24 |
| Der unsterbliche Thorjörg | 34 |
| Wieviel Lieblichesam | 37 |
| Werbung für Franken | 39 |
| Der brave Schäfer | 42 |
| Am Sagenborn | 42 |
| Zeit des großen Leids | 44 |
| Des Herrgotts Kräutergärtlein | 45 |
| Schon 1636 verfallen | 47 |
| Als das Hexenfeuer loderte... | 47 |
| Zum Dank ein Kloster | 50 |
| Die Schweden im Grabfeld | 59 |
| Wassernot, Schwarzer Tod | 62 |
| Der Ring schließt sich | 67 |
| »Klein-Heidelberg« | 68 |
| Neumanns kleines Meisterstück | 73 |
| Residenzen am Steigerwald | 73 |
| Das deutsche Märchenschloß | 78 |
| »Fürstliche Jagd« | 82 |
| Romantisches Himmelspforten | 84 |
| »Holdselig, eyns und fridsam« | 91 |
| Wo ist das Lebenselexier? | 93 |
| Frauenschuh und Widerbart | 95 |
| Die alte Poststraße | 100 |
| Die erste Eisenbahn | 103 |
| Der Schuster aus Franken | 107 |
| Auch ein Markenzeichen | 108 |
| Haghof und Zeughaus | 110 |
| In Bütthard war's | 113 |

| | |
|---|---|
| Einst beim Deutschorden | 117 |
| Der Weinkrieg zwischen Würzburg und Ebrach | 117 |
| Friedrich und Beatrix heiraten | 123 |
| Burg Rothenfels am Main | 126 |
| Kleinod an der Saale | 128 |
| Der alte Kornstein von Königshofen | 130 |
| Der Friesenturm in Sulzfeld | 133 |
| Des Dichters Musiker | 133 |
| Hoch über der Tauber | 138 |
| Im grünen Taubertal | 143 |
| Der erste Raketenflieger | 144 |
| Ein Graf geht zur Kur | 146 |
| In der Stadt der Märchenerzähler | 150 |
| Schloß Mainberg | 161 |
| Was die Schwalbe sang | 162 |
| Das Würzburger Tor in Uffenheim | 166 |
| Der Teufel im Schnepperle | 168 |
| Fürstliche »Jagd« | 170 |
| Die schöne Pforte | 172 |
| Das Deutschorden-Haus in Würzburg | 174 |
| Die Sache mit dem Aberglauben | 176 |
| Die Volkacher Pfarrkirche St. Bartholomäus | 176 |
| Der alte Klosterschatz | 179 |
| Originale aus »Bischeme« | 182 |
| Das Rathaus in Grünsfeld | 184 |
| Lora, ein Schweinfurter Exot | 187 |
| Florian Geyers Ende | 189 |
| Wie ein Felsklotz | 191 |
| Der Wein als Schicksal | 192 |
| Rebenblüte im Frankenland | 194 |
| Ein Prunkstück fränkischer Weinkultur | 196 |
| Der Main hält alle fest | 197 |
| Der Marktplatz und sein Kiliansbrunnen | 199 |
| Valentinskapelle bei Frickenhausen | 200 |
| Gedicht | 202 |

# Geh aus, mein Herz   203

Volkslied (20. Jahrh.)

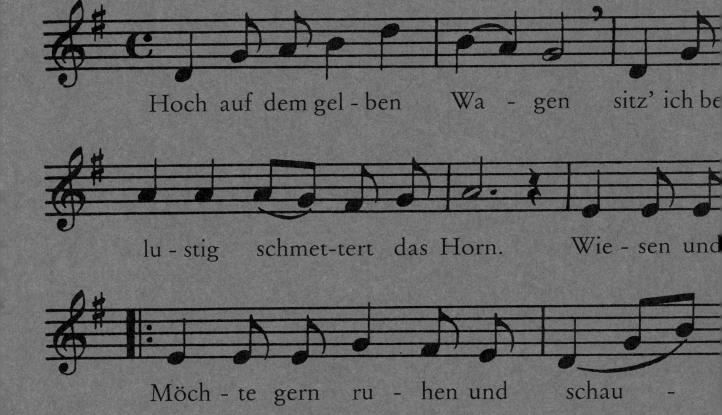

2. Flöten hör' ich und Geigen, lustiges Baßgebrumm,
   junges Volk im Reigen tanzt um die Linde herum.
   Fliegen die Röcke im Winde, jauchzet und lacht und tollt.
   :: Bliebe so gern bei der Linde, aber der Wagen, der rollt. ::

4. Sitzt einmal ein Gerippe h
   hält statt der Peitsche die
   sag ich: Ade nun, ihr Lieb
   :: Wäre gern länger geblie